뱀의 뇌에게
말을 걸지 마라

뱀의 뇌에게
말을 걸지 마라

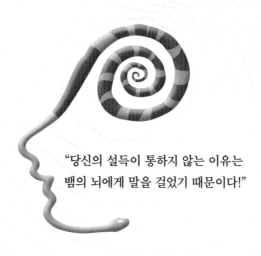

"당신의 설득이 통하지 않는 이유는
뱀의 뇌에게 말을 걸었기 때문이다!"

마크 고울스톤 지음 | 황혜숙 옮김

타임비즈
TIMEBIZ

뱀의 뇌에게
말을 걸지 마라

초   판 1쇄 발행 2010년 3월 20일
개 정 판 1쇄 발행 2024년 4월 11일

지 은 이 마크 고울스톤(Mark Goulston)
옮 긴 이 황혜숙
발 행 처 타임비즈
발 행 인 이길호
편 집 인 이현은
편   집 이은정 · 최예경
디 자 인 정원재
마 케 팅 이태훈 · 황주희
제작·물류 최현철 · 김진식 · 김진현 · 심재희

타임비즈는 (주)타임교육C&P의 단행본 출판 브랜드입니다.

출판등록 2020년 7월 14일 제2020-000187호
주   소 서울특별시 강남구 봉은사로 442 75th AVENUE빌딩 7층
전   화 02-590-6997
팩   스 02-395-0251
전자우편 timebooks@t-ime.com
ISBN 979-11-93794-12-8 (03320)

이 책에 쏟아진 오피니언 리더들의
열화와 같은 '추천 메시지'

〰〰〰

비즈니스와 삶 모두에서 성공에 필수적인 핵심 기술 하나를 습득하고 싶은가? 그렇다면 반드시 이 책을 읽어라. 고울스톤이 제시하는 기본 법칙과 원리 그리고 기술은 강력하고도 간단하다. 하지만 그 위력에 깜짝 놀라게 될 것이다.

_이반 마이즈너Ivan Misner, BNI 창립자

평생 동안 나는 어떤 문제라도 내 방식대로 해결할 수 있다고 믿으며 살아왔다. 그 '내 방식대로'를 한 차원 끌어올리는 데 가장 도움을 준 책이 바로《뱀의 뇌에게 말을 걸지 마라》이다. 이 책은 출간과 함께 고전의 반열에 올랐다. 비즈니스 리더라면 반드시 읽어야 한다.

_제이슨 칼라캐니스Jason Calacanis, 전 인터넷기업 마할로 CEO

이제까지 내가 얼마나 어리석게 소통을 해왔는지 책을 보며 무릎을 치게 됐다. 여기 나온 예시들은 모두 나에게 해당되는 이야기들이었다. 게다가 그가 제시하는 해결책은 매우 실용적이기까지 하다.

_마이클 크리텔리Michael Critelli, 무브플럭스 CEO 겸 공동 설립자

뇌의 작동 방식과 효과적인 의사소통을 위해 방어벽을 허무는 전략을 강렬하게 조합한 이 책은 실천으로 옮기고 싶은 강한 열망을 불러일으킬 것이다. 아니 이런 모든 말은 너무 장황하다. 그냥 이 책을 읽어라!

_톰 넬슨Tom Nelson, Share Our Strength CEO

출장길에 돌아오던 비행기에서 이 책을 읽고 월요일에 바로 실행하기 시작했다. 그리고 그 이후로 책의 내용을 샅샅이 활용하고 있다. 또한 이미 우리 회사 리더 전원에게 이 책을 선물했다.

_밥 에커트Bob Eckert, 전 마텔 회장 겸 CEO

관계를 바라보는 새로운 시각, 사람을 설득하는 이제껏 알려지지 않았던 공식, 그의 책을 보면 더욱 영향력 있는 사람이 될 수 있는 길이 보인다. 고울스톤은 흥미진진하면서도 인간의 본질을 들여다보는 탁월한 커뮤니케이션 가이드를 내놓았다. 훌륭하다!

_존 번John Byrne, 〈비즈니스 위크〉 편집주간

마크 고울스톤은 다른 사람을 '설득'한다는 문제에 새로운 의미와 법칙을 부여한다. 이 책은 더 잘 경청하고 관계를 맺고 리드하고 완성하기 위한 여정에 꼭 필요한 안내서다. 고마워요, 마크!

_프랜시스 헤셀바인Frances Hesselbein, 전 프랜시스 헤셀바인 리더십 연구소 회장

마크 고울스톤은 사람들과 소통하고 가정과 일터에서 의미 있는 관계를 맺기 위한 청사진을 제시한다. 이 책은 분명히 이제까지 나온 그 어떤 커뮤니케이션 관련 도서 중에서도 가장 중요한 책이며 영향력을 높이고 싶은 사람이라면 누구나 반드시 읽어야 하는 책이다.

_웨인 가티넬라Wayne Gattinella, 전 웹MD CEO

마크의 지혜는 지적일 뿐 아니라 실용적이다. 수백 권의 책을 읽어봤지만 실제로 비즈니스와 인간관계에 적용할 만한 책은 거의 없었다. 하지만 마크는 현실적인 문제와 실질적으로 유용한 해결책을 제시한다.

_스테파니 앨런Stephanie Allen, 드림 디너스 창립자

우리가 감정과 착각이라는 갑옷을 벗고 스스로를 볼 수 있게 해주는 고울스톤의 능력은 그의 탁월한 재능이자 우리에게 주는 그의 선물이다. 이제 관계를 풀어가는 일이 두렵지 않다!

_조쉬 웨이츠킨Josh Waitzkin, 《배움의 기술》 저자

이 책은 앞으로 10년 동안 비즈니스와 삶의 영역에서 가장 영향력 있는 책 중 한 권이 될 것이다.

_안드레아스 잘허Andreas Salcher, 오스트리아 최초의 영재학교 칼 포퍼 학교 설립자

모든 인간관계와 상호작용에 도움이 될 생생하고 실용적인 조언이 가득하다. 마크 고울스톤은 의사소통이 '전략과 기술'의 영역을 넘어서 사람들과 의미 있는 관계를 맺어가는 것임을 잘 이해하고 있다. 인간 행동에 대한 그의 통찰이 보석처럼 빛난다.

_스티븐 샘플Steven B. Sample, 전 USC 총장

벽에 머리를 박으며 좌절하지 말고,
방법을 찾으라!

~~~~~~

기업을 경영하는 CEO, 조직의 리더, 심지어 늘 고객과 씨름하는 세일즈 분야의 사람들은 이런 말을 자주 합니다.

"이런저런 방법으로 말을 해보지만, 결국 단단한 벽에 머리를 박는 기분입니다."

그런 말을 들을 때마다 나는 이렇게 대답합니다.

"벽에 머리를 박는 일을 그만두고 대신 벽의 약한 부분을 찾아내세요." 벽을 구성하는 것 중에서 무른 벽돌(상대가 정말 필요로 하는 것)을 찾아낸다면 제아무리 강력해 보였던 방어벽이라도 무너뜨릴 수 있습니다. 그리고 결코 원만한 관계를 맺을 수 없을 것 같던 사람과도 관계를 맺을 수 있게 됩니다.

사실 '관계'라는 말을 떠올릴 때마다 내 친구이자 동료인 마크 고울스톤이 떠오릅니다. 마크의 대화 기법은 거의 마술에 가깝습니다. 그는 기업 경영자, 중간관리자, 고객, 환자, 불화를 겪는 가족, 심지어는 인질범까지 설득할 수 있는 사람입니다. 언제든 '무른 벽돌'을 찾아내는 데 뛰어나기 때문입니다. 그는 절대 설득할 수 없을 것 같은 사람을 주무르는 데 천재적인 소질이 있습니다. 그리고 축하할 것은 그 천재적인 비결을 드디어 이 책을 통해 배울 수 있다는 것입니다.

내가 처음 마크를 만난 것은 그가 쓴 책을 통해서였습니다. 그의 책과 그의 일, 무엇보다도 마크라는 사람 자체에 깊은 인상을 받은 나는 그에게 연락을 취했고, 우리는 지금 비즈니스 파트너로 함께 일하고 있습니다. 그가 일하는 모습을 지켜보고 나니 왜 FBI를 비롯하여 수많은 사람들이 마크의 심리화법에 열광하는지 비로소 알 수 있었습니다. 약장수의 너스레처럼 들릴지 모르겠지만 그의 방법은 정말 간단하면서도 대단히 효과가 좋습니다!

아, 혹시라도 마크가 정신과 의사라는 사실 때문에 거리감을 느낄 필요는 전혀 없습니다. 그는 내가 만나본 사람들 중에서 가장 훌륭한 비즈니스 화법을 구사하는 사람입니다. 이제껏 직원들이 서로 못 잡아먹어 안달인 조직, 고객을 단 한 명도 유치하지 못하는 영업 집단, 생산성도 의욕도 바닥을 치는 퇴출 직전의 회사에 그를 파견해 효과를 보지 못한 적이 없었습니다. 으름장을 놓거나 조직을 헤쳐 모여 하는 따위의 방법이 아니라 모두가 행복해지는 '윈-윈win-win'의 방법으로 말입니다.

만약 당신이 조직의 열정지수를 높이고 싶은 리더, 불화를 줄이고 능률을 높이고 싶은 경영자, 갈등보다는 이해가 근간이 되는 조직을 만들고 싶은 관리자라면 마크보다 더 유능하고 훌륭한 안내자는 없을 것입니다. 더군다나 그 길로 가는 과정은 기발하고 유머 넘치며 명료하고도 흥미진진할 것입니다. 그가 30가지 방법을 제시하면서 내놓는 시나리오들은 모두 실제 현장에서 벌어졌던 사건들입니다. 허무맹랑한 이론이나 주장이 아니라 현실에서 정말 먹히는 방법론이라는 점에서 마크는 '심리화법의 마키아벨리'라 불릴 만한 인물입니다.

우선 주변의 상황을 떠올리며 즐겁게 읽으십시오. 그리고 여기서 터득한 강력한 새 기법을 활용해 이제까지 '대처하기 곤란하고 설득할 수 없었던' 이들을 '협력자, 충성 고객, 친절한 동료, 평생 친구'로 변화시키기 바랍니다.

_키이스 페라지Keith Ferrazzi
《혼자 밥 먹지 마라Never Eat Alone》 저자

◆ 차례 ◆

친애하는 워렌 베니스Warren Bennis,
나의 멘토이자 친구이자 영감을 주는 존재, 사려 깊게 듣고,
그들이 진정 어디서 왔는지 이해하고 관심을 기울일 때라야
비로소 그들을 원하는 곳으로 인도할 수 있게 된다는
사실을 가르쳐준 이에게….

존경하는 에드윈 슈나이드먼Edwin Shneidman,
나의 멘토이자 자살 방지 분야의 선구자,
당신의 인상 깊은 말을 기억하며….

"만약 사람들의 상처와 두려움과 고통 그리고 그들의 꿈과 희망에
귀를 기울인다면 언제든 그것을 찾아낼 수 있을 것이다.
그리고 그런 공감의 감정을 전달받은 상대방은
이내 경계를 풀고 당신에게 마음을 열 것이다."

1부

상대를 끌어당기는
마법의 기술

어떤 사람들은 다른 사람들이 자신의 계획이나
목표, 희망 사항을 믿고 따르도록 '끌어당기는'
마술적 능력을 타고난 행운아인 듯 보인다.
하지만 사실 사람을 끌어당기는 일은 마술이 아니다.
그것은 기술이자 과학이다.
그리고 그것은 당신이 생각하는 것보다 훨씬 쉽다.

1
당신이 말을 거는 사람은
당신의 인질범이다!

훌륭한 경영이란, 문제를 흥미롭게 보이게 함으로써
모든 사람들로 하여금 건설적인 해결책을 도출하여
문제 해결에 참여하고 싶어 안달이 나도록 만드는 기술이다.

— 폴 호켄Paul Hawken, 《자연자본주의Natural Capitalism》 저자

~~~~~~~~~

지금 당장 설득해야 할 사람이 있다. 하지만 뜻대로 되지 않아 미칠 지경이다. 상대는 부하직원일 수도 있고, 동료나 고객, 상사일 수도 있다. 고집 센 배우자나 부모, 반항기 많은 십 대 자녀일 수도 있다.

할 수 있는 건 다 해봤다. 논리적으로 설득하고 강요하고 애원하고 화도 내봤지만 그럴 때마다 벽에 부딪히고 만다. 당신은 화가 나고 좌절감까지 느낀다. 그리고 생각한다. '이제 어떡하지?'

간단하다. 상황을 바꿔보라. 상대를 당신이 설득할 수 있는 대상으로 보지 말고, 당신을 포로로 잡고 있는 흉포한 인질범이라고 가정하는 것이다. 왜 하필 인질범이냐고? 당연하다. 당신은 그 상황에서 빠져나갈 수 없기 때문이다. 당신을 붙잡고 있는 사람은 저항, 두려움, 적대감, 무관심, 아집, 이기심 등 숱한 장벽에 둘러싸여 있다.

게다가 당신 역시 아무것도 할 수 없는 무기력한 상황에 놓여 있다. 이것이 인질극 상황과 다를 바가 무엇인가?

　이제 내가 개입할 차례다. 나는 사실 평범한 남편이자 아버지, 일개 정신과 의사에 불과하다. 하지만 다행히 오래 전에 특별한 재능을 하나 발견했다. '어떤 상황에서도 사람을 설득할 수 있는' 재능이 그것이다. 그 재능을 통해 나는 파국 일보 직전의 노사를 화해시켜 한마음으로 해결책을 찾게 돕거나 와해 직전의 가족을 다시 뭉치게 만들기도 했다. 심지어 빌딩 옥상에서 뛰어내리려 하는 사람이나 인질을 붙잡고 끝장까지 가버린 범죄자의 마음을 돌려놓기도 했다.

　내 행동이 다른 사람들과 어떻게 다른지 확실히는 몰랐지만 효과가 있는 것은 분명했다. 그렇다고 내가 남들보다 엄청나게 똑똑한 것도 아니었다. 하지만 일련의 사건을 우연이라고 치부하기에는 그런 일들이 너무 지속적으로 일어났다. 그리고 어떤 상황에서 어떤 사람을 만나든 항상 효과가 있었다.

　결국 나는 내가 사용해 온 방법을 분석해 해답을 찾아냈다. 알고 보니 나는 '다른 사람들에게 영향력을 미치는' 빠르고 간단한 몇 가지 '기술'을 알고 있었다. 그중에는 혼자 발견한 것도 있었고 선배와 동료들에게 배운 것도 있었다. 바로 그 기술 때문에 사람들은 나에게 끌렸던 것이다. 그들이 멀어지려 애쓰던 순간에도 말이다.

　이해를 돕기 위해 한 가지 예를 들어보자. 차를 몰고 가파른 언덕을 올라가는 자신을 상상해 보라. 바퀴는 자꾸 미끄러지고 차는 힘을 받지 못한다. 기어를 아무리 올려봐야 뒤로 밀리는 데 힘을 보태기만 할 뿐이다. 하지만 그 순간 기어를 내리면 마술처럼 제어가 된다. 마치 도로를 당신 쪽으로 잡아당기는 것처럼 말이다.

다른 사람을 설득하고 싶을 때 사람들은 대부분 기어를 올린다. 납득시키고 권유하고 주장하고 강요한다. 그리고 그 과정에서 저항이 발생한다. 하지만 내가 제안하는 방법을 사용하면 그 반대의 결과를 얻을 수 있다. 상대가 예상하지 못했던 기어 변속으로 상대는 저항을 멈추고 당신에게 끌려가게 된다. 프랭크의 경우가 그랬다.

프랭크는 대형 쇼핑몰 주차장에서 자신의 승용차 운전석에 앉아 있다. 하지만 그가 거기 있는 이유는 쇼핑을 위해서가 아니다. 그는 목에 엽총을 겨누고 있다. 특수기동대가 출동해 다른 차량 뒤에 몸을 숨긴 채 사태를 주시하고 있다. FBI 협상전담반이 파견됐다.

FBI 요원들은 프랭크의 인적 사항을 조사한다. 30대 초반의 이 남자는 6개월 전에 일하던 전자 매장에서 해고되었다. 고객과 동료들에게 화를 내며 고함을 쳤다는 게 이유였다. 새 직장을 구하려고 여러 차례 면접을 봤지만 모두 실패했다. 그는 아내와 두 아이에게도 폭언을 일삼았고 결국 참다못한 가족들은 집을 떠났다. 프랭크는 결국 월세를 내지 못해 아파트에서도 쫓겨났다. 여관을 전전하던 그는 마지막 희망으로 가족을 찾았다. 하지만 가족들은 이미 법원에 접근금지명령을 신청한 후였다.

결국 한계에 도달한 프랭크는 여기 이 자리까지 오게 된 것이다. FBI 협상전담반의 에반스 요원이 그의 곁으로 다가간다.

"프랭크 씨, 저는 에반스 경위라고 합니다. 잠시 얘기를 좀 나누시죠. 스스로를 해치지 않고도 문제를 해결할 수 있습니다. 선택의 여지가 없다고 생각하겠지만 그렇지 않습니다."

"네가 뭘 알아, 씨×! 너도 다른 놈들이랑 똑같아. 나 좀 그냥 내버려둬!" 프랭크가 소리친다.

"그럴 수는 없습니다. 당신이 여기 주차장 한가운데에서 목에 총을 겨누고 있으니까요. 이 상황을 해결할 만한 다른 방법을 저희와 함께 찾아보시죠."

"꺼져버려! 개새×! 네 도움 따윈 필요 없어!"

중간 중간 침묵이 이어지면서 한 시간 동안이나 그런 대화가 계속된다. 입수된 정보를 종합해 보니 프랭크는 전혀 악한 사람이 아니며, 다만 극도로 불안하고 화가 난 상태일 뿐이었다. 특수기동대는 프랭크가 총으로 다른 사람을 위협하면 강제 진압을 할 수 있도록 준비 태세를 취하고 있긴 하지만 모두들 이 사태가 평화롭게 해결되기를 바란다. 프랭크만 제외하고.

사태가 해결될 기미가 보이지 않는다. 마침내 또 다른 협상 요원인 크레이머 형사가 도착한다. 크레이머는 인질 협상 훈련 과정을 이수한 요원이다. 내가 경찰과 FBI를 대상으로 가르치는 과정이다. 그는 이제까지의 경과를 보고받고 에반스 요원에게 전혀 다른 접근 방식을 제시한다.

"이렇게 말해요. '아무도 당신 기분을 모를 거라고 생각하고 있죠? 할 수 있는 건 다 해봤지만 결국 이 방법밖에 없다는 걸 말입니다. 그렇죠?'"

에반스가 깜짝 놀라 반문한다. "뭐라고 하라고요?"

크레이머가 반복한다. "이렇게요. '아무도 당신 기분을 모를 거라고 생각하고 있죠? 할 수 있는 건 다 해봤지만 결국 이 방법밖에 없다는 걸 말입니다. 그렇죠?'"

에반스가 그대로 말하자 프랭크도 똑같은 반응을 보인다. "뭐라고?"

에반스가 같은 말을 반복하자 이번엔 프랭크가 이렇게 대답한다. "그래, 맞아. 아무도 몰라. 신경 써주는 놈도 없고!"

크레이머가 에반스에게 말한다. "좋아요, '그래'라는 대답을 들었으니 이제 됐어요. 거기서부터 시작합시다."

그는 에반스에게 두 번째 질문을 알려준다.

"그래요, 당신은 아무도 당신이 처한 상황을 모를 거라 생각할 겁니다. 매일 일이 잘 풀릴 거라 기대하기보다 잘못될 거라고 생각하면서 하루를 시작하는 게 어떤 기분인지 말입니다. 그렇죠?"

프랭크가 대답한다. "맞아, 빌어먹을! 매일 모든 게 똑같아!"

크레이머는 에반스에게 '들은 말을 그대로 반복하면서' 프랭크에게서 긍정적인 응답을 더 얻어내라고 지시한다.

"당신 마음을 알아주거나 같이 걱정해주는 사람도 없고, 하는 일마다 잘되기는커녕 꼬이기만 했군요. 그래서 그냥 모두 끝장내버리려고 여기 온 거고요, 맞습니까?"

"맞소." 대답하는 프랭크의 목소리에서 약간 진정된 기미가 느껴진다.

"좀 더 말씀해보세요. 정확히 무슨 일이 있었던 겁니까? 그런대로 잘 풀리던 시절도 있었을 텐데 무슨 일로 이렇게 된 거죠?" 에반스가 프랭크의 답변을 유도한다.

프랭크는 직장에서 해고당한 후 겪었던 일들을 자세히 이야기하기 시작한다. 프랭크가 말을 멈출 때면 에반스가 맞장구를 친다. "그랬군요…. 그래서 어떻게 됐나요?"

프랭크는 계속 자신의 문제에 대해 상세히 설명한다. 에반스는 크레이머의 지시를 받으며 대응하다가 어느 순간 이렇게 묻는다. "그런 일들 때문에 화가 났나요? 실망하고 낙심했나요? 아니면 희망을 다 잃었나요? 정확히 어떤 감정이었죠?"

에반스는 프랭크가 자신의 느낌을 가장 정확히 설명하는 단어를 선택하기를 기다린다.

마침내 프랭크가 고백한다. "정말 지긋지긋해."

에반스가 프랭크가 뱉은 단어를 반복하며 이야기를 이어간다. "그렇게 '지긋지긋한' 상황에서 접근금지명령까지 받고 나니 더 이상 견딜 수가 없었군요?"

"맞아." 프랭크가 인정한다. 적대감만 가득하던 그의 목소리는 이제 훨씬 차분해졌다. 몇 마디가 오가면서 의사소통을 일체 거부하던 프랭크가 다른 사람의 말을 듣고 대화를 시작하게 되었다.

무슨 일이 벌어진 걸까? 바로 내가 '바이 인buy-in'이라고 부르는 설득의 가장 중요한 단계가 시작된 것이다. '바이 인'이란 저항하던 사람이 남의 말을 듣게 되고 그 내용에 대해 조금씩 생각해보게 되는 단계를 말한다.

프랭크가 에반스 경위의 말을 듣기 시작하고 '바이 인'하도록 만든 것은 무엇이었을까? 변화는 우연이 아니었다. 프랭크가 생각은 했지만 말로 표현하지 못했던 '바로 그 말'을 해준 것이 비결이었다 에반스가 하는 말이 자신의 생각과 일치했을 때 프랭크는 비로소 대화할 마음이 생기면서 'Yes'라고 답하기 시작했던 것이다.

설득에는 분명한 사이클이 존재한다

물론 당신이 협상전담반에게 맡겨진 그런 종류의 상황에 처할 일은 거의 없을 것이다. 그렇다고 해서 당신이 누군가를 설득해야 할 일이 별로 없을까? 아니, 당신은 만나는 '거의 모든 사람'을 설득해야 한다. 커뮤니케이션이란 결국 사람들을 설득해서 이전에 하던 것과 다른 무언가를 하도록 만드는 노력이기 때문이다. 제품을 팔거나 상대를 납득시켜야 할 때도 있다. 혹은 상대에게 강렬한 인상을 주어 당신이 특정 직업이나 직책, 인간관계에 적합한 사람이라는 점을 부각시켜야 할 수도 있다.

하지만 여기엔 어려움이 따른다. 사람들은 각기 자신만의 필요와 욕망, 목적이 있기 때문이다. 당신에게 감추고 싶은 비밀도 있다. 모두들 저마다 바쁘고 스트레스를 받고 있으며, 어떤 일에 대해 자기 권한 밖이라고 느끼는 경우도 심심찮게 있다. 그런 스트레스와 불안 때문에 사람들은 제각기 정신적인 방어벽을 세운다. 그 벽 때문에 심지어 당신과 같은 목표를 갖고 있는 사람들이라 해도 그들을 설득하기가 그토록 힘든 것이다. 당신에게 적대적인 사람이라면 두 말할 필요도 없다.

그런 상대에게 논리와 사실만 내세우며 접근하거나 강요하고 권유하고 애원하는 방법에 의존해 설득하고자 한다면 백발백중 실패한다. 그리고 왜 실패했는지조차 모른다. 결국 뒷걸음질 치며 이렇게 중얼거린다. "도대체 뭐가 잘못된 거지?"

그러나 기쁜 소식이 있다. 접근 방식만 바꾸면 설득에 성공할 수 있다는 것이 그것이다. 내가 여기서 소개하는 일련의 기술은 인질 협상과 같은 긴박한 상황뿐 아니라 일상적인 설득과 협상에서도 효과가 있다. 간단하면서 즉시 그 효과가 나타나는 기술이기도 하다.

이 기술이 강력한 힘을 발휘하는 이유는 그것이 성공적인 의사소통의 핵심을 꿰뚫고 있기 때문이다. 나는 그 핵심을 '설득 사이클('단계적 행동 변화 모델 Transtheoretical Model of Change, 제임스 프로차스카 James Prochaska, 카를로 디클레멘테 Carlo DiClemente'의 획기적 연구 결과와 '동기부여 상담법 Motivational Interviewing, 윌리엄 밀러 William R. Miller, 스티븐 롤니크 Stephen Rollnick'를 참고했다)'이라고 부른다.

모든 종류의 설득 커뮤니케이션은 다음의 사이클을 거친다. 상대방을 설득 사이클로 끌어들여 마지막 단계까지 이끌려면 그들이 다음과 같은 방향으로 움직일 수 있도록 대화를 해야 한다.

- **저항 → 경청**

- **경청 → 생각**

- **생각 → 실행 의지**

- **실행 의지 → 실행**

- **실행 → 만족과 지속**

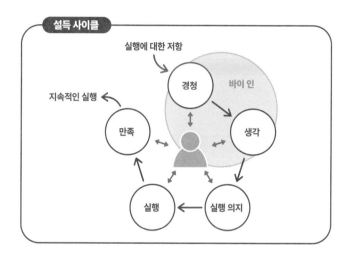

이 책의 핵심이자 '누구라도 설득할 수 있는 비결'은 바로 사람들을 '바이 인'하게 만드는 것이다. '바이 인' 단계는 바로 사람들이 당신의 말에 '저항'하다가 '경청'하게 되고, '생각'해보게 되는 순간에 일어난다. 그리고 역설적이게도, 사람들을 '바이 인'하게 만듦으로써 설득의 사이클로 이끄는 열쇠는 바로 '당신이 그들에게' 무엇을 말하느냐가 아니라 '그들이 당신에게' 무엇을 말하게 만드느냐 그리고 그 과정에서 '어떤 마음의 변화가 일어나느냐'에 달려 있다.

이제 설득 사이클의 다음 단계로 움직이는 데 활용할 수 있는 '9가지 기본 법칙'과 '12가지 간단한 기술'을 소개할 것이다. 일단 이 법칙과 기술을 습득하는 게 시작이다. 그러면 어디서든 그것을 활용할 수 있을 것이다. 상대에게 감정을 이입하고 갈등을 완화시켜 원하는 해결책으로 '바이 인'하도록 만드는 이 기술은 내가 FBI 협상전담반에게 가르치는 것과 동일한 개념이다. 일단 이 법칙과 기술을 익히면 더 이상 다른 사람의 분노나 두려움, 무관심이나 숨은 의도 따위의 인질이 될 필요가 없다. 상황을 당신에게 유리한 쪽으로 돌려놓을 수 있는 가장 확실한 수단이기 때문이다.

> 책을 읽다 보면 한 가지 상황에도 여러 기술을 적용할 수 있음을 알게 될 것이다. 사람들이 서로 비슷해 보이더라도 각기 다른 행동 방식이 있기 때문이다. 2부에서 소개할 법칙은 보편적인 것이다. 그리고 3부와 4부에서 소개하는 기술 들은 당신의 성격과 당신이 처한 상황에 맞는 것을 선택적으로 활용하면 된다.

상대를 밀어붙이지 말고 살짝 끌어당겨라!

데이비드는 유능하지만 전제적이고 고압적인 CEO다. 회사를 마음에 들어 한 고위 기술직 중 몇몇은 괴팍한 데이비드의 등쌀에 사표를 던졌다. 일부 직원은 경영자의 강압에 대한 보복심으로 제대로 된 실적을 내지 않았다. 투자자들 역시 데이비드의 능력은 높이 샀지만 무뚝뚝하고 거들먹거리는 그의 성격이 거슬렸다.

이사회는 내게 데이비드를 상담해 달라고 의뢰했다. 막상 만나보니 만만치 않은 상대임은 분명했지만 노력할 만한 가치가 없다는 생각이 들지는 않았다. 나는 데이비드와 회사 경영에 대해 이런저런 이야기를 나누었다. 데이비드는 자신의 과단성 있는 경영 방식에 대해 경험담을 늘어놓았다. 나는 넌지시 물었다.

"그런 방법이 집에서도 통하던가요?"

그는 흠칫했다. "거참, 그런 질문을 하시다니 재미있군요." 정곡을 찔린 듯한 반응이었다.

"아들 녀석이 열다섯 살이에요. 머리는 좋은데 도무지 공부를 안 합니다. 무슨 짓을 해봐도 소용이 없어요. 집사람은 녀석이 뭘 해도 감싸고돌기만 합니다. 나도 아버지니까 녀석을 사랑하긴 하죠. 하지만 이젠 좀 진절머리가 납니다. 학습 장애에다 주의력 결핍까지 아주 골고루 갖췄어요. 선생님이 도와주려고 하는데 선생님 말도 안 들어요. 뭘 어떻게 해야 할지 모르겠습니다."

짚이는 데가 있어 나는 데이비드에게 간단한 대화 기술 몇 가지를 가르쳐주었다. 그리고 회사와 집에서 그 기술을 사용하도록 권유했다.

일주일 후 다시 만나기로 약속을 하고 우리는 헤어졌다. 그런데 3일이 지났을 무렵 그로부터 문자가 왔다. '박사님, 최대한 빨리 전화

부탁드립니다. 긴히 드릴 말씀이 있습니다.'

가슴이 철렁 내려앉았다. 그에게 전화를 걸었다. 놀랍게도 전화를 받는 그의 목소리에서 감격이 느껴졌다. "박사님, 박사님이 저를 살려주셨습니다."

"무슨 일이 있었나요?"

"가르쳐주신 대로 해봤습니다."

"회사에서요? 어떻게…"

그가 내 말을 끊었다. "아니요, 회사에서는 아직 안 해봤습니다. 제 아들에게 해봤어요. 집에 돌아가자마자 아들 방으로 가서 이야기 좀 하자고 했습니다. 그리고 가르쳐주신 대로 말했죠. '너는 분명히 아무도 네 마음을 모를 거라고 생각할 거야. 주변에선 머리가 좋다고들 하는데 도무지 성적이 안 나오는 게 어떤 기분인지, 그렇지?' 그랬더니 아들의 두 눈에 눈물이 고이더군요. 박사님이 예상하셨던 대로 말입니다."

데이비드가 말을 이었다. "그래서 다음 질문으로 넘어갔습니다. '때로는 차라리 네 머리가 나빠서 엄마 아빠가 너에게 과도한 기대를 하지도 않고, 더 열심히 하라고 혼내지도 않았으면 좋겠다는 생각이 들지? 그렇지?' 그러자 아들이 울기 시작했습니다. 제 눈에도 눈물이 차올랐죠. 그러고 나서 이렇게 물었습니다. '너도 많이 힘들지?'"

데이비드는 목이 메인 채 말을 이었다. "아들은 힘겹게 말을 꺼냈습니다. '더 나빠지기만 해요. 얼마나 더 견딜 수 있을지 모르겠어요. 항상 사람들을 실망시키기만 하는 것 같아요.'"

데이비드의 말에 따르면 이때쯤엔 자신도 울고 있었다고 한다.

"그렇게 힘들면 말을 하지 그랬니?" 그는 아들에게 물었다고 한다.

그 다음에 벌어진 일을 설명하는 데이비드의 목소리에서 고통이 느껴졌다. "아들이 울음을 그치더니 화가 난 표정으로 저를 쳐다보더군요. 그 애가 몇 년 동안 느꼈을 분노가 그대로 선해졌습니다. 그러고 말했죠. '아빠는 알고 싶어 하지도 않았잖아요!' 그 애 말이 옳았습니다."

"그래서 어떻게 하셨습니까?" 내가 물었다.

"아들을 그렇게 혼자 내버려둘 수 없었습니다. 그래서 이렇게 말했죠. '우리 같이 이 문제를 해결해 보자. 당분간 내가 노트북을 들고 와서 네 침대에서 일을 하마. 네가 숙제를 할 때 같이 있어줄 수 있도록 말이다. 네가 그렇게 끔찍한 상황이라니 혼자 둘 수가 없구나.' 벌써 며칠째 매일 밤 숙제를 봐주고 있습니다. 아들은 물론이고 우리 가족 모두 한 고비를 넘기 시작한 것 같습니다."

그는 잠시 멈추었다가 말했다.

"제 목숨을 건져주신 겁니다. 박사님, 보답으로 뭔가 해드리고 싶은데요."

나는 대답했다. "아들에게 하신 것처럼 회사에서도 똑같이 해주시면 좋겠습니다."

"무슨 뜻인가요?"

"아드님의 숨통을 틔워주셨잖아요. 그렇게 하니까 아드님이 진짜 속내를 털어놓았고요. 그 다음엔 본인의 능력으로 멋지게 해결하셨습니다. 회사에서도 이사회부터 경영진까지 많은 사람들과 관계를 맺고 계시지 않습니까? 그분들도 아드님과 똑같은 시선으로 당신을 보고 있습니다. 그들 역시 당신에게 한 번은 분노를 쏟아놓을 필요가 있는 분들이죠."

데이비드는 두 차례 회의를 소집했다. 한 번은 이사회, 한 번은 경영진과의 회의였다. 그는 양쪽에 같은 말을 했다. 단호한 시작이었다.

"정말이지 내가 너무 실망했다는 점을 꼭 밝혀야겠습니다."

사람들은 평소처럼 단단히 각오하고 호된 질책을 당할 준비를 했다.

"여러분 위에 군림하면서 얼마나 오랫동안 귀를 닫고 있었는지 나 자신에게 실망했습니다. 그러는 동안에도 여러분은 변함없이 이 회사와 나를 보호해 주었습니다. 그동안은 남의 말을 듣지 않으려 했지만 이제부터는 듣겠습니다."

데이비드는 아들 이야기를 해주었다. 그리고 다음과 같은 말로 자신의 발언을 마무리했다.

"제게 한 번만 더 기회를 주시기 바랍니다. 이제 문제를 해결할 수 있을 것 같으니까요. 한 번 더 여러분이 의견을 내주신다면 열심히 들을 것이고, 여러분의 도움을 받아 그 아이디어를 반영할 방법을 찾아보겠습니다."

이사회와 경영진은 데이비드에게 기회를 더 주기로 결정했을 뿐 아니라 기립 박수까지 보내주었다.

이 이야기의 교훈은 무엇일까? '적절하게 사용한 말'에는 엄청난 치유 능력이 있다는 사실이다. 데이비드는 단 몇 분 동안의 말로 자신의 직위와 회사, 아들과의 관계를 구했다.

여기 또 하나의 교훈이 있다. 1장에서 살펴본 두 이야기에서 크레이머 요원과 CEO 데이비드는 각기 다른 목적을 가졌지만 동일한 접근 방식을 사용했다. 그 결과 크레이머는 절망에 빠진 남자를 죽음으로부터 구했고, 데이비드는 파국 직전의 관계를 바로잡았다. 앞으로 배울 기술이 가지는 진정한 파급력은 바로 어떤 상황에서든 누구에게든 적용해도 효과가 있다는 데 있다.

어떻게 몇 가지 단순한 대화 기술이 그토록 놀라운 위력을 발휘할 수 있을까? 우리가 살아가는 모습과 거기서 생겨나는 문제는 정말 다양하지만 우리의 '뇌'는 늘 유사한 패턴으로 일하기 때문이다.

다음 장에서는 우리 마음이 어떤 이유로 '바이 인' 혹은 '바이 아웃buy-out'하는지, 고집 센 사람을 설득하려면 왜 먼저 그의 뇌에 말을 걸어야 하는지 살펴보고자 한다.

2
뇌의 대화학
뱀의 뇌에게 말을 걸지 마라!

두 사람이 대화할 때 무슨 일이 일어날까? 이것이야말로 가장 기초적인 질문이다.
그 기본적 문맥 속에서 모든 설득이 일어나기 때문이다.
– 말콤 글래드웰Malcolm Gladwell, 《티핑 포인트The Tipping Point》 저자

～～～～～

나는 생각도 의사처럼 한다. 그래서 처음 이 2장은 뇌 그림과 뇌의 메커니즘에 대한 장황한 설명으로 가득 차 있었다. 집필을 끝낸 후 담당 편집자 엘렌에게 초고를 보여주면서 나는 이런 반응을 기대했다. "와, 멋진데요!"

하지만 엘렌은 뇌 어쩌고 하는 내용을 재빨리 훑어보더니 딱 잘라 이렇게 말했다. "웩."

나는 그녀의 지적을 받아들였다. 이 책을 읽는 독자 대부분은 신경세포나 신경전달물질, 회색질이나 백색질 같은 데 관심이 없다. 사람들을 설득하는 법을 배우고 싶은 것이지 해부학을 배우고 싶은 게 아니기 때문이다.

하지만 몇 가지는 반드시 알 필요가 있다. 뇌가 어떻게 '저항'에서 '바이 인'으로 넘어가게 되는지 이해하는 것만으로도 굉장한 우위에 서게 되기 때문이다. 전달하려는 내용이 무엇이든, 우선 뇌에 말을 걸어야 한다. 내가 CEO든 관리자든 부모든, 어려운 상대를 설득해야 하는 모든 사람에게 간단한 뇌 과학을 먼저 알려주는 이유다.

엘렌의 현명한 충고를 받아들여 초고의 대부분, 즉 뇌 그림과 딱딱한 해부학을 지워버리고 나니 3가지 핵심 개념만 남았다. 당신이 누군가를 '바이 인'하도록 할 때 그의 머릿속에서 무슨 일이 벌어지는지 설명할 수 있는 개념들이다. 이 세 가지 단어만 기억하면 된다.

'3개의 뇌three-part brain', '편도체 납치amygdala hijack', '거울신경세포mirror neurons'. 이 세 가지만 알면 사람을 설득하기 위해 필요한 뇌 과학을 전부 배운 셈이다

인간에게는 뇌가 3개 있다!

당신은 뇌가 몇 개인가? 말장난 같은 질문이지만 여기서 내가 원하는 정답은 1개가 아니라 3개다.

당신의 뇌는 수백만 년 동안 진화해 온 3개의 층으로 이루어져 있다. 원시적인 '파충류'의 층, 좀 더 진화된 '포유류'의 층, 그리고 마지막으로 '영장류'의 층이 그것이다. 이 3개의 층은 모두 서로 연결되어 있기는 하지만 종종 별개의 뇌처럼 기능한다. 서로 전쟁을 벌이는 일도 잦다. 이 3개의 뇌가 담당하는 기능은 다음과 같다.

• **파충류의 뇌(뱀의 뇌):** 가장 안쪽에 있으며 '투쟁-도피fight or flight 반응'을 관장한다. 즉각적 행동과 반응이 전부다. 위기를 감지했을 때

'한밤중에 헤드라이트 앞에 뛰어든 사슴'처럼 당신을 얼어붙게 만든다.

- **포유류의 뇌(토끼의 뇌)**: 중간층을 차지하며 감정을 주관한다. 일명 '내면의 오버쟁이'다. 사랑, 기쁨, 슬픔, 분노, 비탄, 질투, 즐거움 등의 강렬한 감정이 일어나는 곳이다.
- **영장류의 뇌(인간의 뇌)**: 가장 바깥쪽에 있으며 TV 시리즈 〈스타트렉Star Trek〉의 닥터 스포크와 비슷한 역할을 한다. 상황을 논리적이고 합리적으로 판단해 의식적으로 실행 계획을 세운다. 영장류의 뇌는 파충류와 포유류의 뇌에서 수집한 정보를 조사하고 분석해 실용적이고 현명하고 도덕적인 결정을 내린다.

진화와 더불어 새로 생겨난 우리의 뇌는 기존의 부위를 정복하여 대체한 것이 아니다. 나무의 나이테처럼 새로운 부위가 좀 더 원시적인 부위를 덮어 싼 것이다. 가장 안쪽에 있는 뇌를 가운데 뇌가 덮고 있고, 다시 그 위를 바깥쪽 뇌가 덮는다. 그리고 이 3개의 뇌는 우리가 매일 생각하고 행동하는 방식에 영향을 미친다.

3개의 뇌는 어느 정도까지는 협동하여 함께 일한다. 하지만 이들은 서로 떨어져 독립적으로 기능하는 경우가 더 많다. 특히 스트레스를 받을 때 그렇다. 그런 상황에서는 파충류와 포유류의 뇌가 주도권을 잡고 생각하는 영장류의 뇌는 힘을 잃는다. 우리는 뇌의 원시적인 기능에 맡겨지는 것이다.

이 모든 게 사람을 설득하는 일과 무슨 관계가 있을까? 대답은 간단하다. 누군가를 설득하기 위해서는 가장 바깥쪽에 있는 '인간의 뇌'에 말을 걸어야 한다. '뱀의 뇌'나 '토끼의 뇌'에 말을 걸면 안 된다. 잔뜩 성이 나 있고 흥분해서 반항적으로 대드는 사람, 위협을 느끼고 있는 사람을 '바이 인'하도록 시도한다면 문제가 심각해진다. 상대방의 바깥쪽 뇌가 이미 통제력을 상실한 상태이기 때문이다. 당신이 만약 가장 안쪽이나 중간에 있는 뇌의 지배를 받고 있는 상사나 고객, 배우자나 자녀에게 말을 하고 있다면 그건 궁지에 몰린 뱀이나 잔뜩 흥분한 토끼에게 말을 거는 것이나 다름없다.

이 상황에서 당신이 설득에 성공하려면 반드시 상대의 '파충류의 뇌'에서 '포유류의 뇌', 다시 '영장류의 뇌'로 거슬러 올라가면서 말을 걸어야 한다. 내가 알려주려는 게 바로 그 기술이다. 하지만 일단 어떻게 원시적인 뇌가 수백 년의 진화가 무색하게 여전히 힘을 발휘하고 있는지 살펴보도록 하자.

'편도체 납치'와 이성적 사고의 죽음

핵심은 '편도체'라는 이름을 가진 뇌의 한 부위다. 당신의 뇌 안쪽 깊숙이 아주 작은 자리를 차지하고 있는 편도체는 위협이 감지되면 즉각 행동을 개시한다. 예를 들어 어두컴컴한 지하 주차장에서 낯선 사람이 접근하는 순간 같은 경우 말이다. 반드시 물리적인 위협에만 해당하는 게 아니다. 상대의 공격적인 말이나 갑작스러운 금융 위기, 자존심을 건드리는 행위 등도 그런 위협에 포함된다.

당신의 뇌에서 '논리'를 담당하는 부분인 전두엽 역시 위협적인 상황이 닥치면 경계 태세에 들어간다. 하지만 뇌의 바깥쪽에 있는 이 부위는 눈앞에 닥친 위협을 논리적으로 분석하고 싶어 한다. 하지만 늘 그럴 만한 시간적 여유가 있는 건 아니다. 그래서 당신의 몸은 편도체에게 주도권을 넘겨줌으로써 신호를 직접 지시하거나 전두엽에서 오는 신호를 무시할 수 있도록 힘을 부여한다.

이따금 정말 겁에 질리면 편도체는 즉시 바깥쪽 뇌에서 오는 정보를 차단하고 원시적 본능에 충실한 행동을 하도록 명령을 내린다. 물론 그런 경우는 극히 드물다. 대개 편도체는 행동을 지시하기 전에 상황 판단을 기다리기 때문이다.

이 과정을 쉽게 이해하기 위해 편도체를 '가스레인지 위에 올려놓은 물이 가득 담긴 냄비'라고 상상해 보자. 냄비의 물을 서서히 데우면 몇 시간이라도 은근히 가열할 수 있다. 하지만 갑자기 불을 세게 키우면 물이 확 끓어 넘친다. 편도체가 갑작스레 가열되어 끓어넘치지 않는 한, 바깥쪽 뇌와 지속적으로 접촉하면서 효율적으로 활동할 수 있는 것이다. 바깥쪽 뇌가 편도체에 신호를 보내면서 잠시 멈춰서 생각을 정리하고 선택할 수 있도록 여지를 주며, 현명한 판단을 내리게 해주는 것이다. 하지만 편도체가 끓는점에 도달하면 모든 게 끝장이다.

이렇게 편도체가 끓어 넘치는 점을 우리는 '편도체 납치'라고 부른다. 이 용어는 '감성지능emotional intelligence'의 창시자인 심리학자 대니얼 골먼Daniel Goleman이 처음 만들어냈다. '납치'란 아주 적절한 용어인데 편도체가 끓어 넘치는 순간에는 감정과 사고를 관장하는 뇌의 조종사(전두엽)가 통제권을 상실하기 때문이다. 조종사 대신 '뱀'이 비행기를 조종하게 된다. 이성적인 사고 능력은 급격히 감소하고 기억 기능은 불안정해지며 스트레스 호르몬이 몸 전체를 관통한다. 아드레날린이 과도하게 분비되면서 한동안 생각을 정리할 수도 없게 된다. 그런 영향에서 벗어나는 데 몇 시간이 걸릴 수도 있다. 대니얼 골먼은 이 개념에 깊은 관심을 갖고 있었음이 분명하다. 편도체 납치를 겪는 순간에는 감성지능이 완전히 사라지기 때문이다.

만약 편도체 납치가 극에 달해 있는 누군가에게 사실과 논리를 이야기한다면 괜한 시간 낭비일 뿐이다. 편도체가 끓는점에 도달하기 '전'에 개입해야 한다. 그러면 상대의 바깥쪽 뇌가 계속 힘을 발휘할 수 있다.

두려움에 싸이고 분노에 가득 찬 반항적인 사람들을 대하는 방법과 관련하여 앞으로 배우게 될 기술들이 바로 그런 것들이다. 편도체 납치를 막는 것 말이다. 그렇게 해야 '인간의 뇌'에 말을 걸 수 있고 당신의 말이 먹혀들게 된다.

편도체 납치를 막는 데 도가 튼 전문가 중 하나가 바로 골프 선수 타이거 우즈의 아버지 얼 우즈Earl Woods다. 타이거 우즈가 공포와 본능에 굴복하지 않고 골프의 황제 자리에 오르는 데는 아버지 얼 우즈의 공이 컸다. 골프에서 정신력은 아주 중요한 요소다. 대부분의 골퍼들은 스트레스를 받으면 편도체가 끓어 넘치기 시작하고 결국 숨이 막힐 것 같은 느낌에 사로잡힌다. 하지만 타이거 우즈는 달랐다. 다른 골퍼들이 스트레스에 짓눌려 질식할 것 같은 순간에도 타이거는 의연해 보였다.

하지만 늘 그런 것만은 아니었다. 1997년 매스터스 골프 대회에서 스포츠 역사상 손꼽을 만한 극적인 사건이 벌어졌다. 당시 타이거는 1라운드 전반 9홀 코스에서 40타를 기록하고 있었다. 그 경기는 그가 프로로 전향한 후 처음 치르는 메이저 경기였기에 바퀴가 (뇌도) 삐걱대기 시작하는 것 같았다. 그는 패닉 상태에 빠져서는 아버지께 달려가 이런 말을 했다. "어떻게 해야 할지 도무지 모르겠어요."

얼 우즈는 멍한 아들의 눈을 잠시 들여다보았다. 그리고 이렇게 말했다. "타이거, 다 겪어본 일이잖니. 네가 할 일만 하면 되는 거야."

그 순간 바퀴가 제자리를 찾았다. 타이거는 18언더파를 기록하며 12타 차로 상대 선수를 따돌리고 우승을 차지했다. 유례없는 기록이었다. 적절한 순간에 아버지가 건넨 몇 마디 말이 편도체 납치를 막았고, 재앙이 될 뻔한 상황을 스포츠 역사상 가장 위대한 승리로 바꾸어놓았다.

'거울신경세포'라는 마법의 물질

동료가 종이에 손가락을 베면 당신도 움찔하고, 영화 속 영웅이 여주인공을 구해내면 당신도 환호성을 지른다. 순간적으로 그 사건이 마치 나 자신에게 일어난 것 같은 느낌이 들기 때문이다. 어떤 의미에서는 정말 그렇기도 하다. 수년 전 원숭이의 전전두엽 피질 prefrontal cortices을 연구하던 학자들은 원숭이가 공을 던지거나 바나나를 먹을 때 특정한 신경세포들이 활성화되는 것을 발견했다. 놀라운 사실은 그 원숭이가 동일한 행동을 하는 다른 원숭이를 지켜볼 때도 그 세포들이 활성화됐다는 점이다. 다시 말해서 1번 원숭이가 공을 던지는 모습을 지켜본 2번 원숭이의 뇌는 마치 자신이 공을 던진 것 같은 반응을 보였다.

처음에 과학자들은 이 신경세포에 '원숭이가 보는 대로 따라 한다monkey see, monkey do'라는 별명을 붙였다. 나중에 그 이름을 '거울신경세포'로 바꿨는데, 이 세포들이 원숭이의 마음속에 다른 원숭이의 행동을 거울처럼 그대로 비춰주기 때문이다.

원숭이와 마찬가지로 인간에게서도 거울처럼 기능하는 신경세포가 발견되고 있다. 연구 결과에 따르면 이 세포들이 바로 인간이 가지는 '공감 능력empathy'의 바탕이 된다. 그 세포들이 우리를 다른 사람의 마음속으로 인도하여 그 사람이 느끼는 감정을 '함께' 느끼도록 해주기 때문이다. 2007년 온라인 과학 잡지 〈에지Edge〉에 실린 '자기인식의 신경학The Neurology of Self-Awareness'라는 기사에서 신경 연구의 선구자인 V.S. 라마찬드란V.S. Ramachandran은 이렇게 평했다. "나는 이것을 '감정이입 세포', 혹은 '달라이라마 세포'라고 부른다. 이 세포들이 나와 다른 사람 사이에 놓인 장벽을 완화해 주기 때문이다."

우리들이 타인을 돌보는 박애를 실천하도록 자연이 이 세포를 만들어낸 것인지도 모른다. 하지만 거울신경세포를 다른 각도에서 보면 새로운 의문이 생긴다. 누군가 우리에게 친절히 대해줄 때 왜 눈시울이 뜨거워질까? 누군가 우리를 이해해 줄 때 왜 마음이 훈훈해질까? 누군가 그저 "괜찮아?" 하고 넌지시 물어보기만 해도 왜 그토록 감동을 받을까?

임상에 근거한 내 이론은 이렇다. 우리는 끊임없이 세상을 거울처럼 반영하면서 세상의 요구에 순응하고 세상의 사랑과 인정을 받기 위해 노력한다. 우리가 세상을 반영할 때마다 우리는 그 보상으로 누군가 역시 우리를 거울처럼 반영해 주기를 갈망하게 된다. 그 갈망이 채워지지 않으면 내가 '거울신경세포 수용체 결핍'이라고 언급하는 현상이 나타난다.

현대사회에서 그런 결핍이 자라나 깊은 고통이 되는 일은 비일비재하다. 내가 상담해 온 수많은 사람들, 경영자, 관리자, 부부, 우울증 환자에 이르기까지 대부분의 사람들은 '자신은 최선을 다했는데도 다른 사람들이 무관심과 적대감, 무반응으로 일관하는 데' 절망한다. 거꾸로 이런 결핍 때문에 누군가 조금이라도 우리의 고통을 이해하거나 성공을 인정해 주면 그토록 큰 감동을 받게 되는 것이다. 그래서 이 책에 소개할 가장 강력한 기술의 상당수는 '다른 사람의 감정을 거울처럼 반영하는 것'과 관련이 있다. 설령 당신이 그들의 의견에 동의하지 않는다고 해도 말이다.

이 접근 방식이 얼마나 놀라운 위력을 발휘하는지 잘 보여주는 임상 사례가 있어 소개한다. 내가 몇 년 전 만났던, 대단히 지적인 편집증 환자 잭의 이야기다. 나를 만나러 왔을 때 그는 이미 다른 정신과 의사를 4명이나 갈아치운 후였다.

상담이 시작되자 잭이 단도직입적으로 말했다.

"상담을 시작하기 전에 분명히 해둘 게 있습니다. 우리 집 위층에 사는 사람들이 매일 밤새도록 소란을 피워서 내가 아주 미칠 지 경입니다."

그 말을 하는 그의 얼굴은 괴상하게 일그러진 미소를 띠고 있었다.

"짜증이 많이 나시겠네요." 내가 공감을 표하며 대답했다.

잭은 마치 나를 함정에 빠뜨려 통쾌하다는 듯 짓궂게 웃으며 덧붙였다.

"아, 깜빡하고 말을 안 했네요. 우리 집은 맨 꼭대기에 있고 옥상으로 통하는 문도 없어요."

그는 능글맞은 웃음을 띠고 나를 바라보았다. 청중에게서 뭔가 반응을 원하는 희극 배우 같은 익살스러운 표정이었다.

나는 혼자 생각했다. '이 상황에서 '그래서요?'라고 대꾸하면 저항감을 불러일으킬 수도 있겠지. '더 이야기해 보세요'라고 말하면 편집증적 망상에 기름을 끼얹는 격이고…. '위층의 소음이 실제가 아니라는 걸 당신 마음속 한 부분은 알고 있을 것'이라고 말할 수도 있을 거야. 하지만 그 얘긴 예전 4명의 의사들이 벌써 했겠지.'

그 순간 나는 자문해 보았다. '뭐가 더 중요할까? 차분하고 유능한 정신과 의사로서 이 사람에게 그동안 여러 의사들이 시도했을 현실 인식을 한 번 더 강조해야 할까? 아니면 현실을 조금 포기하더라도 이 사람에게 도움을 줘야 할까?'

나는 후자를 선택했다. 그 결정과 동시에 나는 '내가 진실이라고 생각하는 것'을 한쪽으로 치워놓고 진심을 담아 이렇게 말했다. "잭, 나는 당신 말을 믿어요."

이 말을 듣더니 잭은 한동안 꼼짝도 않고 나를 쳐다보았다. 잠시 후 놀랍게도 그는 한밤중 굶주림에 울어대는 야생 고양이마냥 소리 내어 울기 시작했다. 내가 벌집을 건드린 게 아닐까 하는 생각이 들었고 내 판단이 옳았는지 의심도 들었지만 그냥 울게 내버려두었다. 몇 분이 흘러 울음이 잦아들고 나자 동물 소리가 아닌 사람 소리가 들려왔다. 마침내 그가 울음을 멈추더니 소매로 눈물을 훔치고 휴지로 콧물을 닦았다. 그러고는 엄청난 짐을 덜어낸 듯 5kg은 더 가벼워진 모습으로 나를 다시 쳐다보며 다 안다는 듯한 미소를 활짝 지어 보였다.

"미친 소리로 들렸죠, 그렇죠?"

그의 갑작스러운 깨달음에 기뻐하며 우리는 함께 웃었고 그는 회복을 향한 첫 발자국을 떼어놓았다.

무슨 일이 일어나서 잭은 자신의 광기를 극복하기 시작한 걸까?

그는 내가 자신을 '거울처럼 비춰준다'고 느꼈던 것이다. 이제까지 세상은 늘 그에게 세상을 반영하고 세상의 의견을 따르라고만 강요했다. "이 약을 복용하셔야 합니다"라고 말하는 의사들이나 "그게 다 망상이라는 걸 알고 계시죠, 그렇죠?"라고 묻는 의사들도 마찬가지였다. 이런 시나리오대로라면 세상은 항상 정상이고 옳고, 잭은 항상 비정상이고 틀린 것이다. 그리고 '비정상이고 틀리다'는 것은 지독히 외로운 것이다.

내가 그를 거울처럼 비춰주자 잭은 외로운 느낌이 조금 덜 들었다. 외로운 느낌이 줄어들자 약간 안심이 되었다. 그렇게 안심이 되고 나니 정신적으로 긴장이 풀어졌던 것이다. 결과적으로 그는 고마움을 느꼈고, 그 감사를 담아 나에게 기꺼이 마음을 열고 나와 싸우는 대신 협조하는 쪽을 택했다.

당신이 정신과 의사가 아닌 한 살아가면서 정신분열증 환자를 만나게 될 일은 별로 없을 것이다. 하지만 자신이 세상에 주는 만큼 세상으로부터 돌려받지 못해 '거울신경세포 수용체 결핍'을 겪는 사람들은 매일 만나게 될 것이다. 이는 사실 거의 모든 인류가 보편적으로 겪고 있는 증상인 것 같다.

누군가의 갈망을 이해하고 거기에 반응을 보이는 것은 직장이나 가정에서 만나는 누군가에게 당신의 의사를 전달하는 가장 강력한 방법 중 하나다. 심리학 용어로 이렇게 상대의 갈망을 거울처럼 반영해 반응을 보이며 공감하는 방법을 '미러링mirroring'이라고 한다.

남의 이해를 받고 싶다는 갈망은 일대일 대화에만 존재하는 것이 아니다. 20년 전에 있었던 일이 생각난다. 그때 나는 소극적이고 심지어 지루하기까지 한 강사가 훨씬 더 강력한 개성을 소유한 카리스마 넘치는 유명 강사보다 훨씬 효과적이고 성공적으로 300명의 청중과 소통하는 장면을 목격했다.

이틀에 걸친 정신요법 콘퍼런스에 참석하고 있을 때였다. 그 분야 선구자인 캐나다 출신 정신과 의사 한 명과 영국 출신 정신과 의사 한 명이 강단에 올랐다. 두 사람 다 강연을 하고 환자들과 상담하는 장면을 담은 영상을 보여준 다음 강연에 대한 평가와 질문을 받고 토론을 이끌었다.

시작하자마자 캐나다인 강사는 집중력 좋고 강렬하고 힘이 넘치고 알아듣기 쉬운 강의를 펼쳐보였다. 반대로 영국인 강사는 의사전달은 분명히 했지만 훨씬 조용하고 차분한 데다 음의 고저도 없는 딱딱한 영국식 영어로 강의를 계속했다. 당연히 그의 강연은 집중하기가 힘들었다.

하지만 이틀 동안 신기한 일이 벌어졌다. 캐나다인 강사는 마치 이륙하기 위해 활주로에서 급히 고도를 높이는 보잉 747기처럼 자신의 발표를 시작했다. 영국인 강사는 쌍발 경비행기처럼 좀 더 느긋한 속도로 활주로를 굴러갔다.

캐나다인 강사는 너무 열심히 하느라 자신의 발표에 할당된 시간을 항상 초과했고 휴식 시간까지 강연을 계속하곤 했다. 그러다 보니 진행 요원들은 휴식 시간을 줄이고 청중에게 다음 발표 시간까지 시간에 맞춰 돌아오라고 재촉을 해야만 했다. 캐나다인 강사는 청중 상당수가 안절부절못하고 시계를 들여다보며 휴식 시간을 초과하지 않으려고 허겁지겁 뛰어다니는 것에 전혀 개의치 않았다. 그는 사람들이 제대로 듣거나 말거나 상관없이 자기 할 말을 끝내려고만 했다.

그와 대조적으로 영국인 강사는 강연 시작 전에 마이크를 톡톡 두드려 테스트를 해보면서 뒤쪽 자리까지 목소리가 잘 들리는지 꼭 확인했다. 또한 예민하게 주의를 기울여 청중의 집중력이 눈에 띄게 흐트러지는 순간을 포착했다. 그런 순간에 그는 이제껏 내가 본 가장 인상적인 '미러링' 능력을 보여주었다. 그것도 대규모 청중을 상대로 말이다. 강연을 하는 중이라도 이렇게 말했다.

"여러분, 이제 좀 힘들어하시는 것 같네요. 잠깐 쉬고 10분 후에 다시 시작하겠습니다."

처음에는 이런 태도가 좀 엉뚱하게 보였지만 콘퍼런스가 끝날 무렵이 되자 청중은 카리스마는 있지만 자기중심적인 캐나다인 강사보다 정확하게 자신들을 반영하려고 노력한 영국인 강사를 높이 평가하며 그의 강의에 더 주의를 기울였다. 그 영국인 의사는 회의장을 가득 채운 사람들을 전부 자기 편으로 만들었던 것이다. 별로 힘을 들이지도 않고 말이다.

내가 이번 장에서 개괄한 뇌 과학을 활용할 때는 주의할 점이 한 가지 있다. 그것이 '모든' 사람에게 적용되지는 않는다는 점이다. 흔한 일은 아니지만 아예 파충류나 포유류의 뇌에 고정되어 당신이 아무리 도움을 주려고 노력해도 전혀 논리적으로 생각할 수 없는 사람을 만날 수도 있다. 모두 다 그렇지는 않지만 '정신적으로 병든' 범주에 들어가는 사람도 많다. 또한 당신이 자신의 감정을 반영하든 말든 아무 관심이 없는 사람을 만날 수도 있다. 그들은 주로 반사회적 인격장애를 가진 사람들이나 나르시시스트들로, '당신을 자기 뜻대로 행동하게 만드는 것'에만 관심이 있다. 그래서 깡패나 얼간이를 다루는 기술도 이 책에 포함시켰다.

그러나 당신이 만나게 될 거의 대부분의 사람들은 '상처받거나 조종당하지 않으려고 세워놓은 장벽'을 당신이 부드럽게 뚫고 들어갈 수 있다는 데 기꺼이 감동을 받을 것이다. 나는 앞으로 그들의 감정을 효과적으로 미러링하는 방법과 그들이 바깥쪽 뇌로 사고하도록 리드함으로써 편도체 납치가 일어나지 않게 하는 방법을 알려줄 것이다. 몇 가지 간단한 법칙과 기술을 적용하면 이 모든 것이 가능하다. 또한 당신 자신의 뇌를 통제해 중압감에 짓눌려 무너져 내리는 대신, 냉정한 상태로 바른말을 할 수 있는 방법도 알려줄 것이다.

이러한 기술을 습득하고 나면 사람들을 설득하고 끌어당기는 일이 얼마나 쉬운지 깜짝 놀라게 될 것이다. 그리고 그것이 당신의 일, 인간관계, 삶에 변화를 불러일으킬 것이다.

2부

사람의 마음을 조절하는
9가지 기본 법칙

요즘 사람들은 모두 '싱크sync' 전문가들이다.
스마트폰과 PC 같은 서로 다른 종류의 첨단기기를 서로
소통하게 만드는 기술 말이다. 하지만 '타인과 싱크'하는
문제에 있어서는 전문가가 별로 없다.
2부에 소개할 9개의 기본 법칙을 완전히 습득하라.
일단 이 법칙을 배우고 나면 3부로 들어갈 준비가 된 것이다.

3부에서는 설득 사이클의 어떤 단계에서든 사람을
설득할 수 있는 간단한 기술 12개를 소개할 것이다.
당장 사용할 수 있는 그 기술들이 바로 필요하다면 2부를
건너뛰고 바로 3, 4부를 읽을 것을 권한다. 하지만 3, 4부에
나오는 기술들이 힘을 발휘하게 하려면 말의 내용뿐 아니라
언제, 어떤 이유로, 어떻게 그 말을 사용할 것인지도 알아야
한다. 이 9가지 기본 법칙은 사람을 끌어당기고 설득하는
것뿐 아니라 인간관계를 개선하는 데에도 효과적으로
활용할 수 있다.

3
흥분한 내 안의 짐승을
빨리 진정시켜라!

승리의 열쇠는 스트레스 상황에서도 평정을 유지하는 것이다.

– 폴 브라운Paul Brown, 클리블랜드 브라운스 창립자이자 초대 코치

~~~~~~~~~

"마크, 정말이지 이렇게 흥미진진할 수가 없어요!"

안과 전문 의료기기 개발업체인 AMOAdvanced Medical Optics의 CEO
인 짐 마조Jim Mazzo가 수화기 너머에서 감탄했다.

짐은 내가 아는 가장 능력 있고 윤리적인 경영자 중 한 명이다. 하
지만 아무리 뛰어난 능력의 소유자라 해도 그의 말은 놀라운 것이
었다. 왜냐하면 2007년 바로 그날, 짐의 회사는 대부분의 사람이
'위기'라고 부를 만한 상황에 처해 있었기 때문이다.

짐은 자사의 안과 용액이 심각한 각막 감염을 유발할 수도 있다
는 사실을 알게 되자 이사회의 허가도 받지 않고 즉시 자발적인 리
콜을 지시했다. 나는 짐에게 전화를 걸어 그의 행동에 존경을 표하
며 타이레놀 사태에 현명하게 대처했던 존슨앤드존슨의 CEO 제임
스 버크James Burke를 다시 보는 기분이라고 말해주던 참이었다.

짐이 대답했다. "AMO는 명확한 가치관과 투명성, 행동 규범이 있는 회삽니다. 저는 이번 일이 우리 회사나 저를 모두 더 훌륭하게 만들어줄 기회라고 생각합니다. 앞으로 사태가 어떻게 진척될지 정말 가슴이 두근거리는군요."

그러고는 이런 말로 나를 더욱 감동시켰다. "안 좋은 일이 벌어졌을 때, 문제를 더욱 악화시킬 짓을 하려는 유혹을 이겨내면 회사와 저 모두에게 더 가치 있는 게 무엇인지 깨닫게 된다고 믿습니다. 위기를 겪지 않았다면 결코 알 수 없었을 것들 말입니다."

그것은 대단한 용기였다. 그 용기 덕분에 AMO는 폭풍을 잘 이겨냈고, 결국 소비자와 투자자들 모두에게 신뢰할 만한 윤리적인 기업이라는 명성을 더욱 공고히 했다.

문제가 발생했을 때 당황해서 거짓말을 둘러대고 어떻게든 문제를 감추려고만 하는 경영자들 혹은 어찌할 바를 몰라 그냥 무너져버리는 경영자들과 짐의 차이점은 무엇일까? 짐은 문제를 딛고 일어서 옳은 일을 하는 능력이 있다. 현명하고 윤리적이기 때문이다. 그리고 문제에 직면했을 때 처음에 밀려오는 공포 반응(위기에 직면한 인간의 보편적인 반응)을 재빨리 통제할 수 있었다. 분명히 짐도 위기가 닥쳤을 때 다른 사람들처럼 두려움을 느낄 것이다. 하지만 그는 그대로 머물러 있지 않았다. 대신 가슴 깊이 간직한 핵심 가치들을 끄집어내, 흥분해서 조급한 행동을 하는 것을 막았다. 결과적으로 다른 사람들이 자제력을 잃고 숨어버리거나 다른 사람을 비난하고 싶은 유혹을 느낄 때 그는 재빨리 생각을 정리하고 효과적인 대화를 할 수 있었던 것이다.

비상 탈출을 하려면 당신부터 정신을 차려야 한다

감정을 제어하는 것은 훌륭한 리더에게만 필요한 자질이 아니다. 그것은 흥미롭게도 다른 사람을 설득하기 위해 필요한 가장 중요한 열쇠이기도 하다. 스트레스와 불안이 지배하는 순간에는 더욱 그렇다. 냉정하고 절제된 인질 협상 요원이 요지부동의 상대를 설득할 수 있는 것도 그 덕택이다. 반대로 투덜대며 울음을 터뜨리고 고함을 질러대는 사람은 조용하고 호의적인 상대조차 등을 돌리게 만든다.

앞으로 다른 사람을 변화시키는 강력한 기술을 많이 배우게 될 것이다. 하지만 그중 가장 강력한 기술은 바로 '당신 자신'의 생각과 감정을 통제하는 것이다. 대부분의 경우에 바로 거기서부터 성공적인 대화가 시작되기 때문이다. 자신을 통제하는 방법을 습득하면 인생이 바뀔 것이다. 스트레스 상황에서 다른 사람을 설득할 때 가장 큰 적이 될 수도 있는 당신 자신을 컨트롤할 수 있기 때문이다.

물론 모든 만남이 스트레스를 유발하지는 않는다. 하지만 스트레스를 유발하는 경우가 많을 뿐더러 대개 그런 만남을 통해 경력이나 관계에서의 성공이 판가름 난다. 더욱이 스트레스를 유발하는 만남에 대해서는 대부분 준비가 안 되어 있기 마련이다. 안면이 없는 상대에게 무작정 전화를 하거나 잔뜩 화가 난 고객을 응대하고, 만만찮은 면접을 치르고, 분노한 상사를 상대하고, 건방지게 대드는 부하직원을 마주하는 등의 경우 말이다. 이 모든 상황에서 당신은 감정에 심한 상처를 입은 나머지 명료하게 생각을 정리할 수 없는 지경에 이르기 쉽다. 그렇게 되면 당신은 지는 것이다.

그러니 스트레스 상황에서 주도권을 잡는 가장 중요한 첫 번째 규칙은 이것이다. '자기 자신부터 통제하라!' 비행기에서 위급 상황이 발생하면 보호자가 먼저 산소마스크를 쓰라고 하는 이유가 바로 여기에 있다. 그리고 다행히도 자신을 통제하는 것은 생각보다 간단하다.

가장 중요한 것은 속도, 속도, 속도다!

사실 당신은 절박한 상황에 지혜롭게 대처하는 방법을 이미 알고 있다. 공격 모드attack mode에서 감정 모드emotional mode로, 감정 모드에서 다시 지혜 모드smart mode로 옮겨가는 방법을 정확히 알고 있다. 불행히도 그걸 '빨리하는 법'을 모르는 것뿐이다.

따라서 상황은 대개 이런 식으로 흘러간다. 스트레스 상황에 맞닥뜨리고 난 지 몇 분이 지나면 진정이 되고 맥박이 느려지면서 호흡이 조금 차분해진다. 또 거기서 몇 분 혹은 몇 시간이 지나면 충분히 자제력을 회복해 선택 가능한 대안들을 생각하기 시작한다. 그리고 시간이 더 흐르면 이렇게 생각하기 시작한다. '아, 이런 방법이 있었네!'

하지만 그때쯤엔 이미 너무 늦어버린 경우가 많다. 계약을 놓치고, 상사나 동료와 거리감이 생기고, 가족들에겐 몹쓸 인간이 되고 난 다음이다. 사태에 마침표를 찍을 완벽한 한마디 혹은 멋진 첫인상을 남길 위트 있는 인사말을 놓치고 난 다음이다. 그러곤 후회한다. '도대체 왜 그랬지?'

자, 해결책은 무엇일까? 스트레스를 유발하는 만남에서 상대를 설득할 수 있는 기회를 날려버리지 않으려면 몇 시간이 아니라 단 몇 분 만에 생각과 감정을 제어해야 한다. 간단히 말해 아주 빨리 파충류의 뇌에서 포유류의 뇌로, 다시 영장류의 뇌로 이동해야 한다는 뜻이다. 불가능하게 들리겠지만 충분히 가능하다. 사실 연습만 하면 거의 2분 만에도 할 수 있다. 그렇게만 되면 당신은 함께 있는 그 누구보다도 우위에 서게 된다. 당신이야말로 그 상황에서 제대로 된 생각을 하고 있는 유일한 사람일 테니까.

'젠장'에서 'OK'로 빨리 스스로를 진정시켜라

스트레스가 다른 사람을 설득하는 능력을 어떻게 갉아먹는지 이해하려면 스트레스나 위기 상황에 처했을 때 어떤 정신적 단계를 거치는지 알아야 한다. 흥미로운 사실은 위기 상황이 모두 제각각 다른 것 같아도 마음은 거의 유사한 방식으로 대처한다는 점이다. 어떤 종류의 위기인지는 중요하지 않다. 가벼운 접촉 사고, 업무상 중요한 계약 실패, 감정싸움, 갑자기 날아온 가족의 신용카드 청구서 등 종류는 다양하다. 그러나 화가 날 때마다 감정은 대략 다음과 같은 단계를 밟아간다. 위기의 정도가 사소한 것이라면 이 과정의 중간 단계부터 밟게 되고, 위기의 정도가 엄청난 것이라면 맨 처음 단계부터 시작된다.

1단계: '젠장!' (반응 단계)

이게 웬 날벼락이야! 큰일 났다. 도대체 무슨 일이 벌어진 거야? 난 해결 못 해. 끝장이야!

2단계: '큰일이군!' (발산 단계)

아이고, 일이 엄청 잘못됐군! 이거 다 해결하려면 골치깨나 아프겠네. 빌어먹을, 나한텐 왜 늘 이런 일만 생기는 거야?

3단계: '에잇!' (회복 단계)

괜찮아, 해결할 수 있을 거야. 짜증은 나겠지만 어쩌겠어.

4단계: '자, 그럼….' (집중 단계)

이런 일로 내 인생(경력/하루/관계)가 망가지게 두진 않겠어. 지금 당장 할 일은 상황을 개선하는 거야.

5단계: 'OK!' (재개 단계)

이제 문제를 해결해 보자!

자, 비밀은 이것이다. 이 단계들을 의식적으로 인지하고 있고, 내면에서 반응이 일어날 때 그게 어떤 단계인지 구분할 수 있다면 자신의 반응을 조절할 수 있다. 결국 시작 단계에서 마지막 단계까지 단 몇 분만에 빠르게 이동할 수 있게 된다. AMO의 짐 마조 같은 사람들은 아마도 선천적으로 그 방법을 터득하고 있었을 것이다. 하지만 그렇지 않더라도 이제부터 배우면 된다.

물론 감정을 다스릴 수 있게 되었다고 해서 단 몇 분 만에 위기를 극복할 수 있는 것은 아니다. 그럴 가능성은 거의 제로다. 하지만 '가능한 해결책'에 최대한 빨리 집중한다면 문제 해결을 앞당길 수 있다. 무엇보다 특정한 문제 때문에 다른 모든 것까지 망쳐버리는 비극은 일어나지 않는다. 빨리 '패닉' 모드에서 탈출해 '해결' 모드로 향할 수 있다. 그 결과 섣부른 말을 피하고 올바르게 대처할 수 있게 된다.

순간적으로 당황하는 것도 나름의 역할이 있다!

당신의 뇌를 공황 상태에서 논리 상태로 옮겨놓기 위한 가장 결정적인 요소는 각 단계마다 당신이 느끼는 감정에 이름을 붙이는 것이다. 공공장소에 있다면 마음속으로, 혼자 있다면 큰 소리로 이름을 붙여도 좋다. 어떤 방법을 쓰든 감정의 정체를 규정하는 것이야말로 가장 빨리 감정을 제어하는 지름길이다.

UCLA 매튜 리버만Matthew Lieberman의 연구에 따르면 사람이 자신의 감정에 '두렵다', '화난다' 등의 정확한 이름을 붙이면 편도체가 거의 즉시 진정된다고 한다. 뇌를 영장류의 상태로 돌려놓을 수 있는 그 조그마한 위험 감지 센서 말이다. 그와 동시에 뇌의 다른 부분(가장 현명한 전전두엽)이 작동한다. 뇌의 이 부위는 감정적 반응을 억제해서 눈앞에 벌어진 일을 냉정하게 판단할 수 있게 한다. 그것이야말로 당신이 원하는 바다.

위기가 닥쳤을 때 '나는 냉정해, 나는 차분해, 다 괜찮아' 하고 스스로에게 거짓말을 하는 것은 도움이 되지 않는다. 사실 적어도 당장은 스스로에게 '이런 젠장' 혹은 '정말 무서워'라고 말하는 편이 낫다. 부인하면 저항하고, 인정하면 수그러든다. 이것이 바로 인간의 본능을 대하는 기본 원칙이다.

상대의 공격에 무너지면 아무것도 할 수 없다!

위기 상황의 각 단계에서 느끼는 감정에 '이름을 붙이는' 단순한 행위는 해결책의 일부이자 첫 단추다. 하지만 계속 '이런 젠장'만 외치고 있으면 문제 해결에 도움이 안 된다. 그저 파충류의 뇌를 진정시켰을 뿐, 한동안 더 이상 진전이 없기 때문이다.

그러니 '이런 젠장'을 그저 출발점으로만 여기고 거기 머물러 있지 않도록 해야 한다. 대신 일단 감정에 이름을 붙여 전두엽에 앞으로 나아갈 발판을 마련해주고 나서 당신의 뇌를 한 번에 한 단계씩 '패닉 상태'로부터 '통제 상태'로 끌어올리기 시작하라. 그 방법은 다음과 같다.

1단계: '젠장!' (반응 단계)
속상하고 두렵다는 사실을 부정하지 마라. 대신 조용히 자신이 느끼는 감정을 묘사하면서 그 감정을 파악하고 인정하라. '정말 두렵다. 이 일로 직장에서 잘릴까봐 엄청 무서워' 혼자 있다면 이 말을 큰 소리로 해보라. 말을 하면서 숨을 길게 내뱉으면 진정하는 데 도움이 될 것이다.

가능하다면 1~2분 정도 그 자리를 벗어나라. 자리를 떠날 수 없는 상황이라면 처음 몇 초 동안은 아무에게도 말을 하지 마라. 당신의 분노나 공포를 인정하고 극복하는 데 전적으로 집중해야 한다. 가능하면 1~2분 정도 눈을 감고 있어도 좋다.

2단계: '큰일이군!' (발산 단계)

자신이 느끼는 강렬한 감정을 인정한 후 눈을 감은 채 코로 천천히 깊은 호흡을 하면서 감정을 토해낸다. 감정이 사라질 때까지 필요한 만큼 계속 호흡을 반복한다. 감정을 발산하고 나서도 호흡을 계속하면서 긴장을 푼다. 내적 균형이 회복되기 시작할 것이다.

3단계: '에잇!' (회복 단계)

호흡을 계속하면서 한 번씩 숨을 쉴 때마다 위험 수준을 가장 심각한 데프콘1에서 2, 3, 4, 5로 차츰 낮춘다. 이 과정에서 순서대로 감정 단계를 설명하는 말을 하는 것도 도움이 된다. "젠장!", "큰일이군!", "에잇!", "자, 그럼…."

4단계: '자, 그럼….' (집중 단계)

피해를 최소화하고 상황을 최대한 유리하게 이용하기 위해 할 수 있는 일을 생각하기 시작한다.

5단계: 'OK!' (재개 단계)

지금까지 눈을 감고 있었다면 이제 눈을 뜬다. 그리고 할 일을 시작한다.

처음에는 다음 단계로 재빨리 이동하기가 어려울 것이다. 당신의 뇌가 원시적인 부위에서 보다 진화된 부위로 즉각 움직이는 것은 본능을 거스르는 일이기 때문이다.

하지만 마음속으로 각 단계를 미리 연습한 다음 실제 상황에 활용해 보면 매번 더 빠르고 능숙해지는 것을 실감할 것이다. 이 과정을 6개월만 반복한다면 극도의 스트레스 속에서도 책임지고 사태를 바로잡을 수 있는 유일한 사람이 될 것이다.

당신이 두려울 때마다 공격성이 극대화되는 유형에 속한다면 특별히 이 기술을 더 완벽하게 습득해야 한다. 두려움이 공격성으로 바뀌는 현상은 강아지를 보면 잘 드러난다. 순하게 생긴 푸들이나 닥스훈트가 갑자기 위협적으로 으르렁대는 순간이 있다. 그 개는 적을 물어 죽이겠다고 으르렁대는 게 아니다. 갑자기 너무 두려움을 느낀 나머지 제정신을 잃고 '젠장' 모드로 곤두박질친 것이다.

정신과 의사로 일하다 보면 두려움에서 기인한 공격성에 사로잡힌 사람들을 항상 만난다. 주요 증세는 스트레스를 받을 때 목소리가 커지고, 퉁명스럽고 화내는 말투가 되고, 목에 핏대가 서는 등 돌발적인 반응을 보이는 것이다. 자신이 의도하지 않은 결과를 가져오기도 하는 이런 공격성을 가라앉히려면 '젠장'에서 'OK'로 이동하는 속도를 높이는 훈련을 할 필요가 있다.

만약 당신이 누군가로부터 지적을 받을 때마다 눈물부터 흘리는 타입이라면 이 기술이 더없이 소중한 자산이 될 것이다. 울음이 터지려고 할 때 거기에 저항해 싸우기보다 적극적으로 인정하면(이런 '큰일이군' 단계로구나. 이때쯤엔 울음이 터질지도 몰라) 유리한 입장에서 상황을 관찰하면서 대응해 나갈 수 있다.

비록 스트레스를 냉정하고 침착하게 처리할 줄 안다고 자부하더라도 시간을 내서 이 기술을 연마해 보길 바란다. 스트레스를 더욱 잘 처리할 수 있을 것이다. 단 몇 초라도 빨리 자신을 제어할 수 있느냐가 곧 사람을 끌어당기고 설득하는 데 성공하느냐 실패하느냐를 판가름하는 경우도 많다.

공격을 받고도 흔들림 없이 냉정함을 유지하는 최고의 인물은 전 미국무장관 콜린 파월Colin Powell이다. 1996년, 파월은 부동산 회사의 중역들을 대상으로 하는 전국 콘퍼런스에서 기조연설을 맡았다. 당시 그는 미국 국민의 어마어마한 인기를 얻으며 대통령 후보로까지 거론되고 있었다.

나 역시 그 자리에 참석할 기회를 갖게 되었는데, 파월은 청중을 완전히 압도했다. 그는 청중에게 단순한 이익뿐 아니라 지역사회 발전에 기여할 것을 촉구했다. 자신의 가족들과 어린 시절 친구들과의 경험담을 열정적으로 소개하며 '위대한 일을 함으로써 잘 사는 법'에 대해 웅변했다.

연설이 끝나고 질의응답 시간이 되었다. 그때 가슴 뛰는 연설에 흠뻑 취해 있던 청중 모두가 전혀 예상치 못한 일이 벌어졌다.

"미스터 파월, 부인께서 한때 우울증을 앓아 약물 치료를 받고 정신병원에도 입원한 적이 있는 걸로 알고 있습니다. 거기에 대해서 얘기 좀 해주시겠습니까?"

첫 질문자가 물었다.

질문이 얼마나 부적절하고도 잔인한지, 강당에 모여 있던 8,000명의 청중은 깜짝 놀라 일제히 숨을 죽였다. 침묵 속에서 청중은 모두 허를 찔린 파월이 어떤 반응을 보일지 집중했다. 몇 년 전 에드먼드 머스키Edmund Muskie 상원의원은 기자로부터 아내의 정신병력에 대한 질문을 받고 눈물을 보이는 바람에 대통령의 꿈을 접어야 했다. 비슷한 상황에서 파월은 대체 어떻게 했을까?

파월은 질문자를 직시하며 잠시 그대로 있었다. 그러고는 명료하면서도 단호한 어투로 대답했다. "자, 봅시다. 누구보다 사랑하는 이가 지옥 같은 고통을 겪고 있습니다. 당신이라면 뭐든 닥치는 대로 시도하지 않을 겁니까? 거기에 대해서 무슨 불만이라도 있나요, 선생?"

나는 깜짝 놀랐다. 그의 대답은 적절했을 뿐 아니라 차분하고 완벽했다.

제아무리 파월이지만 질문을 들은 직후 0.5초 동안은 당장 연단을 내려가 그 얼간이의 턱에 주먹을 날리고 싶었을 것이다. 장담한다. 누구라도 그 상황에 놓인다면 그러고 싶었을 테니 말이다. 하지만 그는 분노에 굴복하지 않았다. 그리고 머스키 상원의원처럼 질질 짜지도 않았다. 대신, 그는 이제까지 내가 목격한 그 누구보다도 더 빨리 '젠장'에서 'OK'로 움직였다.

결과적으로 그는 그 한마디를 통해 이전의 어떤 연설보다 훨씬 더 강하게 청중을 설득했다. 청중을 설득했을 뿐만 아니라 그들 가슴속 깊이 큰 감동을 남겼다. 그리고 분명 주먹을 날리는 것보다 더 강력하게 그 질문자를 설득했다. 손가락 하나 까딱하지 않고 말이다.

이것이 바로 스트레스 상황에서 평정을 유지하는 방법이다. 만약 이 정도의 평정이 가능하다면 당신은 인생에서 맞닥뜨릴 그 어떤 힘겨운 수렁도 성공적으로 헤쳐나갈 수 있을 것이다.

'젠장'에서 'OK'로 움직인다는 것은, 당신을 마음대로 조종하려는 세상에 무기력하게 휘둘리지 않고 그 세상에 맞서 대응할 준비가 되었다는 뜻이다.

Action Step

과거에 맞닥뜨렸던 최악의 만남 혹은 최악의 위기를 떠올려보라. 그리고 그 일을 다시 경험하는 것처럼 마음속으로 복기하면서 '젠장'에서 'OK'로 이동하는 단계를 따라가보자. 만일 다음에 똑같은 사람과 논쟁을 벌이게 된다면 동일한 기술을 적용하라.

4
알고 있다고
'생각'하는 것의 위험성

삶은 대개 인식의 차원과 관련이 있다.
그리고 그중 많은 경우가 잘못된 인식에서 출발한다.
– 데이브 로건Dave Logan,《실행의 세 가지 법칙Three Laws of Performance》 저자

~~~~~~~

"여러분 중에서 스스로 남의 말을 경청한다고 생각하거나 그런 편이라고 생각하는 분은 손을 들어보세요!"

나는 500명의 부동산 중개인과 브로커들을 모아놓은 자리에서 질문을 던졌다. 거의 모든 사람이 손을 들었다. 다시 물었다. "제가 '당신은 절대 남의 말을 듣지 않는군요'라고 당신을 평가한다면 그 말에 동의할 분은 손을 들어보세요."

나는 청중을 둘러본 다음 덧붙였다.

"정말 그렇습니까? 재미있군요. 손을 든 분이 아무도 없네요."

다혈질적이고 직설적인 영업 사원들을 대상으로 강연을 해야 하는 정신과 의사로서 나는 이미 노 안타 투 스트라이크 상태였다. 우선 나는 영업 사원이 아니고(원 스트라이크), 설상가상으로 정신과

의사다(투 스트라이크). 심리학자와 영업 사원은 서로 상극이다. 그 순간 나를 바라보던 청중은 마음속으로 이렇게 생각했을 것이다.

'웬 재수 없는 얼간이가 나왔어.'

나는 삼진 아웃의 위기에 처해 있었다.

"제가 여러분이 경청하는 타입이 아니라는 사실을 증명하고, 그 단점을 개선해서 여러분이 더 영향력을 가질 수 있게 돕는다면 제 얘기를 더 들으실 건가요? 그런 분은 손을 들어보세요."

몇몇이 손을 들었다. 하지만 사람들의 표정은 이렇게 말하고 있었다. '좋아, 하지만 기회는 한 번뿐이야. 이번에 실패하면 넌 끝장이야!'

그 마지막 타석을 나는 이런 말로 시작했다.

"자, 제시간에 일을 끝내지도 못하고 작업한 문서는 실수투성이에 맞춤법도 엉망인 사무 보조원이 있습니다. 당신이 잘못을 지적하려고 하니까 그 직원이 갑자기 화를 내고 울음을 터뜨리면서 방어를 합니다."

나는 안타를 시도했다. "그런 직원과 비슷한 사람을 알고 계신 분?"

거의 전체가 손을 들었다. 최소한 청중의 관심을 끄는 데는 성공한 듯했다.

"자, 이제 그런 가망 없는 직원을 한마디로 묘사해 봅시다. 제가 먼저 시작할까요? '무능력자!'"

그러자 여기저기서 단어들이 튀어나왔다. '게으름뱅이!', '싸가지!', '직업의식 제로!', '엉터리!'…. 단어를 말하는 사람들의 표정에서 통쾌하다는 감정이 느껴졌다. 나는 계속해서 말을 이었다.

"자, 월요일 아침입니다. 당신이 그 직원에게 묻습니다. '수요일에 보낼 서류 준비됐나?' 직원이 대답합니다. '저, 아직….' 그런 상황에서 이 직원을 '루저'나 그 비슷한 말로 평가하실 분?"

모두들 손을 번쩍 들었다.

"그럼 그 다음엔 어떻게 하시겠습니까? 잔뜩 흥분해서 일 처리 좀 제대로 하라고 소리를 지를까요? 다른 동료에게 불평을 쏟아놓을까요? 상급자에게 말해서 그 직원을 다른 곳으로 보내라고 할까요? 아니면 넌더리를 내며 회사의 형편없는 채용 절차에 대해 화를 낼까요?"

사람들 표정을 보니 내가 안타를 친 게 확실했다. 분명히 그 자리에 모인 중개인들은 매일 그런 종류의 일 때문에 실망감을 느끼는 것 같았다. 내가 그들을 거울처럼 정확하게 비춰줬기 때문에 그들이 내가 하는 말에 '바이 인'하기 시작한 것이다. 아직은.

"자, 이제 당신이 차분한 목소리로 직원에게 '왜 아직 일을 끝내지 못했습니까?'라고 물었다 칩시다. 그랬더니 그 직원이 눈물을 글썽이면서 이렇게 고백합니다.

'사실 주말 내내 열심히 서류를 준비했어요. 오늘 아침까지는 꼭 서류를 보실 수 있게 말이에요. 무슨 일이 있어도 오늘 업무 시간이 끝나기 전에는 꼭 마무리를 해놓을게요. 하지만 그전에 드릴 말씀이 있어요. 처음 보조원 일을 시작했을 때 일도 낯설고 손도 느려서 고생을 많이 했습니다. 있는 힘껏 일을 배우겠다고 다짐했지만, 우연히도 그 즈음에 할머니가 쓰러지셨어요. 부모님은 어렸을 때 돌아가셨고 할아버지도 치매를 앓고 계신 터라 돌볼 사람이 저밖에 없었습니다. 이제 막 일을 시작한 주제에 배려해 달라고 회사에 요구할 수도 없었어요. 밤에는 병실에서 뜬눈으로 지새우고 아침엔 출근을 해야 했습니다. 핑계 같겠지만, 제가 무능력하다고 느낄 때마다 더욱더 위축되기만 했어요. 제가 실수를 저지른 게 이번이 처음이 아니라는 것도, 또 회사라는 게 제 사정만 생각해줄 만큼 녹록한 곳이 아니란 것도 알고 있습니다. 하지만 저도 한계라는 생각만 듭니다. 정말이지 어찌해야 좋을지 모르겠어요.'

자, 이 이야기를 듣고 나니까 그 직원에 대한 생각이 달라지십니까?"

'중얼, 중얼, 중얼' 마음이 바뀌는 소리가 들려왔다. "그럼요." 여러 명이 대답했다.

"자, 우리는 이렇듯 잘 '듣지' 않습니다. 비단 직원과의 관계만이 아닙니다. 고객이나 거래처에 대한 생각과 행동 역시 이렇듯 폐쇄된 상태에서 행해지는 경우가 많습니다. 첫인상에서 얻은 단편적인 정보를 바탕으로 바로 결론을 내리고 고정된 인식을 형성합니다. 이런 말들이 또다시 필터가 되어서 또 한 번 남의 말을 대충 흘려듣는 원인으로 작용하는 것입니다."

나는 해결책을 이렇게 설명했다. "'필터를 제거하라!' 당신이 '이미 알고 있다고 생각하는 것'이 당신이 '꼭 알아야 하는 것'을 가리고 있다."

지금 당신은 이렇게 항변할지도 모른다.

"나는 늘 듣기만 해. 회의할 때도, 동료들과 잡담할 때도, 심지어는 집에 가서도 듣기만 한다고. 다들 내 앞에선 도무지 입을 다물지를 않아."

맞는 말이다. 문제는 듣고 있다고 해서 반드시 경청하는 것은 아니라는 점이다. 당신이 아무리 좋은 의도를 가지고 열심히 들으려 해도 소용이 없다. 당신의 뇌가 이미 듣고 있지 않기 때문이다.

내가 앞에서 언급했던 3개의 뇌를 떠올려보라. 파충류의 뇌 위를 포유류의 뇌가, 다시 포유류의 뇌 위를 영장류의 뇌가 싸고 있으며, 각각의 뇌는 진화 과정에서 더 먼저 생긴 뇌를 바탕에 두고 작동한다. 우리가 사람들을 '즉각적으로' 판단하는 과정도 이와 비슷하다. 우리의 판단은 '히스토리'에 바탕을 두기 때문이다. 물론 그 판단이 무조건 틀리다는 뜻은 아니다. 사실 처음의 본능적인 느낌이 아주 정확한 경우도 많다. 그러나 문제는 그 본능이 틀렸을 때 결과가 더욱 파괴적이라는 점이다.

앞서 내가 강의했던 부동산 중개인들은 내가 예를 들자마자 '그 사무 보조원은 엉터리'라는 의견을 내놓았다. 누구도 그의 행동에 다른 이유가 있을 거라는 생각을 하지 않았다. 왜일까? 그들은 평생 동안 일 못하는 사람을 '게으름뱅이', '태만한 사람', '덜렁이' 등으로 묘사하는 소리를 들어왔기 때문이다. 문제의 사무 보조원이 그 유형에 들어맞자 '같은 꼬리표'를 붙여버린 것이다. 그런 꼬리표들은 시간이 지날수록 더욱 강력하게 고정된다.

우리의 인식이 이렇듯 융통성 없이 구조화되는 이유는 간단하다. 새로운 지식은 이전의 지식을 기반으로 하기 때문이다. 기는 것을 배운 후에야 걷는다. 또 걷는 것을 배운 후에 달릴 수 있다. 여러 달

동안 휴대전화의 작은 키보드와 씨름을 하고 나서야 손쉽게 엄지손가락으로 문자를 보낼 수 있다. 우리 뇌가 그것을 '기억'하고 있기 때문에 별다른 주의를 기울이지 않고도 반복적으로 할 수 있게 되는 것이다.

마찬가지로 우리가 누군가를 즉각적으로 판단할 수 있는 것은 '과거에 특정한 유형에 대해 듣고 경험한' 데이터에 의존하기 때문이다. 우리 대다수는 한번 형성된 인식을 끝까지 고수하며, 그것을 필터 삼아 그 사람과의 모든 상호 관계를 바라본다. 왜냐하면 그렇게 배웠기 때문이다.

문제는 사람에 대한 우리의 '첫인상'이 겉으로 보이는 것과는 달리 논리에 근거하지 않는다는 점이다. 첫인상에는 의식적·무의식적 진실과 허구, 편견 등이 뒤죽박죽 섞여 있다. 그러므로 우리가 대하는 사람은 실제의 누군가가 아니라 허구의 창조된 인물일 공산이 크다. 게다가 그런 첫인상이 그에 대한 우리의 감정을 짧게는 몇 달, 길게는 몇 년 동안 지배한다. 이미 접수된 데이터를 근거로 그의 언행을 내가 가진 선입견에 맞춰 왜곡함으로써 상대의 말을 듣는 방식에도 영향을 미친다. 결국 상대의 말을 듣고 있으나, 듣고 있지 않은 셈이다.

당신이 가진 견고한 필터는 몇 개나 되는가?

커뮤니케이션 회사 이그제큐티브 익스프레션Executive Expression의 창립자이자 내 친구인 릭 미들턴Rick Middleton은 우리의 선입견이라는 필터를 설명하기 위해 'GGNEE 모델'을 사용한다. 그에 의하면 우리는 사람들을 만날 때 스스로도 깨닫지 못하는 사이에 즉각적으로 다음과 같은 순서로 상대를 범주화한다고 한다.

- **성 Gender**
- **나이 Generation**
- **지역 Nationality**
- **교육 수준 Education Level**
- **감정 Emotion**

이와 같은 순서로 범주화가 진행되는 이유는 우리가 일단 상대의 외모나 행동을 보고 성별과 나이와 출신 지역 혹은 인종을 짐작하고, 두 번째 단계로 상대의 말을 통해 교육 수준을 가늠한 다음, 세 번째 단계에 가서야 상대의 정서적 수준을 느끼기 때문이다. 'GGNEE 모델'은 경청에 방해가 되는 무의식의 필터를 찾아내는 데 도움이 된다.

이렇듯 명백히 비논리적인 방식으로 우리의 마음이 활동하는 이유는 무엇일까? 대부분의 경우, 사람에 대한 선입견(고정된 판단)을 가지는 편이 실제로 훨씬 유리하기 때문이다.

예를 들어 당신이 혼잡한 지하철을 탔다고 상상해 보자. 당신은 첫인상이 이끄는 대로 수상한 눈빛의 지저분한 남자를 피해 뜨개질 바구니를 안고 있는 할머니 옆에 앉으려 할 것이다. 그리고 진한 아이라인의 유령 같은 메이크업을 한 십 대 청소년과는 눈도 마주치지 않으려 할 것이다. 물론 그런 결론이 틀린 것일 수도 있다. 유령 메이크업을 한 십 대는 사실 취향이 독특할 뿐 똑똑하고 재능 있는 아이일 수 있고, 별난 남자는 전혀 악의가 없는 괴짜일 수도 있으며, 할머니는 뜨개질 바구니 안에 폭탄을 넣고 있는 테러 집단의 일원일지도 모른다. 하지만 당신은 마주치는 모든 사람들을 그렇게 일일이 분석할 시간이 없다. 정글에서 생존을 꾀해야 했던 과거의 상황처럼 당신의 뇌는 과거의 경험과 선천적 본능에 의지해 목숨이 왔다 갔다 하는 중요한 결정을 재빨리 내리게 된다.

그러니 빨리 결정하는 게 나쁜 것은 아니다. 다만 그 빠른 결정이 정확하지도 않고 심지어 잘못되기까지 한 결론으로 당신을 인도한다면 나쁜 것이다. 불행히도 그런 일이 매일 벌어진다. 우리의 뇌는 상황을 복기하며 분석하기보다 재빨리 결론을 내리는 쪽에 훨씬 더 유능하기 때문이다.

'인식한다는 것'은 '믿는 것'이다.
'잘못 인식한다'는 것은 '속는 것'이다.
그리고 그것이 더 안 좋은 이유는 '성공을 방해하기' 때문이다.

그렇다면 보완책은 무엇일까?

당신이 생각하는 '내용'에 대해 '생각'해보는 것이다. 누군가에 대해 당신이 가지고 있는 생각을 의식적으로 분석해서 어떤 것이 선입견에 해당하고 어떤 것이 진짜 현실인지 평가하다 보면 당신은 자신의 뇌를 개조해 좀 더 정확한 '새로운 인식'을 형성할 수 있다. 그제야 비로소 당신 앞에 있는 바로 그 사람과 '대화'를 할 수 있게 된다. 당신의 잘못된 인식이 만들어낸 허구의 인물이 아니라 말이다.

그 분석을 어떻게 하는지 살펴보기 위해 앞서 예로 든 부동산 중개인이 엉터리 사무 보조원을 평가하는 과정으로 돌아가보자. 사람을 판단하는데 유능한 중개인들 거의 모두가 상대를 엄격한 시선으로 평가했다. '엉성한 일 처리+변명(자기방어/비난)=엉터리=이런 놈을 상대하느라 시간 낭비할 필요가 없어!'와 같이 말이다. 하지만 그에게도 일을 제대로 처리하지 못한 진짜 이유가 있었을 것이라는 상상을 해보라고 요구하자 단단하게 고정된 인식이 깨지기 시작했다. 이전에는 무가치한 존재라고 폄하했던 사람에 대해 좀 더 정확하고 새로운 이해를 가질 여지가 생긴 것이다.

'안다'고 확신하는 것의 무시무시한 함정

당신은 '당신이 안다고 생각하는 사람'에 대해 얼마나 정확히 알고 있는가?

혹자는 이렇게 말할지 모른다. "많은 사람을 상대하다 보면 판단이 틀릴 때도 있겠죠. 하지만 정말 오랫동안 알고 지낸 사람의 경우는 다르지 않을까요? 집에 숟가락이 몇 개인지 속속들이 아는 그런 친구들 말이에요."

답은 '그렇지 않다'이다.

정신과 의사로서 수십 년을 함께 살아온 부부나 동료들을 상담하며 나는 그 사실을 더 확실히 깨달을 수 있었다. 그렇게 오래 함께 생활해 놓고도 '무엇이 상대의 성질을 돋우는지' 실마리도 잡지 못하는 사람들이 많다. 그러다 보니 상대의 불안을 오만함으로, 두려움을 완고함으로, 정당한 분노를 비아냥거림으로 오해한다. 그리고는 상대에게 말하지 않고 서로에 대해서, 서로의 주변에서, 서로의 위에 군림하거나 서로에게 대들며 말한다. 대화가 성립하지 않는 것이다.

잭슨 부부 역시 그랬다. 두 사람은 55년 동안이나 해로했지만 어느 날 갑자기 나를 찾아왔다. 말다툼 끝에 남편이 "그럴 바에는 그냥 헤어져!"라고 말한 게 화근이었다. 남편이 그런 말을 한 게 처음도 아닌데 이번엔 부인이 물러서지 않겠다며 남편의 짐을 꾸리곤 집을 나가라고 최후통첩을 했다. 남편은 적잖이 당황했다. 82세가 될 때까지 부인에게 줄곧 의지해 왔기 때문이다. 부인은 부부 상담을 받는다면 다시 생각해보겠다고 했다.

둘의 이야기를 들어보니 부부는 여전히 서로 사랑하고 있을 뿐 아니라 서로에게 헌신적이었다. 하지만 유대가 끊겨 있었다. 20분 정도 양쪽의 이야기를 들은 후, 나는 더 이상 상담을 지속할 이유가 없다고 판단하고 두 사람에게 단호하게 말했다.

"이제 그만하시죠!"

깜짝 놀란 두 사람이 입을 다물었다. 나는 부인에게 말했다.

"잭슨 부인, 남편이 부인과 결혼한 일을 본인 인생 최고의 결정이라고 생각한다는 걸 알고 계십니까?"

부인이 놀라서 물었다. "뭐라고요?"

때마침 남편이 대답했다. "선생 말이 옳아요. 나는 집을 줬을 뿐인데 이 사람이 가정을 만들어줬지. 집사람이 없다면 나는 어디에도 정 붙일 데가 없었을 거요."

부인은 어이가 없어 말문이 막힌 듯 보였다. 나는 다시 남편을 향해 말했다.

"잭슨 씨, 부인이 선생님을 최고의 남자라고 생각하는 걸 알고 계십니까?"

남편의 입이 쩍 벌어졌다. "농담하지 마쇼. 집사람은 틈만 나면 내 흉을 보지 못해 안달이 나 있는걸."

그때 부인이 내 질문에 맞장구를 치며 말했다. "맞아요. 남편만한 사람이 없죠. 무뚝뚝해서 그렇지 술도 한 모금 안 마시고 바람을 피운 적도 없어요. 가족들 먹여 살리느라 죽어라 일만 했죠."

"그럼 그 잔소리는 다 뭐였소?" 남편이 불쑥 끼어들었다.

부인이 다시 나를 바라보며 미소를 띤 얼굴로 말했다. "내가 잔소리 안 하는 사람이 어딨어요? 애들도 그것 때문에 미치겠다고 하는걸요. 아무리 잔소리를 해도 이 사람이야말로 내 인생에서 제일 소중한 선물이에요."

수십 년간 서로의 말을 들었지만 '제대로' 듣지 못한 부부의 이야기다. 서로에게 소중한 존재면서도 정작 서로 참아내고 있을 뿐이라고 느낀 부부 말이다. 마침내 그들이 '잘' 듣게 되었을 때 무슨 일이 벌어졌는지 깜짝 놀랄 것이다. 처음 도착했을 때는 화가 나서 얼굴도 보지 않으려 했던 그들이 떠날 때는 이제 막 사랑에 빠진 연인처럼 보였다. 그 모든 것을 가능하게 한 것은 단지 몇 분 동안 서로의 말을 경청한 것뿐이었다. 50년이 넘는 세월 동안 바로 그것을 하지 않았던 것이다.

반세기가 넘게 함께 살면서 그들 부부는 서로에 대해 수천 가지를 알고 있었다. 어떤 소스를 좋아하는지, 어릴 때 키우던 개의 이름이 무엇인지, 어디가 어떻게 안 좋은지, 목욕을 할 때 어떤 순서로 하는지, 좋아하는 TV 프로그램은 뭔지 다 알고 있었다. 하지만 가장 중요한 문제에 있어서는 서로에 대해 완전히 무지했다.

지금 갓 만난 사람이든 평생 알아온 사람이든, 당신이 끌어당기거나 설득하고자 하는 사람에 대해 당신은 당신이 생각하는 것보다 훨씬 모를 수 있다는 것, 그리고 당신이 '알고 있다고 생각하는 것'이 철저히 잘못된 것일 수 있다는 것을 전제한다면 대화의 기초를 더욱 공고히 할 수 있다. 결국 상대의 마음을 움직이는 것은 나의 테크닉을 통해 상대의 마음을 여는 것이 아니라 상대의 본모습을 볼 수 있도록 나 자신을 개조하는 것도 포함된다는 얘기다.

'문제 인물'을 만날 때에도 그들의 행동 방식에 이유가 있다는 점을 인식할 필요가 있다. 갑작스럽게 문제가 생겼을 수도 있다. 건강상의 문제, 돈 문제, 직장에서의 과도한 스트레스 혹은 좀 더 고질적인 문제가 있을 수도 있다. 능력이 부족하다는 걱정, 존중받지 못한 데에서 오는 분노, 다른 사람들이 나를 비난할지도 모른다는 두려움 같은 것이 상대의 행동을 왜곡할 수도 있다. 물론 그냥 상대가 얼간이일 수도 있다. 하지만 마음을 열고 행동 뒤에 숨은 이유를 찾는다면 소통을 막는 장벽을 부수고 '이해 불가'인 사람과도 소통할 수 있는 첫발을 내딛게 될 것이다.

진정한 의사소통을 원한다면 나의 마음을 먼저 열어야 할 때가 많다.

Action Step

당신이 잘 알지 못하는 '문제 인물'을 한 사람 떠올려라. 마감을 어기는 사람, 이유 없이 화를 내는 사람, 나에게 적대감을 품은 사람, 비판을 받으면 과민반응을 보이는 사람, 여러 가지 이유로 당신을 돌아버리게 만드는 사람들 말이다.

그 사람을 묘사할 만한 단어 목록을 작성하라. '게으르다', '태만하다', '무례하다', '얼간이'….

이제 그의 행동 뒤에 있을 법한 비밀을 5가지 정도 생각해 보라. 예를 들어 병에 걸려 겁이 난 상태다, 비슷한 일로 크게 상처를 받았다, 동업자에게 된통 속아서 사람을 믿지 못한다 등등…. 이런 가상 시나리오를 적용했을 때 그 사람에 대한 감정이 어떻게 변하는지 상상해 보라.

일단 이 연습을 통해 당신의 마음이 열리면 그 사람과 식사나 만남의 약속을 정하라. 그리고 겉으로 보이는 문제 행동의 '진짜' 이유를 찾아내 보라.

5
엇나가는 상대의 욕구를 파악하라!

자아실현을 하는 사람은 인류 전체에 대한 강한 공감 능력과
연민, 애정을 갖고 있다. 그들은 모든 사람이 마치
한 가족의 구성원인 양 친밀감과 연관성을 느낀다.

– 에이브러햄 매슬로우Abraham Maslow

~~~~~~~~~~

"이 쓸데없는 상담을 얼마나 더 해야 하죠? 가뜩이나 할 일도 많은데."

행크가 투덜거렸다. 그는 LA에 있는 연예 분야 전문 로펌의 시니어 파트너로, 머리가 희끗희끗한 중년의 남성이다. 로펌에서는 행크와 '오드리'라는 또 다른 시니어 파트너의 관계를 개선해 달라는 요청을 해왔다. 둘은 몇 차례 상담을 받게 되어 있었다. 오드리는 나이는 젊지만 소송 건 대부분을 유치해 오는 영업력이 뛰어난 여성이다. 덕분에 출입문에는 그녀의 이름이 행크의 이름보다 더 위에 새겨져 있었다. 그녀에 비하면 행크는 과묵한 편에 가깝다.

행크는 오드리의 능력을 인정하기보다 그녀가 여기저기 방송과 인터뷰에 열을 올리며 괜히 회사 분위기를 들쑤시고 다닌다고 생각했다. 오드리는 그런 행크의 평가가 거슬렸다. 누구보다 자신을

칭찬해 줬으면 싶은 사람이 행크였던 것이다.

그들은 늘 소송을 함께 진행해야 했기에 협력이 무엇보다 중요했다. 둘의 불화는 회사 전체의 분위기에도 영향을 끼쳐서 직원들의 사기를 떨어뜨리고 있었다. 내 임무는 두 사람을 한 팀처럼 대화하고 일하게 만드는 것이었다.

하지만 그건 너무 어려워 보였다. 둘의 논쟁은 점점 격해졌다. 오드리는 날카로운 목소리로 비난을 퍼부었다. 행크가 남들 앞에서 자신을 무시하고 비웃어서 창피를 주었다는 것이다. 행크 역시 목소리를 높였다.

"굳이 내가 나서서 창피 줄 필요도 없어. 혼자서도 실컷 그러고 다니니까."

"저것 좀 보세요! 내 말이 맞죠?" 오드리가 끼어들었다.

오드리의 공세가 다시 몇 분 동안 계속되었고, 행크는 천장과 시계를 번갈아 보며 여러 차례 이렇게 말했다. "정말 할 일이 많아요. 그만 나가봐도 되겠소?"

나의 인내심도 바닥이 나고 있었다. 행크의 무례함이나 오드리의 공격성이 문제의 핵심이 아니었다. 핵심은 오드리가 '공감을 얻지 못한다'고 느끼는 데 있었다. 오드리의 심정이 어떨지 자문해 보자 깨달을 수 있었다.

나는 두 사람을 조용히 하도록 시켰다. 그리고 행크를 바라보며 물었다.

"오드리가 어떻게 느끼는지 아십니까? 오드리는 당신이 자기를 역겹고 혐오스럽게 생각한다고 느끼고 있어요."

정곡을 찌른 지적이었다. 오드리는 수문이 열린 듯 갑자기 격렬한 울음을 터뜨렸다. 더 이상 날카로운 목소리로 행크를 공격할 수 없게 됐다. 줄다리기는 갑자기 한쪽에서 줄을 놔버리는 것으로 끝이 났고 행크 역시 갑자기 마음이 누그러졌다.

"무슨 소리예요. 나는 오드리를 그렇게 생각하지 않아요. 그녀가 가진 사업 수완이나 영업력을 정말 높이 삽니다. 나는 그쪽으로는 재주도 없고 하기도 싫거든요."

오드리의 울음소리가 더 커지자 행크가 당황하며 덧붙였다.

"오드리는 '전혀' 역겹거나 혐오스럽지 않아요. 좋은 점이 더 많죠. 다만 자신이 성공한 데 대해 너무 호들갑을 떨어서 사무실 분위기를 들쑤신다고 생각할 뿐이에요. 그게, 보시다시피… 나는 좀 더 질서가 있는 편이 좋거든요."

폭풍 같은 울음이 잦아들기 시작한 오드리를 쳐다보며 행크가 해명했다. "오드리, 오해 말아요. 나는 당신이 역겹다고 생각하지 않아요. 가끔 나를 돌아버리게 만들 때는 있지만 말이오."

나는 오드리를 쳐다보고 물었다. "당신은 행크의 장점이 뭐라고 생각하십니까?"

오드리가 대답했다. "행크는 제가 아는 가장 똑똑한 변호사 중 한 명이에요. 심술궂게 굴 때도 많지만 문제점을 지적해 주고 우리 회사 변호사들이 실수를 하지 않도록 이끌어주죠. 그래서 제겐 행크의 인정이 더더욱 중요한 것 같아요."

긴장이 풀리기 시작하면서 분노 밑에 흐르던 약간의 전우애가 솟아나기 시작했다. 짧은 몇 분 동안 그들은 설득 사이클의 '저항' 단계(미워 죽겠어)에서 '생각' 단계(어쩌면 방법이 있을지 몰라)로 이동했다.

그 순간 행크가 덧붙였다. "오드리, 당신은 훌륭한 변호사요."

그리고 그가 씩 웃었다. 뭔가 트집을 잡지 않고 칭찬만 할 수는 없었던 모양이다. "가끔 진짜 눈엣가시 같은 순간이 있긴 하지만."

"꼭 그 말씀까지 하셔야겠어요?" 행크의 빈정거리는 답변에 내가 응수했다.

잠시 부끄러워하더니 행크가 대답했다. "얼룩말이 제 무늬를 못 바꾸듯이 나 같은 놈도 그렇소."

감정을 폭발시키고 속내를 쏟아낼 기회를 갖고 나자 두 사람은 서로 의사소통을 더 잘하게 되었고 각자의 해법도 도출하게 되었다. 행크는 '빈정대기를 자제하는 것', 오드리는 '아무리 자랑을 하고 싶어도 자제하는 것'이 그것이다. 그리고 결국 사무실의 분위기는 협조적이고 생산적으로 변했다.

이런 예는 거의 대부분의 직장에서 볼 수 있는 평범한 이야기다. 당신 사무실을 한번 둘러보라. '똑똑하고 유능한 새 두 마리가 한 둥지에서 살 수 없다'는 비유를 증명하는 사례를 여러 번 보았을 것이다. 위를 올려다보면 어떤가. 헌신적인 팀원들을 잡아먹지 못해 안달하면서 주기적으로 직원을 바꿔치우는 사장이 보인다. 제대로 된 서비스를 받는 것이 아니라 상대를 비참하게 만드는 게 진짜 관심사인 듯한 고객도 보인다. 그럴 때마다 그 이면을 보라. 그러면 아마도 '공감을 얻지 못해' 슬퍼하는 모습이 보일 것이다. 그리고 바로 거기에 문제 해결의 실마리가 있다.

'공감을 얻고 있다'는 감정은 힘이 세다!

'공감을 얻고 있다'는 느낌이 왜 사람을 변화시킬까?

누군가에게 '공감을 얻고 있다'는 느낌을 주려면 다른 사람의 입장에 서야 한다. 그리고 그것에 성공하면 순식간에 관계의 역할을 바꿀 수 있다. 그 순간, 서로를 이기려 하는 대신 서로를 '이해하고' 그 돌파구를 통해 협력과 협조, 효과적인 의사소통으로 나아갈 수 있다.

냉전이 종말을 맞은 것도 바로 그런 공감의 '티핑 포인트 tipping point(어떤 것이 균형을 깨고 한순간에 전파되는 극적인 순간)'였다. 지금은 전설이 되어버린 그 한순간, 미국의 레이건 대통령과 소련의 고르바초프 서기장의 대화는 답보 상태에 있는 듯 보였다. 하지만 레이건은 상대의 고집스러운 얼굴 뒤에서 '자국민을 진심으로 사랑하는' 지도자의 모습을 보았다. 눈부시게 짧은 한순간 레이건은 고르바초프에게 "그냥 저를 론이라고 부르세요"라고 청했다. 고르바초프는 그 요청을 받아들였을 뿐 아니라 레이건과 함께 냉전의 종말을 선언했다. 지구적 차원의 '바이 인'이었다!

상대에게 공감을 얻고 있다는 느낌을 줄 때 얻을 수 있는 효과를 앞서 언급했던 거울신경세포를 통해 설명해 보자. 당신이 다른 사람의 감정을 반영하면 상대도 그 보답으로 당신을 반영하게 되어 있다. "당신이 느끼는 감정을 이해합니다"라고 말해 보라. 그러면 상대는 고마움을 느끼고 즉시 당신을 이해하고자 하는 열망으로 보답할 것이다. '공감'과 그에 대한 보답은 저항할 수 없는 생물학적 요구이며, 상대를 당신 쪽으로 끌어당기는 힘이다.

그 힘을 알면서도 꺼리는 이유는 다른 사람의 사적인 감정에 주제 넘게 참견하기를 망설이기 때문이다. 특히 직장에서는 더욱 그렇다. 그러나 만약 다른 사람과의 관계에 아무 진전이 없는 것 같다면 상대방이 공감을 얻고 있다는 느낌을 받도록 하는 것이 돌파구를 마련하는 최선책이다.

나는 최근 퉁명스럽다 못해 거의 적개심까지 느껴지는 존을 만났을 때 이 방법을 사용했다. 존은 '포춘 1000대' 기업의 CEO다. 얼마 전 다른 회사를 합병했기에 조직 내부의 변화가 불가피했다. 그리고 그 변화는 저항을 불러왔다. 존은 내부의 저항에 대처하기 위해 컨설팅 회사를 고용했다. 하지만 그들이 제시한 해결 방안은 서류상으로는 그럴듯해 보였지만 현실에선 무용지물이었다.

애초에 존이 회피 전략으로 택한 것이기 때문이기도 했다. 일류 컨설팅 회사를 고용했다가 일이 잘 안되면 이렇게 말할 수 있다. "저들은 전문가입니다. 전문가들도 못한 일을 나더러 어떻게 하란 말인가요?" 이 전략의 좋은 점은 그가 직접적으로 책임을 지지 않아도 된다는 것이고, 나쁜 점은 문제는 그대로인데 남은 예산은 얼마 없다는 것이다. 존은 마지못해 나를 찾아왔다.

나는 그런 배경을 알고 있었고 존이 내보이는 은밀한 적대감 뒤에 무엇이 있는지 알아차릴 수 있었다. 사실 이전에 나 역시도 경험했던 감정이었다. 그래서 해결책을 제안하는 대신 잠시 뜸을 들였다가 말을 꺼냈다.

"이전에 속은 적이 있으시지요?"

"뭐라고요?" 존은 주제와 아무 상관없는 나의 발언에 완전히 허를 찔려 발끈했다.

"컨설턴트들이 그럴듯한 제안을 해서 계약을 따놓고는 약속을 지키지 않았던 걸로 압니다. 사장님이 선택한 방법이 왜 효과가 없었는지 이사회와 임원들에게 설명하느라 진땀깨나 흘리셨을 겁니다. 그러곤 이렇게 다짐하셨겠죠. '다시는 이렇게 공격받을 빌미를 주지 말아야지!' 사장님은 지금 제가 제안하는 방법이 효과가 있을지 확신이 없어요. 그렇지 않습니까?"

그는 멋쩍은 표정으로 인정했다. 괴로웠던 순간을 떠올렸을 것이고 그 사실을 나에게 숨길 수 없다는 것도 받아들인 것이리라. 나는 그를 안심시켰다.

"걱정하지 마세요. 누구나 후회할 만한 결정을 내립니다. 저도 그런 적이 여러 번 있습니다."

그가 살짝 고개를 끄덕였다.

내가 제안했다. "그럼 이렇게 하시죠. 저 역시 약속을 지키지 않을 사람을 믿는 게 어떤 기분인지 잘 압니다. 그래서 절대 다른 사람에게 그런 짓을 하지 않습니다. 그리고 만약 제가 사장님께 그런 짓을 한다면 사장님도 저에게 똑같이 하셔도 좋습니다. 하지만 회사를 경영하다 보면 늘 장애물을 만나지 않던가요? 추상적으론 무엇이 문제인지 알겠는데 실제 실행 단계에 들어가면 그게 생각대로 잘되지 않죠. 그런 일이 생겼을 때 극복할 수 있는 최선의 방법은…."

곧이어 나는 회사의 문제를 어떻게 극복해 나갈 것인지 설명했다.

결론은? 나는 그 일을 따냈다.

자신감이 넘쳐 보이는 사람, 특히 성공한 대기업에서 일하는 사람일수록 '뭔가 옳은 일을 하고 싶은 마음'보다 '실수를 피하고 싶은 마음'이 더 크다. 그들은 일이 잘못되었을 때 누군가가 잘못을 추궁할까 봐, 일을 망쳤을 때 자존심에 타격을 입을까봐 두려워하기 때문이다.

이런 사람들이 실수 때문에 비판을 받거나 망신을 당하고 굴욕감을 경험하고 나면 대개 이렇게 다짐한다. '앞으로 다시는 당하지 말아야지' 이런 결심은 실수가 될지 모를 새로운 결정을 내려야 할 때 무의식적으로 그들을 한 걸음 물러서게 한다.

당신이 대단히 합리적이고 명쾌한 프레젠테이션을 했다. 상대 역시 수긍하는 듯 고개를 주억인다. 그런데 먹혔다고 생각한 그 설득이 먹히지 않았다. 그때 바로 이 '심리적 함정'을 유념해야 한다. 대부분 이런 상황에서 사람들은 '나는 어떤 장애물도 예측하고 극복할 수 있다'고 웅변한다. 그런 노력이 효과가 있을 때도 있지만 대개는 그렇지 않다. 말은 하지 않지만 상대방은 이런 생각을 품고 있기 때문이다. '당신이 그렇게 말할수록 더욱 믿음이 안 가. 난 실수하면 안 돼. 당신에게 속고 싶지 않아.'

이런 심리에 대응하는 방법은 '나도 똑같이 느끼고 있으며 당신의 느낌을 이해한다'는 것을 보여주는 것이다. 겉으로는 태연한 척하지만 실은 겁에 질린 고객에게 '공감을 얻고 있다는 느낌'을 주는 것이다. 공감을 얻고 있다고 느끼면 외로움이 덜해지고, 외로움이 줄어들면 불안과 두려움 역시 줄어든다. 그러면 당신이 전하려는 다음 메시지에 마음이 열린다. 방어적 태도(꺼져버려!)에서 벗어나 이성적인 태도를 취할 수 있어야 비로소 당신의 메시지를 듣고 이성적으로 따져보게 되는 것이다.

'공감을 얻고 있다'는 위안을 주는 방법

이렇게 생각할 수도 있다. '당신은 경력이 30년이나 되는 정신과 의사니까 그렇게 말할 수 있겠지. 보통 사람은 그런 걸 감지하고 대응하기가 쉽지 않다고….' 그러나 핑계일 뿐이다. 그런 단순한 일을 하는 데 의과대학 졸업장은 필요하지 않다. 이렇게 하면 된다.

1. 지금 상대가 느끼는 감정에 '실망', '분노', '두려움' 등 당신이 추측한 감정의 이름을 붙여라.
2. "당신이 지금 느끼는 감정이 제 생각에는 _____인 것 같은데, 제가 생각한 게 맞습니까?" 빈칸에 그 감정을 묘사하는 단어를 넣어서 표현해 보라. 그리고 상대가 동의하거나 수정하기를 기다려라.
3. "많이 실망(분노, 당황 등)하셨죠?" 상대에게 대답할 시간을 주라. 처음에는 상대가 감정을 분출할지도 모르므로 대비하라. 특히

상대가 아주 오랫동안 실망(분노, 당황 등)을 내면에 쌓아두었다면 더욱 그렇다. 그때 맞서 싸우거나 당신의 불만을 털어놓아서는 안 된다.

4. "그렇게 실망(분노, 당황 등)한 이유는 무엇입니까?" 다시 상대가 감정을 토해낼 수 있도록 기다려라.

5. "말해보세요. 어떻게 하면 기분이 좀 나아질 것 같습니까?"라고 물어라.

6. "그러기 위해서 제가 할 수 있는 일은 무엇일까요? 그러기 위해서 우리가 할 수 있는 일은 무엇일까요?"

이 대본은 절대적인 것이 아니다. 위 질문을 출발점으로 삼아서 대화가 진행되는 대로 나아가라. 실제 사례에서 이 대화법을 사용한 사례를 하나 더 살펴보자.

조지는 직원인 스티브가 왜 새 프로젝트를 진행하는 데 시간을 질질 끌면서 열심히 참여하지 않는지 알고 싶다.

조지 스티브, 내가 이 프로젝트를 맡겨서 내게 불만이 좀 생긴 느낌이 드는데?

스티브 글쎄요. 그렇게까지 말씀드리긴 뭐하지만, 그런 것도 같습니다.

조지 나는 지금 자네가 어떤 느낌인지 알고 싶을 뿐이야. 혹시 전에 하던 일이랑 달라서 두려운 건 아닐까? 두려울 수도 있겠지. 내 말이 맞나?

스티브 말을 꺼내기가 쉽진 않았지만, 아시다시피 제가 그래픽 전문은 아니지 않습니까? 배워야 할 게 너무 많아서 부담이 됩니다. 게다가 요즘 개인적으로도 일이 많이 생겨서 좀 지쳤습니다. 좋은 기회를 주신 건 잘 알지만 일을 제대로 해내지 못할까 두렵습니다.

조지 한 번에 처리하기 많이 힘들겠군 그래. 어떻게 해주면 좀 나아질까? 디자인 담당인 톰한테 도와달라고 하면 어때? 이 기회에 프로그램도 좀 배우고 말이야.

스티브 그럼 좋죠. 정말 큰 도움이 될 거예요. 저 혼자 다 처리해야 하는 게 아니라면 자신감도 훨씬 붙을 것 같습니다.

조지 잘됐네. 내가 톰한테 부탁하지. 그것 말고 자네가 이번 프로젝트를 하는 데 도움이 될 만한 게 또 뭐가 있을까?

스티브는 안심하며 자신의 새 임무에 대해 긍정적으로 생각하기 시작한다.

스티브 앞으로도 이런 일을 더 맡기실 생각이라면 그래픽과 레이아웃에 관련된 정식 교육을 좀 받고 싶습니다. 교육을 받을 만한 예산이 있을까요?

물론, 때로는 당신이 상대의 강렬한 감정을 건드렸을 때 맞닥뜨릴 상대의 반응에 화들짝 놀라게 될 수도 있다.

몇 년 전, 나는 몇 달이나 미뤄온 끝에 마침내 프로젝트 제안을 듣기로 한 CEO와 미팅을 잡았다. 그분은 만나자마자 다른 데 정신이 팔린 듯 산만하고 냉담한 반응으로 일관했다. 결국 나는 실망해서 한마디 내뱉었다. "저와 대화할 시간이 얼마나 있으십니까?"

그의 표정은 이런 말을 하는 것만 같았다. '닥쳐! 지금 당장 끝냈으면 좋겠어.'

나는 그 순간 쫓겨날 걸 예상했다. 그는 분명 기분이 상한 듯한 태도였지만 의외로 수첩을 뒤적이더니 대답했다. "20분 정도 있네."

나는 숨을 깊이 들이마시고 말했다.

"저… 제가 드릴 말씀은 꼭 들어보실 만한 가치가 있는 이야기입니다. 하지만 지금은 저를 만나는 일보다 훨씬 중요한 다른 일에 마음을 온통 뺏기고 계셔서 전혀 집중을 못하시네요. 그러니 이렇게 하는 건 어떨까요? 이제 막 3분이 지났으니 이쯤에서 미팅을 마치고 나중에 제게 좀 더 집중하실 수 있는 시간을 알려주십시오. 그때로 약속을 잡는 게 좋을 것 같아요. 대신 사장님은 남은 17분 동안 지금 당장 중요하다고 생각하는 일을 처리하시는 겁니다. 전혀 들을 준비가 되지 않은 상태에서 이야기를 해봐야 사장님 회사 사람들이나 저, 그리고 사장님 자신에게도 전혀 좋을 게 없으니까요."

의미심장한 침묵이 잠시 이어지더니 그가 나를 똑바로 쳐다보았다. 이제 완전히 집중한 상태였다. 눈가가 촉촉해지면서 그분이 말했다.

"나는 사생활을 잘 드러내지 않는 사람이라서 나와 10년 넘게 일하면서도 나에 대해 전혀 모르는 사람이 대부분이라오. 당신은 만난 지 3분밖에 안 되었는데 그들보다 낫구려. 그래 맞아요. 신경 쓰이는 일이 있소. 아내가 많이 아파요. 아내는 강한 사람이라서 나한테 평소처럼 회사 일에 충실하라고 하지만 나는 여기 앉아 있어도 실은 여기 있는 게 아니라오."

내가 대답했다. "그런 상황이라니 유감입니다. 그리고 여기 계시면 안 될 것 같은데요."

그러자 그가 마치 흠뻑 젖은 털의 물기를 털어내는 개처럼 확고하게 고개를 저으며 말했다.

"아니오. 나도 집사람만큼이나 강한 사람이오. 내가 강해야 아내도 기운을 차리겠지. 자, 이제 집중할 테니 20분을 꽉 채워 미팅을 진행해 주시오."

누군가에게서 뭔가를 얻어내려고 너무나 열심인 나머지 상대방이 그럴만한 정신적·감정적 여력이 없다는 걸 간과하는 경우가 많다. 내가 무언가를 끌어내려고 하기 전에, 즉 계약을 따내거나 상사에게 칭찬을 얻고 싶거나 부하직원에게서 열의를 끌어내고 싶을 때 상대방은 두려움이나 자괴감으로 내면에 여력이 부족할 수도 있음을 잊어서는 안 된다. 만약 그런 상대의 감정을 무시한다면 분노와 적대감, 냉담함이라는 단단한 벽에 부딪히게 될 것이다.

반대로, 상대에게 '공감을 얻고 있다'는 느낌을 준다면 당신은 낯선 사람, 심지어 적에서 친구 혹은 동맹으로 변하게 될 것이다. 반항적이고 폐쇄적인 태도에 맞닥뜨리는 일은 줄어들고 더 많은 지지를 얻게 될 것이다. 그리고 무엇보다 당신의 메시지가 '제대로' 전달될 것이다.

너무 간단해 보인다면 실천해 보라. 놀라운 결과를 볼 수 있을 테니.

그 사람이 유명하든 대단하든 관계없이 모든 사람의
내면에는 공감을 얻고 싶어 하는 외로운 인간이 있다.
그 요구를 만족시키면 당신은 '군중 속 한 사람'에서
'친구나 동료'로 탈바꿈할 수 있을 것이다.

Action Step

당신이 설득하려는 대상 중에 핑계를 대거나 어떤 식으로 든 일을 미루려는 사람을 떠올려보라. 그리고 그 사람의 입장이 되어 자문해 보라. '내가 그 사람 입장이라면 어떤 느낌이 들까? 실망? 두려움? 분노?'

그 사람에게 가서 말하라. "당신과 얘기를 하고 싶습니다. 그동안 당신한테 화만 내고 조급한 마음에 짜증을 부리느라 당신 입장이 되어보기는커녕 감정만 상하게 했습니다. 그러지 않기로 결심하고 생각해보니, 내가 당신이라면 실망(두려움, 분노 등)을 느낄 것 같더군요. 그렇습니까?"

상대방이 당신에게 자신의 느낌을 말해주면 그런 감정을 유발한 원인이 무엇인지 그리고 상대가 기분이 좋아지고 더 많은 것을 성취하기 위해 달라져야 할 점이 무엇인지 알아보라.

6
관심을 끌려고 하지 말고
관심을 보여라!

지루함은 내가 누군가를 재미있게 해주지 못할 때 생겨난다.

– 워렌 베니스Warren Bennis

~~~~~~~~~

저항하고 화내고 괴롭히고 협박하는 사람만 당신을 인질로 잡고 있는 것이 아니다. 당신은 당신 스스로에게 인질로 잡히기도 한다. 상대의 겉모습만 보고 황급히 판단해 한 걸음 더 가까이 다가갈 방법을 찾지 못하기도 하는 것이다.

이런 생각에 실망한 적이 있는가?

"내가 좀 더 매력적인 사람이라면 더 빨리 성공할 수 있었을 텐데."

바로 '그것'이다. 당신이 사람을 끌지 못하는 진짜 이유가 바로 그 말 속에 있다.

당신의 관심사는 온통 '상대가 나를 멋있고 똑똑하고 재치 있다고 생각하게 만들려면 어떻게 해야 할까?'에 집중돼 있다. 이것이 바로 잘못이다. 해답과는 전혀 거꾸로 하고 있으니 말이다. 그 이유를 알기 위해 이제껏 대단한 성공을 거둔 두 사람이 어떻게 행동하는지 살펴보자.

'딥 리스닝Deep Listening'은 USC 리더십연구소 설립자인 워렌 베니스를 묘사할 때 가장 자주 쓰이는 표현이다. 워렌은 이제껏 내가 만나본 사람 중에서 제일 관심을 끄는 사람이다. 하지만 그와 함께 있는 사람이 운전수든 구글의 CEO든 그는 자신보다 상대에게 더 관심을 기울인다.

지인들과 초대받은 저녁 식사 자리에서의 일이다. 모인 이들은 모두들 똑똑하고 열정적인 사람들이었다. 밤이 깊을수록 관심사에 대한 대화는 논쟁으로 달아올랐다. 주거니 받거니 서로 속사포 같은 공격을 퍼붓다가 결국 듣는 사람보다 말하는 사람이 더 많은 지경에 이르렀다.

혼란스러운 와중에도 워렌은 아무 말 없이 아주 열중한 채 듣고만 있었다. 대화가 잠시 소강상태에 들자 열띤 토론자들이 잠시 말을 고르는 동안 워렌이 끼어들어 가장 공격적으로 대화를 주도하던 친구에게 물었다. "아까 그 철학자에 대해 지적했던 걸 더 자세히 이야기해주게나. 아주 궁금하군 그래." 토론의 승패를 도출하는 것보다 그 과정에서 얻을 수 있는 정보에 집중하게 한 질문이었다.

짐 콜린스Jim Collins 역시 아주 흥미로운 인물 중 하나다. 그는 시대를 통틀어 가장 탁월한 경영서인《좋은 기업을 넘어 위대한 기업으로Good to Great》의 저자로, 그의 책은 35개 언어로 번역 출판되었다. 강의 능력도 뛰어난 그는 스탠포드 대학교에서 최우수 강사상을 받았고, 요세미티 국립공원에 있는 세계 최대의 암벽 엘 캐피탄을 등정해 암벽 등반계의 메이저리거가 되기도 했다. 그는 2005년 1월 〈비즈니스 2.0〉에 실린 '나의 황금률'이라는 칼럼에서 왜 자신이 만나는 사람들에게 이런 프로필을 자랑하지 않는지 설명했다.

나는 이 황금률을 사회지도자 존 가드너John Gardner에게 배웠다. 그는 30초 만에 내 인생을 바꿔놓았다. 가드너는 시민운동단체 코먼 코즈Common Cause의 창시자이며, 《셀프 리뉴얼Self-Renewal》의 저자이고, 생애의 마지막 몇 년은 스탠포드 대학교에서 교수이자 멘토로 재임했다. 내가 학부에서 강의를 시작한 지 얼마 지나지 않았을 때 가드너 교수가 나를 불렀다.

"짐, 내 생각에는 자네가 관심을 '끌려고' 너무 시간을 많이 쓰는 것 같네. 관심을 '갖는' 데 더 많은 시간을 투자하면 어떻겠나?"

만약 당신이 저녁 식사에서 흥미진진한 대화를 하고 싶다면 관심을 가져라. 만약 당신이 재미있는 글쓰기 소재를 원한다면 관심을 가져라. 만약 당신이 재밌는 사람을 만나고 싶다면 당신이 만나는 사람들, 그들의 삶, 살아온 역사, 이야기에 관심을 가져라. 어디 출신일까? 어떻게 살아왔을까? 무엇을 배웠을까? 관심을 '갖는' 기술을 연마하면 당신이 만나는 사람들 대부분이 아주 매력적인 스승이 된다. 누구든 재미있는 이야깃거리를 갖고 있게 마련이다.

워렌 베니스 같은 현명한 사람들이 본능적으로 알고 있는 것, 짐 콜린스처럼 똑똑하고 야심 찬 사람들이 여전히 배우고 있는 것, 그것은 바로 진정한 친구를 얻고 최고의 사람들에게 영향을 미치려면 그들에게 강한 인상을 주려고 애쓰기보다는 그들의 말을 듣는 데 더 관심을 기울이라는 것이다.

그 이유를 뇌 과학의 관점에서 살펴보면 이렇다. 당신이 다른 사람에게 관심을 기울일수록 당신은 그 사람의 거울신경세포 수용체 결핍, 즉 자신의 감정을 외부 세계로부터 미러링 받고 싶은 생물학적 갈망을 충족시키게 된다.

당신이 그럴수록 그 사람은 당신에게 더욱 고마워하며 더욱 공감하게 된다. 그러니 관심의 대상이 되기 위해서는 관심을 끌려고 노력하는 대신 타인에게 관심을 '기울이는 것'이 최선의 방법이다.

'흥미진진한' 멍청이가 되지 마라!

이 규칙이 얼마나 중요한지 알려줄 또 다른 사례를 살펴보자. 어느 휴일, 막 도착한 우편물을 정리하다가 편지 한 장을 발견했다.

"얼마 전에 아내와 가족들을 다 데리고 페루의 마추픽추에 다녀왔어. 얼마나 멋지던지! 지금 아내는 댄스 스포츠와 홈베이킹에 푹 빠져 있어. 우린 정말이지 미쳤나봐. 자선사업에도 열심이면서 계속 짬을 내서 뭔가 일을 벌이고 있다니까. 아내는 지난달에 일하던 병원에서 올해의 자원봉사상을 받았어. 나는 얼마 전 부사장으로 승진했고. 역대 최연소 부사장이래. 큰아들 제시는 축구팀 선발전에서 1등을 했어. 그리고 막내 브래디는 학교 연극에서 주인공을 맡았지. 기립 박수까지 받았을 때 얼마나 자랑스러웠는지 몰라.

브래디는 확실히 집안 내력인 무대 체질을 타고났다니까! 잘 지내. 다음에 기회가 되면 한번 만나자."

다음은 또 다른 친구에게서 온 편지다. 열어보니 이런 내용이 휘갈겨 쓰여 있다.

"어떻게 지내니? 며칠 전에 아내랑 길거리를 지나는데 네가 대학 때 타던 거랑 똑같이 생긴 고물차가 있더라. 그걸 보니 네 생각이 났어. 도대체 그 흉측한 차를 어떻게 타고 다녔니? 그런데도 너한텐 데이트 상대가 끊이질 않았지.

조만간 그쪽에 들러 너랑 점심이나 했으면 좋겠다. 네 아이들도 보고 싶어. 리사는 혹시 줄리아드에 지원했니? 리사가 작년에 공연했던 테이프를 가끔 듣는데 들을 때마다 전율이 일 정도야. 정말 대단한 목소리라니까. 얼른 브로드웨이 무대에 서는 모습을 보고 싶다고 전해줘.

우리 소식을 전하자면, 애들은 잘 지내고 아내랑 나는 죽어라 일하는데 수중에 돈은 별로 없어. 그래도 어쨌든 재밌게 지내고 있어. 휴가 잘 보내라. 보고 싶다!"

두 편지를 비교해 보자. '관심 끌기' 게임에서는 첫 번째 친구 부부의 승리가 확실한 듯하다. 그런데 정말 그럴까? 이건 시합이 아니다. 첫 번째 친구 부부는 부자에다 멋진 취미 생활을 즐기고, 지적인데다 여행도 많이 다닌다. 확실히 대단히 성공한 사람들이다. 두 번째 편지를 보낸 친구 부부는 거기에 비하면 훨씬 평범한 삶을 살고 있는 듯하다. 그러니 '이목 끌기' 게임에서는 패배임이 분명하다.

하지만 당신도 느꼈듯 결론은 그렇지 않다. 두 번째 부부가 승리한다. 그것도 아주 큰 점수 차로 말이다. 그들은 '당신'에게 관심이 있기 때문이다. 그 친구가 당신을 점심 식사에 초대한다면 당신은 아마 "좋아"라고 말할 것이다. 그러나 첫 번째 부부가 전화를 건다면 당신은 틀림없이 이렇게 말할 것이다. "미안해, 갑자기 일이 좀 생겼지 뭐야" 전화를 끊으면서 안도의 한숨을 내쉴 것이다. 첫 번째 부부의 치명적인 실수는 흥미진진한 사람이 되려고 너무 애를 썼다는 점이다. 그 결과 짜증 나는 얼간이가 되고 말았다.

사람을 만나 이야기할 때도 마찬가지다. 당신이 똑똑하고 매력적이고 재능이 있다는 것을 사람들에게 확인시키려고 애를 쓰면 쓸수록, 사람들은 당신을 지루하고 자기중심적이라고 평가하기 쉽다. 당신이 자기 얘기를 늘어놓느라 다른 사람의 말을 무시한다면 더욱 그렇다.

기업 CEO나 성공한 사람들 같은 최상류층의 사람들을 설득하려 할 때는 더더욱 그렇다. 자신을 흥미로운 대상으로 만들려는 데에만 힘을 쏟다가는 훨씬 끔찍한 역효과를 불러올 수 있다. 그런 사람들은 자신들 나름의 '흥미로움'이 확실한 사람들이고, 존경을 표하는 대상도 확실히 정해져 있다. 그런 사람들에게 강한 인상을 주려고 너무 노력하다 보면 천박한 금붙이를 자랑하는 졸부처럼 그들을 짜증 나게 만들어 멀리 쫓아버리게 될 것이다.

관심 있는 '척하는' 것은 소용없다!

옛말에도 있듯이 '진심은 가장할 수 없다'. 아울러 '관심' 역시 가장할 수 없으니 시도도 하지 말기를 바란다. 통찰력 있고 성공한 사람들에게 영향을 미쳐 그들을 설득하고 싶다면 그들에게 기울이는 관심은 더욱더 진실한 것이어야 한다.

최근에 30대 중반의 남자 보험 종사자, 30대 초반의 여자 변호사와 함께 점심 식사를 한 적이 있다. 남자의 질문은 모두 적절해 보였다. "어디 출신이십니까?", "어떻게 이 일을 하게 되셨죠?", "지금 하는 일의 어떤 점이 제일 마음에 드십니까?", "어떤 고객이 제일 좋습니까?"

남자의 태도는 자못 열성적이었다. 여자 역시 그 질문에 성심껏 답변했다. 단 한 가지 문제는 그의 질문에서 진심이 느껴지지 않았다는 점이었다. 그는 영업 훈련에서 배운 대본을 앵무새처럼 따라 하고 있었다. 그 자리에 함께한 아직 어리고 경험이 부족한 변호사를 설득하는 데는 별 무리가 없었지만 더 연배가 있고 경험이 풍부한 고객이나 진정으로 실적에 도움이 될 만한 유력한 손님이 있다면 그의 관심에 진정성이 없다는 것을 바로 알아채고 코를 납작하게 해줬을 것이다. 대개 경험이 많은 사람들은 고도로 발달된 거짓말 탐지 능력의 소유자들이기 때문이다.

그렇다면 '관심을 기울이는' 기술, 그리고 그 순간 정말로 진실해지는 기술은 어떻게 습득할 수 있는가? 첫 번째 열쇠는 대화를 테니스 경기처럼 생각하지 말라는 것이다. 상대가 한 마디 했으니 내가 한 마디 하는 식으로 말이다. 대신, 대화를 '탐정놀이'처럼 생각하라. 탐정놀이의 목적은 가능한 한 상대에 대해 많은 것을 알아내는 것이다. 상대에게 흥미로운 뭔가가 있음을 '확신하고' 그걸 찾아내겠다는 결심을 하고 대화에 임하라. 그렇게 하면 당신의 기대감이 두 눈과 보디랭귀지에 여실히 드러난다. 그렇게 되면 본능적으로 상대의 이야기를 끌어낼 수 있는 질문을 떠올리게 된다. 상대가 대답을 할 때 다음 할 말을 생각하는 대신 상대의 말을 경청하게 될 것이다.

진실한 관심을 갖는 두 번째 열쇠는 '당신이 더 많이 알기를 원한다'는 것을 드러내는 질문을 하는 것이다. 물론 상대의 마음을 활짝 열어 당신이 정말 흥미를 느낄 만한 말을 내뱉게 하는 일이 쉽지는 않다. 특히 사업적인 만남에서 이제껏 효과가 높았던 질문들은 다음과 같은 것이었다.

- **어떻게 그 일을 하게 되셨습니까?**

최고의 중재 전문가인 제프 키채븐Jeff Kichaven에게서 배운 것이다. 이 질문으로 사람들에게 말을 걸고 대화를 시작하면 절대 실패하지 않는다고 한다.

- **그 일을 하시면서 어떤 점이 제일 좋습니까?**
- **일(사업, 인생)을 통해 성취하고자 하는 가장 중요한 가치는 무엇입니까?**
- **그것이 당신에게 왜 중요합니까?**
- **만약 그것을 성취한다면 그것은 당신에게 어떤 의미가 있으며 그것을 통해 무엇을 할 수 있게 됩니까?**

사적인 관계, 예를 들어 파티나 첫 데이트 등에서는 아래와 같은 질문이 마음에서 우러난 응답을 유도하는 경우가 많다.

- 그것(상대의 관심사)을 하는 게 어떤 면에서 좋던(혹은 나쁘던)가요?
- 인생에서 가장 큰 영향을 받은 사람이 누군가요?
- 최고로 감사하는 분이 그분입니까? 아니라면 누구인가요?
- 그분께 감사를 표현할 기회가 있었습니까?

만약 상대가 "왜 그런 걸 물어보시죠?"라고 묻는다면 이렇게 대답하라. "가장 감사하는 누군가에게 하고 싶은 말을 물어보면 가장 최고의 이야기가 나오거든요."

- 당신 인생이 꿈꾸던 대로 완벽해진다고 상상하면 어떤 모습인가요?

인재 전문가 모니카 우르퀴디Monica Urquidi에게서 배운 것이다. 상대가 왜 그런 질문을 하냐고 물으면 이렇게 대답하라. "꿈이나 희망을 알게 되면 그 사람에게 뭐가 제일 중요한지 알 수 있거든요. 그런 걸 알면 좋지 않을까요?"

새로운 사람을 만나 대화를 할 때 나는 상대가 이런 표현으로 말문을 열며 대답하도록 유도하는 편이다. "내가 느끼기에는~ Feel", "내 생각엔~ Think", "내가 ~했을 때 Did" 혹은 "나는 ~하고 싶은데 would Do". 나는 이것을 FTD 화술이라고 부른다. '감정'과 '생각'과 '행동', 세 가지 중 어느 하나만 언급한다면 상대를 충분히 알았다는 느낌이 들지 않는다. 상대 역시 마찬가지다. 자신의 감정과 생각과 행동, 세 가지에 대해 충분히 대답했을 때 상대는 자신에 대한 이야기를 충분히 했다고 만족감을 느낀다.

결국 당신이 던진 질문 중 하나만 제대로 들어맞는다면 상대는 열과 성을 다해 당신에게 뭔가 이야기하고 싶어할 것이다. 바로 그때, 제대로 대처해야 한다. 그것은 '입을 다물고' 듣는 것이다. 과하다 싶을 정도로 조금 더 들어라. 그러다가 상대가 말을 멈추면 당신이 그의 말에 관심을 기울이고 경청했음을 증명하는 또 다른 질문을 던져라.

만약 상대가 자신의 인생에 영향을 미친 사람으로 '학창 시절 수학 선생님'을 꼽으면서 그 이유를 설명한다면 당신의 선생님에 대해 언급하며 응수하지 말라는 뜻이다. 대신 이런 질문을 이어가라. "와, 정말 궁금하네요. 어떻게 그런 대단한 학교에 가게 된 거죠?" 혹은 "그 선생님은 어떻게 되셨어요? 아직 연락은 되시나요?"

당신이 관심을 기울이고 있음을 보여줄 수 있는 또 다른 방법은 상대의 말을 '요약'하는 것이다. 예를 들어 상대가 끔찍했던 휴가 이야기로 당신을 흥미롭게 했다면 그 이야기의 주요 부분을 다시 반복하는 것이다. "세상에! 현금을 몽땅 잃어버렸는데도 여행을 계속하셨다니 정말 대단하네요!" 또 다른 좋은 대처 방법은 대화 중에 기회가 생길 때 조언을 구하는 것이다. "놀라워요! 허브를 집에서 키우시다니요. 저도 좀 가르쳐주세요. 저는 키우기만 하면 다 죽이고 말거든요." 사람들은 조언하는 걸 좋아한다. 자신이 흥미롭고 현명한 사람이라는 느낌이 들기 때문이다.

만약 당신이 이런 대화를 능숙하고도 진심을 담아서 하면 어느 순간 상대는 당신에게 관심을 기울이며 이렇게 되물을 것이다. "당신은 어때요?" 특히나 요즘처럼 타인의 일에 관심을 기울이지 않는 문화에서는 더욱 그렇다.

이것이야말로 당신이 원하던 진정한 승리다. 그 순간 상대방은 당신이 기울여준 관심을 당신에게 되돌려 당신이 원하던 바로 그 '관심'을 보이기 때문이다.

"질문 있습니다."

나도 모르게 말이 입 밖으로 나와버렸다. 사회자가 질문을 요청하기도 전에, 심지어 내가 무슨 질문을 해야 할지 생각하기도 전에 말이다.

나는 단 한 가지 목적으로 사무용품 업체인 스테이플스Staples가 개최한 시민 대상의 타운홀 미팅에 참석하고 있었다. 그 목적은 스테이플스의 창립자이자 CEO인 톰 스템버그Tom Stemberg에게 '첫 질문'을 던지는 것이었다. 그 질문은 톰 스템버그가 대답하고 싶은 질문이자 청중이 듣고 싶어 하는 질문이어야 했다.

내 동료이자 USC 경영대학원에서 네크워크 기법을 가르치고 있는 패트릭 헨리Patrick Henry는 '유력한 인물에게 깊은 인상을 남기는 최고의 방법' 중 하나가 바로 그 사람이 청중 앞에서 연설을 한 후 첫 번째 질문을 던지는 것이라고 강조한다. 패트릭의 설명에 따르면, 청중은 어색한 분위기를 깨뜨린 당신의 용기에 감사할 것이고 유력한 연사는 아무도 질문을 꺼내지 않을 때 생길 어색한 침묵을 막아주고 훌륭한 질문을 해준 것에 대해 당신에게 감사할 것이다.

하지만 중요한 것은 '적절한' 질문을 해야 한다는 것이다. 다행히 강연 경험이 많은 나는 준비가 빨랐다. 마이크가 넘어오는 5초 동안 나는 재빨리 생각했다. '청중과 내가 듣고 싶고 톰이 대답하고 싶은 질문이 무엇일까?' 그리고 마이크를 건네받자마자 질문을 던졌다.

"스템버그 씨, 과거를 바꿀 수 있다면 가장 바로잡고 싶은 일이 무엇입니까?"

톰 스템버그는 뛰어난 기업가지만 그날은 물 밖으로 나온 물고기마냥 기운이 없어 보였다. 하지만 내 질문을 듣더니 얼굴에 화색이 돌며 눈빛이 빛나기 시작했다.

"벤처캐피털에서 투자 받는 시기를 조금 늦췄어야 했습니다. 새롭고 멋진 아이디어가 있을 때 그게 업계에 공개되면 수많은 경쟁자가 바로 따라붙는다는 사실을 몰랐습니다. 다시 할 수만 있다면 투자받는 일을 뒤로 미뤄서 사업 초기 단계에 우리와 경합했던 25개의 경쟁업체 없이, 순조롭게 시작했을 겁니다."

사회자가 다른 질문을 받으려 했지만 톰은 마이크를 놓지 않았다.

"아, 한 가지가 더 있습니다." 그는 더욱 열정적으로 덧붙였다.

"우리는 경쟁사보다 배달 사업에서 뒤처졌습니다. 제품 자체에 고객의 소리를 적용하려고 노력했지만 비서들이 용품 박스를 들고 계단을 오르내리고 싶어 하지 않는다는 것을 예측하진 못했습니다. 그 점에서는 오피스디포Office Depot에 선두를 빼앗기긴 했지만 곧 따라잡을 겁니다."

패트릭이 예언했듯이 청중과 톰 모두 질문으로 어색한 분위기를 깨준 것에 감사했고 톰은 내 얼굴을 보며 열정적으로 대답을 해주었다. 그 대화를 계기로 톰에게 이메일을 쓸 수 있게 되었고 추후에 만나서 같이 일할 기회도 갖게 되었다.

다른 사람들이 흔히 생각하는 것처럼 내가 똑똑하고 멋지게 보일 만한 질문을 하지 않았다. 대신, 상대가 대답하고 싶어 하고 상대를 돋보이게 할 만한 질문을 했다. 그리고 궁극적으로 바로 그 질문이 나를 '군중 속의 한 사람'에서 '흥미를 느낄 만한 사람'으로 만들어주었다.

> 자신감은 상대가 당신에게 주는 것이 아니라 당신이
> 상대에게 주는 것의 깊이와 진실함으로 생겨난다.
> 거꾸로 당신이 상대에게 깊은 인상을 주려고 노력할수록
> 실패할지도 모른다는 불안감은 더욱 커진다.

Action Step

첫째, 끔찍이 지루하다고 생각하는 사람을 두세 명 골라 그들에게서 뭔가 매력을 찾아내 보라.

둘째, 반대로 해보자. 즉 관심을 끄는 사람, 나를 더 좋아하고 존경해 주기를 바라는 누군가를 선택하라. 기회를 포착해 상대의 관심을 끌기보다 관심을 기울이고 있음을 보여주는 질문을 해보라.

셋째, 어필하고 싶은 이성이 있는가? 그렇다면 이렇게 질문해 보라.

"요즘 그 일(상대가 가장 관심 있어 하는 일)은 어떻게 돼가요?"

이 질문은 당신이 그 사람에게 마음을 쓰고 있음을 보여줄 뿐만 아니라 상대방의 인생에서 일어날 일에 관심이 있고 그것을 알고 싶어 한다는 것을 보여준다. 단, 질문을 하고 나서 상대의 대답에 주의를 기울이는 것을 잊지 말자.

7
중요한 사람이라고
느끼게 만들어라!

모든 사람들은 보이지 않는 표지판을 목에 걸고 다닌다.
거기에는 이런 말이 쓰여 있다.
"중요한 사람이라고 느끼게 해주세요!"
– 메리 케이 애쉬Mary Kay Ash, 메리케이 화장품 창립자

~~~~~~~~

이번 장은 당신이 이미 잘 알고 있는 이야기로 시작하려 한다. 그러고 나서 정신 나간 소리로 들릴 만한(하지만 전혀 그렇지 않은) 이야기를 할 작정이다.

준비됐는가?

당신이 이미 알고 있는 이야기는 이것이다. 사람들은 스스로를 가치 있는 존재라고 느끼기를 원한다. 그런 느낌은 음식이나 공기, 물처럼 꼭 필요한 것이다. 혼자 그렇게 느끼는 것으론 소용이 없다. 주변 사람들의 눈에 비친 자신의 가치가 보여야 한다.

상대로 하여금 '가치 있는 사람이라고 느끼게 하는 것'은 '공감받고 있다고 느끼는 것'이나 '관심을 받고 있다고 느끼는 것'과는 다르다. 그보다 더 깊은 감동을 준다. 가치 있는 사람이라고 느끼게 하는

것은 이런 말을 해주는 것과 같다. "당신은 존재할 이유가 충분해요. 당신이 아침에 잠자리에서 일어날 때부터 하는 모든 일은 다 이유가 있어요. 당신은 가족, 회사, 세상의 일원으로 훌륭한 역할을 하고 있어요. 당신이 여기 있는 것만으로도 뭔가가 달라져요."

누군가를 중요한 사람이라고 느끼게 하는 것은 그 사람에게 값을 매길 수 없는 선물을 주는 것이다. 상대는 그 보답으로 당신을 위해서라면 세상 끝까지라도 기꺼이 가려 할 것이다. EQ가 높은 사람들은 주변 사람들에게 존재 가치를 느끼게 해줄 방법을 잘 찾아낸다. 상대방 덕분에 자신의 삶이 얼마나 더 행복한지, 더 즐겁고 안정감 있는지, 스트레스와 두려움을 얼마나 덜어주는지, 말해줄 방법을 잘 찾는 것이다.

자, 여기까지는 내 말에 동의할 것이다. 사실 이런 이야기는 상식적일 뿐만 아니라 효과가 뛰어나다는 것을 누구나 잘 안다. 그리고 여기까지는 쉬운 영역이기도 하다.

이제 납득하기 어려운 이야기를 하려고 한다. 그것은 당신 인생에서 짜증 나는 인물들(불평분자, 투덜이, 훼방꾼) 역시 스스로를 중요한 사람이라고 느끼게 하는 게 현명한 일이라는 사실이다.

"당신 미쳤어? 내 인생을 망쳐놓는 사람들을 가치 있게 느끼게 하라고? 이게 무슨 말이야?"

그 이유는 간단하다. 화를 잘 내고, 퉁명스럽고, 신경을 거스르는 사람들의 공통점은 '세상이 자신을 충분히 가치 있는 존재로 대접하지 않는다'고 느낀다는 점이다. 그들은 자기가 이 세상에서 중요하거나 특별한 인물이라는 느낌을 받지 못한다. 자신의 성격 때문에 생겨난 그런 소외의 경험은 다시 그들의 성격을 강화시킨다. 그리고 그런 악순환은 반복된다.

불평을 늘어놓고 문제를 일으키는 사람들은 전형적으로 심각한 '거울신경세포 수용체 결핍'을 겪고 있으며, 다른 사람들이 그들을 피하거나 무시할수록 상태는 더욱 악화된다. 그들은 더욱 더 충격적인 방법으로 주위 사람들에게 깊은 인상을 주거나 그들을 압도하려고 애쓴다. 그리고 당연한 결과로 원하던 공감을 얻어내는 데 매일 실패한다. 그들은 관심에 굶주려 있으며 긍정적인 방법으로는 자신이 중요한 사람이라는, 그토록 갈망하는 바로 그 느낌을 얻지 못할 때 급기야 부정적인 방법을 찾게 된다. 이것을 그래피티 법칙 Graffiti Rule이라고 부른다.

요약하면 이런 사람들이 당신을 미치기 직전까지 괴롭히는 이유는 단 한 가지다. 중요한 존재가 되고 싶은 것이다. 그들이 당신을 그만 좀 괴롭혔으면 좋겠는가? 그럼 그들의 욕구를 만족시켜 주면 된다.

한 가지 예를 들어보자. 얼마 전, 나는 줄리라는 관리자와 대화를 하고 있었다. 대화 도중 괴팍한 것으로 명성이 자자한 사무 보조원 아니타가 불쑥 들어오더니 이렇게 말했다. "지금 당장 할 말이 있어요!"

사소한 문제로 한참 법석을 떨고 나서야 아니타는 사무실을 나갔다. 줄리는 수시로 들이닥쳐 사무실을 들쑤시고 가는 아니타 때문에 힘들다며 불만을 털어놓았다. 문제를 악화시킬까 봐 줄리는 뭐라 말도 못하고 있었다. 그저 아니타가 자신에게 분노를 폭발시키는 동안 조용히 속만 끓일 뿐이었다.

나는 이렇게 제안했다.

"아니타가 당신 사무실에 들어오면 몇 마디 정도 하게 됐다가 단호하게 이렇게 말하세요. '아니타, 당신이 하는 말은 나한테 너무 중요하니까 집중할 수 있을 때 차분히 들어야 할 것 같아요. 지금은 급히 끝내야 할 일이 있어서 그럴 수가 없네요. 그러니까 2시간 정도 후에 다시 와주면 좋겠어요. 그때는 10분 정도 당신 얘기에 집중할 시간이 날 것 같으니까 당신이 생각하고 있는 일을 도울 수 있을 거예요. 그동안 내게 하고 싶은 말과 나에게 바라는 점, 그리고 그 일을 하려면 자금이나 일정이 얼마나 들지 해결책을 정리해 주세요. 당신은 좋은 아이디어가 많으니까 들어보고 괜찮으면 내가 도와줄게요.'"

며칠 후 줄리와 다시 이야기를 했다. 줄리는 내가 제안한 방법을 시도해 봤다고 했다. 아니타는 다시 오지 않았고, 그 후로 둘 사이의 관계도 술술 잘 풀렸다고 말했다.

나는 줄리에게 무작정 쳐들어와서 분노부터 터뜨리는 '요주의 인물'들은 회사에서 중요한 존재라는 느낌을 못 받아 그러는 거라고 설명했다. 상관이 그들에게 '당신은 중요한 존재'라고 말해주면 그 성난 감정을 진정시키는 데 큰 도움이 될 수 있다. 또한 불평을 늘어놓는 하급자는 문제에 대한 해결책을 갖고 있는 경우가 별로 없기 때문에 '해결책을 가져오면 계속 대화를 하겠다'는 조건을 제시하면 대개 문제를 재론하지 않는 쪽을 택한다.

이것은 직장의 트러블 메이커를 다루는 강력한 방법이지만 사생활에서도 동일한 효과를 발휘한다. 짜증 나는 직장 동료와 마찬가지로 골치 아픈 이웃이나 곤란한 친척도 당신의 관심과 인정을 받고 싶어서 그렇게 행동하는 경우가 많다. 그러니 그들이 원하는 것을 제공하라.

이 방법이 얼마나 효과가 있는지 확실히 보기 위해 어느 집에나 있을 법한 문제를 살펴보자. 휴일 저녁 가족 모임을 악몽으로 바꿔놓는 불쾌한 친척의 이야기다. 어쩔 수 없이 이런 친척도 초대해야만 하는 상황인데, 그 친척은 평소처럼 불평하고 다투고 토라져서 다른 손님들을 미칠 지경으로 몰고 갈 것이 분명하다. 해결이 불가능한 문제일까? 전혀 그렇지 않다. '나(I)'와 '중요한'이라는 말을 함께 사용하면 기적을 일으킬 수 있다.

모임 일주일 전에 요주의 인물에게 전화를 건다. 만약 상대가 여성이라면 남성(당신의 남편 등)이, 남성이라면 여성(당신의 아내 등)이 전화를 거는 편이 더 효과적이다. 이성이 도움을 청하면 거절하기가 더 어렵기 때문이다. 요주의 인물에게 이렇게 말한다.

"'제(I)'가 부탁드릴 일이 있어서 전화했어요. 이번 휴일에 우리 집에서 하기로 한 저녁 식사에서 당신 역할이 아주 '중요할' 것 같아요. 이런 기회가 아니면 친척들이 만나거나 대화를 나눌 기회가 없잖아요. 그러다 보니 혹시 어느 분이 심각한 병이라도 앓고 있는지, 주변에 누가 돌아가셨는지, 형편이 어려운지 전혀 모르잖아요. 그런 걸 모르고 대화를 하다 보면 식사 시간이 엄청 어색해질 수도 있어요. 당신은 늘 모임에 참석하는 '중요한' 손님이니까 문 앞에서 손님들을 맞이하면서 가족이랑 다들 잘 지내는지 말을 걸어주시고 뭔가 새로운 일이 있었는지도 알아봐주시면 좋겠어요."

당신이 그렇게 호의적인 말을 통해 중요한 인물이라고 느끼게 해주면 상대는 기분이 좋아질 뿐 아니라 마음이 누그러진다. '고맙지만 사양하겠어요. 매년 그랬듯이 그냥 가서 식사 시간을 망쳐놓을 계획이랍니다'라고 대답하기는 어려울 것이다.

그러고 나서 식사 날 저녁이 되면 문제 인물을 현관에서 맞이하며 팔을 잡으면서 이렇게 말한다.

"손님들이 도착하고 나면 편안한 분위기로 이끌어주실 거라고 믿어요."

그 사람이 뭔가 대답하기 전에 얼른 이렇게 덧붙여라. "실례할게요. 준비가 좀 남아서요."

그리고 새로 임명된 '자선 대사'가 기쁨과 행복을 퍼뜨리도록 하라. 놀랍게도 그 인물은 그 일을 잘해낼 것이다.

모임이 있을 때마다 이 계획대로 하면 문제는 다 해결될 것이다. 사실 전에 골칫거리였던 사람이 강력한 동지가 되어 있을 확률이 높다. 그는 당신의 모임을 성공작으로 만들기 위해 가능한 모든 일을 할 것이다.

당신 인생에서 긍정적인 역할을 하는 사람에게는 '그들이 소중하며 가치 있다'는 확신을 갖게 할 필요가 있다. 그리고 당신 인생에서 부정적인 역할을 하는 사람에게 역시 다른 어떤 사람보다 소중하며 가치 있다는 확신을 갖게 할 필요가 있다. 그렇지 않다면 더욱 당신 인생을 짜증 나게 할 뿐이므로 상대가 원하는 것, 즉 중요한 인물이라는 느낌을 주라. 그러면 그들도 당신이 필요로 하는 것을 줄 것이다.

시간은 유한하므로 잘 안배해야 한다. 하지만 중요한 일에는 제한이나 한계를 둘 필요가 없다.

Action Step

평온할 때조차 끊임없이 문제를 만들어내는 사람을 직장이나 사적인 관계에서 한 명 찾아내라. 다음에 그 사람이 어떤 문제에 대해 불평을 하면 이렇게 말하라.

"지금 제게 하시는 말씀은 너무 중요한 문제라 당신이 책임지고 해결책을 제시해 주면 좋겠어요. 좋은 생각이 있으면 제게 전화 주세요. 함께 힘을 모아 당신이 제시한 해결책을 검토해 볼게요. 도와줘서 정말 고마워요."

그런 다음, 당신이 소중하게 생각하는 사람 중에 무시당한다고 느낄 만한 사람을 찾아내라. 그들에게 전화를 걸거나 편지를 써서 그들이 당신 인생에 얼마나 중요한 변화를 가져왔는지 알려주라. 아니면 그들에게 '파워감사'(261쪽 참조)를 사용하라.

8
웅덩이에서 허우적대는 상대를
설득하려 하지 마라!

가끔은 두 번의 심호흡 사이에 취하는 휴식이
하루 중 가장 소중한 일일 때가 있다.

– 에티 힐레숨Etty Hillesum, 사후 출간 일기 《에티태나》에서

~~~~~~~

"쉿! 들어보세요!"

나는 알렉스에게 단호하게 말했다. 극심한 스트레스에 시달리는 40대 중역인 그는 내 상담실 카우치에 앉아 자신이 감당해야 하는 온갖 업무와 자신을 옥죄는 마감 시간 등에 대해 15분간 쉬지 않고 분통을 터뜨리고 있었다.

그런 그가 내 말에 깜짝 놀라 되물었다. "뭘 들어요?"

"'고요함'에 귀 기울여보세요."

"뭐요?"

"'고요함'이요. 선생님 머릿속에서 울려대는 소음과 인생을 소란하게 만드는 소음 사이에 있는 것 말이에요. 지금 저와 선생님한테 귀 기울여 달라고 소리를 지르고 있어요."

"예?" 여전히 어리둥절한 듯 그가 물었다.

"눈을 감아보세요. 그리고 코로 천천히 숨을 쉬어보세요. 그럼 금방 들릴 겁니다."

몇 분이 지나자 알렉스가 조용히 눈물을 떨궜다. 침묵은 5분간 계속되었다. 그러고 나서 그는 천천히 붉게 충혈된 눈을 떴다. 얼굴에는 미소를 띠고 있었다.

"'뭔가' 느꼈습니까?" 내가 물었다.

알렉스가 쓸쓸하게 웃었다. "내가 평생 찾아 헤맨 게 바로 이거였어요. 이걸 얻기 위해 했던 그 모든 일이… 정말이지 그 모든 일이… 참 엉뚱한 결과만 가져다줬죠. 생각할 게 많네요."

그는 '정말' 그것에 대해 계속 생각했다. 그 순간 느꼈던 평화 그리고 자신의 삶 속에서 그 평화를 더 느끼기 위해 무엇을 해야 하는지에 대해서 말이다. 주어진 상황에 대해 분통을 터뜨리는 것을 넘어서 진실한 감정을 발산할 수 있는 기회를 가졌기 때문에 가능한 일이었다.

고통스러운 상황에 빠지면
누구라도 비이성적으로 변한다!

스트레스는 나쁜 것이 아니다. 스트레스를 겪으면서 우리는 주의를 집중하고, 의지를 더욱 굳게 하고, 자신의 근성을 시험하게 된다. 그러나 스트레스가 도를 넘어 '고통'이 되는 순간, 우리는 정말 중요한 장기적인 목표를 보지 못하고 대신 일시적인 위안만 찾게 된다. 그런 순간에는 너무 급히 고통에서 벗어날 비상구를 찾느라 이성을 잃고 남의 말을 들으려고도 하지 않는다.

5장에서 사람들에게 '공감을 얻고 있다는 느낌을 주는 방법'에 대해 이야기했다. 하지만 고통에 빠진 사람을 상대할 때는 그것이 말처럼 쉽지 않다. 그런 상황에 대처하는 첫 단계는 사람을 그 상태에서 끌어내서 그의 뇌가 당신 말을 들을 수 있는 상태로 옮겨놓는 것이다.

고통에 빠진 사람을 설득하려 한다면 그들의 스트레스만 가중시켜 더 끔찍한 결과를 초래할 수 있다. 이런 실수는 인질극 상황을 치명적인 위험 속으로 몰아넣는다. 사업상의 계약이나 인간관계를 파괴할 수도 있다. 까딱 잘못하면 고통에 빠지기 직전인 사람(혹은 이미 경계를 넘은 사람)이 다음과 같은 반응을 보일 것이다.

• **성급하게 대응한다**

"그래? 좋아 그럼, 이러면 어쩔 건데!" 동시에 재떨이나 주먹이 날아올지 모른다. 2장에서 언급했던 편도체 납치의 결과다. 편도체가 뇌의 이성적인 부분을 차단시키면서 적대적으로 반응하게 만든 것이다.

• **분통을 터뜨린다**

"네가 나에 대해서 뭘 알아?" 분통을 터뜨리는 사람은 설득할 수 없다. 일방적으로 자신을 방어하려 하거나 맞서서 공격하기 때문이다.

• 억압한다

이를 악물고 이렇게 말한다. "아무 일도 아냐." 이런 반응을 선택한 사람은 당신을 받아들이는 대신 차단할 것이다.

다행스럽게도 고통에 빠진 사람이 선택할 수 있는 또 다른 길이 있다. 당신이 방향만 제대로 제시해 준다면 상대는 속내를 '발산'할 수도 있다. 오직 속을 털어놓음으로써만 사람은 다른 사람이나 자기 자신을 공격하지 않고서도 자기 감정을 느끼고 표현할 수 있다. 상처의 고름을 짜내는 것처럼 말이다. 그것이 바로 스트레스에 지쳐버린 사람을 이완시키고 누군가가 제안하는 해결책에 마음을 열게 만드는 유일한 방법이다. 결국 스트레스의 근원을 해소하고 재발하지 않을 기회를 제공한다.

당신이 고통에 빠진 사람에게 '숨 쉴 수 있는 공간(속내를 털어놓을 수 있는 장소와 공간)'을 제공한다면 상황을 정상으로 되돌리는 것에서 더 나아가 '호전'시킬 수 있다. 상대를 진정시킬 뿐 아니라 서로의 사이에 정신적인 다리를 연결할 수 있기 때문이다. 다리를 건설하고 나면 그것을 통해 의사소통이 가능해진다.

내가 윌리엄스 씨를 만난 건 정신과 의사가 된 지 얼마 지나지 않았을 때였다. 그는 막 폐암 선고를 받고, 상담 전문의로 배정된 정신과 의사를 두 명이나 병실에서 쫓아낸 상태였다.

"이 환자가 아주 마음에 드실 겁니다."

병실로 이동하면서 종양학과 담당의가 빈정대듯 말했다. 병실밖에서 들여다보니 윌리엄스 씨는 부글부글 속을 끓이며 씩씩대고 앉아서 누군가 병의 'ㅂ' 자라도 꺼내면 목이라도 비틀어버릴 태세였다. 그는 자신의 병을 인정하지 못하고 있었고, 그런 그를 비난할 사람은 아무도 없었다. 그리고 분명 심리적 도움이 절실했다. 다만 그가 그것을 원하지 않을 뿐이었다.

'정신과 의사'라고 나를 소개하면 곧 사달이 날 것 같았다. 나는 다른 해결책을 찾았다. 행정과에 요청해 '마크 고울스톤, 종양학 박사'라고 쓰인 이름표로 바꿔 달았다. 종양학은 공부한 적도 없었지만 나는 진짜 외과의사인 양 행동할 작정이었다. 새 이름표를 달았을 땐 걸음조차 더 으스대며 걸었다. 나는 윌리엄스 씨의 병실에 들어가 외과의사처럼 행동하며 이렇게 말했다.

"안녕하세요, 윌리엄스 씨, 저는 종양학과에 새로 들어온 닥터 고울스톤입니다."

그리고 나서 상태는 어떤지 그리고 불편한 점은 무엇인지 질문하기 시작했다. 그는 뭔가 수상쩍은 듯 경계했다. 나는 아무렇지 않은 척 말을 계속했지만 그는 분명 내 정체를 알아차린 것 같았다. 눈이 마주친 순간 나는 그의 눈빛에서 '당장 방에서 꺼져'라는 경고를 읽었다. 하지만 눈길을 피하거나 고개를 숙이면 내가 진다는 것을 알고 있었기 때문에 더 똑바로 그의 눈을 마주보았다. 시간이 지나자 그의 눈동자에 많은 생각이 교차하는 게 보였다. 뭐가 씌었는지 모르겠지만 나는 그에게 이렇게 내뱉었다. "기분은 좀 어떠세요?"

그가 내 도전을 정면으로 받아들이며 이렇게 되받아쳤다.

"알고 싶지 않을걸!"

나는 잠시 말문이 막혔지만 애써 할 말을 생각해냈다. "그럴지도 모르죠. 아마 알고 싶지 않을 겁니다. 하지만 누군가 다른 사람에게, 그것도 빨리 말해버리지 않으면 선생님이 미쳐버리고 말 겁니다."

그토록 심각한 병을 앓고 있는 사람에게 그런 대담한 말을 뱉었다는 데 스스로도 놀라서 계속 그의 눈만 쳐다보고 있었다. 그가 무슨 말을 할지 전혀 알 수 없었다. 강렬한 눈빛으로 나를 마주 보던 그가 갑자기 얼굴에 미소를 지으며 말했다. "이봐요, 안 그래도 벌써 미쳐버렸소. 의자 하나 끌고 이쪽으로 와요."

그는 자신이 얼마나 화가 나고 두려운지 고백하기 시작했고 말을 시작하자 더 많은 속내를 털어놓았다. 우리가 이야기를 나눈 결과 그는 의료진에게 협조하기 시작했다. 담당 의사들은 그가 고통을 줄여주는 약물 처방까지 요구했다고 말했다. 그리고 처음에 윌리엄스 씨의 적이었던 나는, 그가 질병에 대한 두려움이나 여러 감정에 대처하기 위한 상담 과정에서 적극적으로 도움을 청하는 사람이 되었다.

감정을 발산할 수 있도록 상대를 유도하라!

윌리엄스 씨를 처음 봤을 때 얼마나 고통스러운지 물어볼 필요도 없었다. 차트 없이도 알 수 있었기 때문이다. 그의 몸 전체에 '고통'이 적혀 있었다. 성난 표정, 딱딱하게 굳은 어깨, 굳게 팔짱 낀 두 팔 등등은 그가 '앞이 캄캄한' 상태라는 것을 말해주었다.

당신이 설득하려는 상대에게서 그와 같은 보디랭귀지를 발견하면 사실이나 논리로 설득하려 애쓰지 말아야 한다. 아무 소용이 없기 때문이다. 상대가 감정을 다 토해내기 전에는 아무런 성과도 거둘 수 없다. 상대에게 감정을 쏟아내게 만들 수는 없다. 하지만 그렇게 '하고 싶게' 만들 수는 있다.

상사가 팔짱을 끼고 천둥이라도 칠 것 같은 표정으로 맞은편 의자에 앉아 당신을 쳐다보고 있다. 상사의 속내를 털어놓도록 하는 가장 좋은 방법은 팔짱을 풀게 만드는 것이다. 진짜 팔짱과 그의 마음속 팔짱 둘 다를 말이다. 이것을 기억하기 바란다. 엉덩이뼈와 허벅지뼈가 연결되어 있듯이 마음속의 팔짱은 몸의 팔짱과 연결되어 있다. 몸의 팔짱을 풀어주면 마음의 팔짱도 풀게 할 수 있다.

우선 상사가 화를 폭발시킬 수 있는 질문을 하라. 심각한 진단을 받은 윌리엄스 씨를 심하다 싶은 말로 자극한 것도 같은 이유다. 분노를 전달하기에 말만으로는 충분치 않기 때문에 결국 과격한 표현을 위해 팔짱을 풀고 휘두르기 시작할 것이다. 사람들이 전화로 대화할 때 팔과 손을 많이 사용하는 것도 같은 이유다.

상사가 팔짱을 풀고 대화를 위해 팔을 사용하기 시작하면 이내 마음의 문도 열릴 것이다. 문제는 문이 처음 열렸을 때는 아직 당신이 들어갈 공간이 없다는 것이다. 그 문을 통해서 당신을 향한 상대의 감정이 쏟아져 나오기도 바쁘기 때문이다. 그러니 이렇게 하라.

첫째, 상사에게 충분히 감정을 표현할 시간을 준다. 누군가가 울화통을 터뜨리고 징징거리거나 불평을 늘어놓는다는 것은 '편도체 납치'를 막아 훨씬 더 파괴적일 수 있는 '투쟁 혹은 도피'의 반응으로 넘어가지 않으려 애쓰고 있다는 증거이다. 그리고 그런 감정 표출에 속도가 붙고 나면 방해받는 것을 싫어한다. 마치 꽉 막힌 고속도로에 갇혀 있다가 화장실을 쓸 기회가 생기면 완전히 일을 다 보기 전에는 멈추고 싶지 않은 것과 같다. 누군가 울분을 터뜨리고 징징거리거나 불평을 늘어놓을 때 최고의 대응책은 중간에 끼어들지 않는 것이다.

둘째, 상사가 말하는 것에 이의를 제기하거나 방어적이 되거나 논쟁을 벌이지 말라.

셋째, 상사가 울분을 터뜨리고 나면 둘 다 지쳐 있을 것이다. 이것을 긴장이 풀린 상태와 혼동하지 말라. 지친 것과 긴장이 풀린 것은 다르다. 지쳐 있을 때는 공허하고 피곤하게 느껴져서 뭔가를 받아들일 만큼 마음이 열려 있지 않다. 이때가 말을 해야 할 순간인 듯싶겠지만 그렇지 않다. 이때 즉시 말을 하는 것은 대부분의 초보자들이 저지르는 실수다. 그때 말을 하기 시작하면 상사는 너무 지친 상태라 마음의 문을 닫아버릴 것이다.

대신, 상사가 당신에게 감정을 쏟아부은 후에 잠시 기다렸다가 그냥 이렇게 말하라. "좀 더 말씀해 주세요." 이 말은 몇 가지 긍정적인 효과를 발휘한다.

첫째, 당신이 상사와 논쟁을 벌일 생각이 없음을 밝히면 상사는 안심한다. 당신이 싸움에 참여하지 않으면 상사도 당신과 싸울 필요가 없다.

둘째, "좀 더 말씀해주세요."는 상사를 괴롭히는 문제가 무엇인지 당신이 주의를 기울여서 잘 들었다는 걸 보여준다. 또한 비난을 받은 당신이 자신에게 복수하려 할지도 모른다는 상사의 편집증적 근심을 덜어준다.

셋째, 상사가 당신에게 감정적으로 대응한 사실을 문제 삼지 않으면 상사는 마침내 속내를 털어놓기 시작할 것이다. 상사가 편안하게 자신의 고통을 털어놓는다면 그의 자세, 얼굴, 심지어 호흡에서조차 그걸 알아차릴 수 있을 것이다.

만약 당신이 상사가 감정을 쏟아내도록 해주고 그의 울분에 공감해 준다면 상사는 안도하고 당신에게 고마움을 느끼며 대개의 경우 보답하고자 할 것이다. 왜? 2장에 나왔던 거울신경세포를 다시 떠올려보라. 당신이 누군가의 어깨에서 무거운 짐을 덜어주면 상대는 대개 당신에게 그에 상응하는 일을 해줌으로써 당신의 행동을 거울처럼 따라 하고 싶어진다.

만약 울분을 표출하는 상대가 부하직원이나 좀 더 편한 대상이라면 이완을 유도함으로써 상대를 도울 수도 있다. 내가 알렉스에게 했듯이 눈을 감고 천천히 코로 숨을 쉬게 하는 방법이다. 몸과 마음 의료 분야의 선구자인 허버트 벤슨Herbert Benson이 '이완반응relaxation response'이라고 명명한 반응을 유도하는 것이다. 이는 명상을 했을 때의 반응과 유사하다. 심박수, 신진대사, 호흡수, 뇌파 등 모든 것이 느려진다. '투쟁 혹은 도피'와 정반대의 반응인 것이다. 이 반응을 통해 사람들은 감정을 발산하고 주변의 조언을 들을 수 있는 상태로 옮겨갈 수 있다. 그러므로 통제가 불가능할 정도로 분노를 폭발시키는 어린이나 십 대를 상대할 때는 이 접근 방식이 유용하다.

하지만 분통을 터뜨리고 속내를 발산할 수 있도록 도와주는 가장 핵심적인 열쇠는 '그냥 내버려두는 것'이다. 대부분의 사람들은 상대가 분노를 폭발할 때 방어적으로 굴거나("왜 저한테만 화를 내시는 겁니까?"), 섣불리 해결책을 제시하려 하거나("그럼 제가 그만두면 될 것 아닙니까!"), 상대의 관심을 다른 데로 옮기려고 하거나("다음번엔 잘할게요. 일단 식사나 하러 가시죠.") 하면서 이 과정을 방해한다. 이런 실수는 절대 저질러선 안 된다. 상처에서 고름을 짜내는 것처럼 고통을 발산하는 상대 역시 감정이 깨끗이 비워지기 전에는 끝이 나지 않는다. 일단 속이 비워지고 나면 당신은 안도와 감사라는 강렬한 감정에 기반을 둔 강력한 연결(공감)로 보상받을 것이고, 당신이 전하고 싶은 메시지를 전달할 수 있을 것이다.

마지막으로 십 대 자녀나 학생들을 대하는 이들을 위한 조언을 하고자 한다. 십 대들의 감정 발산은 가족 모두의 정신 건강과 아이의 탈선을 방지하는 데 필수적이기 때문이다.

사춘기에 접어든 아이는 마치 외계인처럼 보인다. 어떤 의미에서는 정확한 말이다. 십 대 청소년은 성인보다 분노에 대해 훨씬 강렬한 생물학적 반응을 보이며 스트레스 호르몬도 더 많이 분비한다. 신경전달물질인 도파민과 세로토닌 수치도 매우 높아서 훨씬 충동적이다. 청소년의 신경세포는 여전히 분리를 계속하면서 과도한 연결을 잘라내는 중이다. 의사결정 회로 역시 아직 완전히 발달되지 못했다. 결과적으로 청소년은 스트레스를 받다가 쉽게 고통에 빠져버리고 바른 판단을 내리지 못하며, 성숙한 방식으로 감정을 전달하지 못하고 폭발하거나 우울해져 모든 것을 포기하기 쉽다.

성인들은 그런 청소년을 대하는 데 서투르다. 과도하게 억압하거나 과잉보호하거나 지나치게 걱정하거나 당하고도 너무 참기만 하는 식으로 말이다.

입을 꾹 다문 채 감정 표출의 기회를 갖지 못한 십 대들에게 말할 기회를 주는 방법은 어른의 경우와 다르다. 따로 대화 시간을 마련하려고 애쓰지 말고(그러면 아이는 잔소리라고 느끼기 쉽다) 같이 자동차를 탔을 때와 같이 꼼짝없이 둘만 있게 되는 기회를 노려 다음과 같은 질문을 던져보라.

- 나한테 실망감(서운함)을 느꼈던 점은 뭐니?
- 그것 때문에 기분이 많이 상했었니?
- 그런 일을 겪고 나니 어떻게 하고 싶었니?
- 그래서 어떻게 했니?

만약 그때 질문에 대한 아이의 정직한 대답을 들으면 진심을 담아 이렇게 말하라.

"미안하다. 그렇게 기분이 상했는지 몰랐구나."

이런 식으로 아이의 마음을 털어놓게 했을 때 아이의 눈에 안도의 눈물이 어리는 걸 보게 되더라도 놀라지 마라. 그 눈물에 이어 당신은 아이와 오랫동안 나눠보지 못한 적대적이지도 않고 대립적이지도 않은 대화를 하게 될지 모른다. 속을 털어놓음으로써 십 대 청소년이 그 괴상하고 충동적이고 감정 기복이 심한 뇌를 통제할 수 있게 되었기 때문이다. 적어도 축복받은 몇 시간 동안은 말이다.

클래식 음악 따위는 필요 없다. 사나운 야생동물을 진정시키고 싶으면 억눌린 속내를 쏟아내게 하라.

Action Step

감정을 억누르고 있는 사람을 설득하려면 이렇게 질문하라. "혹시 내가 당신을 존중하지 않는다고 느낀 적이 있나요?"("혹시 내가 자네 말을 무시한다고 느낀 적이 있는가?")

그 질문에 상대가 감정적으로 대응할 것임을 대비하라. 상대의 말을 자르고 끼어들거나 방어적이 되지 마라. 상대가 분을 터뜨리고 속내를 쏟아낼 수 있게 하라. 그 순간 부정적인 감정이 떠나면서 남겨놓은 빈자리를 긍정적인 감정이 채울 것이다.

9
어필하고 싶은 모습대로
나를 내보여라!

가장 뛰어난 사람은 '내가 어떤 인물인가'에 대해
아무 환상도 품지 않은 사람이다.
– 버드 브레이Bud Bray

~~~~~~~~

잭은 공정한 사람이다. 회계사인 그는 온화하고 공손하고 차분하며 고객을 위해 IRS(미국 국세청)를 상대할 때조차 아주 침착했다. 그는 놀라울 정도로 철저한 업무 준비성 덕분에 회계사로서 성공을 거두었다.

그런 잭에게 고민이 생겼다. 일이 어느 정도 궤도에 오르고 나자 카리스마가 있고 좀 더 공격적으로 IRS를 상대할 것처럼 보이는 동료에 비해 실적이 떨어졌기 때문이다. 나 역시 그 이유를 잘 알 수 있었다.

"IRS에 대응하기 위해서 회계사를 고용할 때는 무의식적으로 투사 같은 사람을 원하게 됩니다. 자기가 고용한 회계사가 필요하다면 살인도 서슴지 않을 사람이라고 믿고 싶기 때문이죠."

숱한 재능이 있었지만 잭은 킬러 같은 인상을 줄 순 없었다. 그래서 그가 아무리 IRS를 상대로 훌륭하게 문제를 처리할 수 있다고 주장해도 온화한 태도와 말투 때문에 그들에게 확신을 심어주지 못했다. 잭은 자신의 성격을 바꾸기는 힘들 것 같다고 말했다.

"그러실 필요 없습니다." 내가 말했다.

"선생님에게 필요한 것은 다른 사람들이 선생님을 바라보는 인식을 바꿔서 당신이 풍기는 불일치한 이미지를 해결하는 겁니다."

나는 잭에게 잠재 고객을 만났을 때 상대가 망설이는 게 느껴지면 이렇게 덧붙이라고 제안했다.

"저를 선택하시기 전에 알아두셔야 할 게 하나 있습니다. 저는 '킬러'지 '살인자'가 아닙니다."

사람들이 의아해하면 이렇게 덧붙이라고 설명했다.

"회계사를 고용하는 분들은 혹시라도 그가 실수를 해서 IRS에 발목을 잡힐까 두려워합니다. 그래서 IRS와 한판 붙어도 이길 수 있는 강한 회계사를 원하지요. 저는 겉으로 보기에 차분하고 유순해 보여서 '킬러'처럼 보이지 않으실 수도 있습니다. 하지만 그건 오산입니다. 저는 IRS를 압도할 만큼 철저한 준비를 통해서 '소리 없이 죽이는' 타입입니다. 요란하게 재미 삼아 누군가를 위협하는 살인자는 아닙니다."

잭은 내 제안대로 했고 결국 효과를 거두었다. 그는 더 많은 고객을 유치했으며 고객과 처음 대화를 시작할 때 자신감도 훨씬 높아졌다고 했다.

잭이 나를 찾아올 수밖에 없게 만들었던 문제는 바로 부조화였다. 부조화란 내가 남에게 '이렇게 보일 것'이라고 생각하는 것과 실제 다른 사람들이 나를 보는 방식이 다를 때 생겨난다. 잭은 자신이 겸손하지만 유능한 사람이라고 생각했다. 하지만 사실 많은 사람들에게 소심한 사람으로 비쳐졌다. 그가 사람들의 시각을 바로잡기 전에는 말이다.

나는 내가 똑똑하다고 생각하는데 다른 사람들은 교활하다고 생각한다. 나는 스스로를 열성적이라고 생각하는데 다른 사람들은 푼수를 떤다고 생각한다. 그런 부조화의 결과가 바로 '바이 아웃'이다.

부조화는 반대의 경우로도 일어난다. 즉 당신은 누군가를 정확하게 파악했다고 생각하는데 상대는 동의하지 않을 때도 일어난다. 마치 아는 것이 눈곱만큼도 없으면서 "당신 ○○ 출신이죠!"라고 말하는 것만큼 짜증 나는 일이다. 다른 사람의 말을 주의 깊게 듣지 않아서 상대가 전달하려고 하는 내용을 제대로 알아차리지 못했을 때 이런 일이 자주 일어난다.

부조화가 일어나는 순간 상대는 당신에 대해 신뢰의 단추를 채우려던 것을 멈추고 '이 사람 속내가 뭐야?' 하고 의심하기 시작한다. 상대방의 연결(공감)도 방해를 받는다. 당신이 보내고자 하는 정확한 메시지를 보내지 못하고 있기 때문이다. 당신의 자신감이 오만함으로 비쳐진다면, 당신의 걱정이 히스테리로 들린다면, 상대는 당신을 미러링하지 못한다. 그리고 만약 당신이 상대를 잘못 인식하면 그 결과는 둘의 관계에 치명적인 영향을 미친다.

부부 싸움의 가장 흔한 원인이 바로 부조화다. 나를 찾아왔던 30대 부부 로버트와 수전의 예를 들어보자. 이들 부부가 다투는 이유는 주로 프랭크의 퇴근 시간이 늦을 때 수전에게 미리 알려주지 않는다는 것 그리고 수전이 너무 모든 것을 통제하려 한다는 것이었다. 어디서 많이 듣던 얘기 아닌가?

대화를 시작하자마자 수전은 비난을 퍼붓기 시작한다.

"당신은 언제 들어올 건지 나한테 '절대' 전화 한 통 해주지 않아. 배려심이라고는 눈곱만큼도 없다니까."

로버트는 이렇게 응수한다.

"당신은 너무 참견이 심해. 뭐든 자기 마음대로 하려 한다고."

겨우 두 사람을 뜯어말리고 나서 나는 두 사람에게 각자 상대의 말을 어떻게 이해하고 있는지 물었다. 두 사람 다 상대의 말이 이렇게 들린다고 대답했다. '나는 옳고, 당신은 틀려!'

내가 물었다. "정말 두 분 모두 '나는 옳고, 당신은 틀려'라고 말하는 겁니까?"

수전이 나를 보더니 말했다. "아니요, 내 말은 그런 뜻이 아니에요." 로버트도 동의했다.

"그럼 '실제로는' 무슨 말을 하고 있는 겁니까?"

둘 다 이렇게 말했다. "내 말뜻은 이거예요. 내가 '항상' 틀린 건 아니라고요!"

"그러면 두 분 모두 상대를 공격하는 경우보다 상대의 비난으로부터 자신을 방어하는 경우가 훨씬 많다는 뜻이군요."

"당연하죠." 두 사람 모두 동의했다.

"흠, 그러면 한쪽이 상대의 공격을 받고 자신을 보호하려 할 때마다 다른 쪽은 상대가 자신을 공격하고 있다고 느꼈던 거네요."

마침내 이 역학 관계가 얼마나 오랫동안 둘 사이에 영향을 미쳐

왔는지 깨달은 로버트가 웃음을 터뜨렸다. 그가 후회하듯 말했다.

"그래요⋯. 그걸 해결한다고 정신과 의사한테 수백 달러를 갖다 바쳤죠."

부조화의 가장 큰 이유는 사람들이 무력함을 느낄 때 최악의 행동을 한다는 점이다.

가족에게 소리를 지를 때, 상사가 부하직원에게 큰소리를 칠 때, 혹은 고객이 서비스센터 담당자에게 고함을 칠 때, 고함을 치는 사람은 상대가 자신의 말을 잘 받아들이지 않는다고 느낀다. 다시 말해, 고함치는 사람은 자신이 위협을 하거나 겁을 준다고 느끼는 대신 오히려 자신이 무기력하고 보잘것없다는 느낌에 사로잡혀 있다. 이것은 가장 심각한 부조화로 항상 끝이 좋지 않다.

부조화는 누군가를 설득하는 일을 방해하고 다른 사람이 나를 설득하는 것도 방해한다. 수전과 로버트가 깨달았듯이 부조화는 관계를 분열시킬 수 있다. 그리고 겸손한 잭이 깨달았듯이 부조화는 커리어를 교착상태에 빠뜨릴 수도 있다. 그것이 바로 당신 자신의 부조화를 찾아내 고쳐야 하는 이유다.

내 경험에 따르면 부조화를 유별하는 가장 흔한 10가지 잘못된 오판은 다음과 같다.

당신의 생각	당신에 대한 다른 사람들의 인식
• 빈틈없다	• 교활하다
• 자신감 있다	• 오만하다

- 재치 있다
- 활기차다
- 자기주장이 강하다
- 열정적이다
- 강하다
- 세부 사항을 잘 다룬다
- 조용하다
- 예민하다

- 눈치 없다
- 쉽게 흥분한다
- 고집이 세다
- 충동적이다
- 완고하다
- 자잘한 일에 간섭한다
- 소극적이고 우유부단하다
- 애정결핍이다.

그러나 어려운 점은 이것이다. 다른 사람들이 나를 어떻게 생각하는지 어떻게 알 수 있을까?

방법은 간단하지만 좀 껄끄럽다. 당신에 대한 전문가, 즉 친구나 친척에게 물어보는 것이다. 재미도 없을 뿐더러 얼굴도 두꺼워야 한다. 하지만 당신이 가진 부조화의 문제를 정확히 집어내는 가장 빠른 방법은 당신을 잘 알면서도 판단이 믿을 만한 두세 명의 솔직한(직설적인 사람이라면 더욱 좋다) 사람을 골라 당신의 가장 나쁜 특징을 설명해 달라고 요청하는 것이다.

대개 아무리 직설적인 사람이라도 약간 망설일 것이다. 그들의 답을 얻어내기 위해서 이렇게 말하지 않는 것이 좋다.

"내 성격 중에 너를 짜증 나게 하거나 기분 상하게 하는 부분이 있니?"

그들은 "아니, 없어"라고 대답할 것이다.

대신 그들에게 목록을 제시하면서 이렇게 말하라. "내가 사람들을 애먹이는 점 세 가지를 1, 2, 3으로 순서를 정해서 번호를 매겨주면 좋겠어."

아래와 같은 특징들로 목록을 만들면 좋다.

- 오만하다
- 흥분 상태다
- 의존적이다
- 지나치게 고집이 세다
- 충동적이다
- 완고하다
- 자잘한 일에 간섭한다
- 소극적이다
- 우유부단하다
- 요구가 많다
- 적대적이다

- 고루하다
- 지나치게 예민하다
- 교활하다
- 믿을 수 없다
- 과장스럽다
- 무례하다
- 수줍다
- 비관적이다
- 퉁명스럽다
- 과도하게 의기양양하다
- 속이 좁다

세 사람에게 번호를 매겨달라고 요청했을 때 똑같은 항목이 반복되어 선택될 가능성이 있다. 예를 들어 만약 두 사람이 '퉁명스럽다'를 골랐다면 아무리 당신 자신은 그렇게 행동하지 않는다고 확신할지라도 그들을 믿어라. 그들은 아마 이런 식으로 돌려 말할 것이다.

"아, 네가 정말 그렇다는 게 아니고 그게… 너를 퉁명스럽다고 생각하는 사람도 있을 수 있다는 거지. 내 말은 그러니까 내가 그 사람이라는 뜻은 아니야. 하지만 너를 그렇게 보는 사람들도 있을 수 있을 거야."

만일 그렇게 말한다면 속지 마라. 그들은 사실 이렇게 말하고 있는 것이다. "내 생각에는 네가 너무 퉁명스러워." 친구들이 당신에 대해 그렇게 말한다면 아마도 진실일 것이다.

당신이 참아낼 자신만 있다면 그들에게 그 단점에 대해 자세히 설명해 달라고 청하라. 예를 들어 이렇게 물어보라.

"내가 사람들에게 어떻게 퉁명스럽게 굴지?" 혹은 "내가 얼마나 자주 그렇게 행동해?" 혹은 "내가 이렇게 저렇게 말한다면 덜 퉁명스러워 보일까?"

그들과 말다툼을 벌이거나 그들의 대답 때문에 악감정을 품지 마라. 그러지 않으면 목록 중 '속이 좁다'는 항목에도 선택을 받게 될 것이다. 그들의 응답을 유념하고 당신 스스로 자신의 언행을 잘 관찰함으로써 비평가들이 당신의 단점으로 지적한 행동들을 찾아내라. 그걸 '알게'되면 '변화시킬' 수 있다.

그렇게 된다면 사람을 끄는 일이 훨씬 쉬워질 것이다. 부조화는 사람들에게 거북한 느낌을 들게 하고 이렇게 생각하게 만든다. "이 사람은 뭔가 싫고, 믿을 수 없는 구석이 있어."

그리고 사람들에게 저항감을 불러일으킨다. 부조화를 제거하면 그들의 불신도 대부분 사라진다.

부조화를 유발하는 특징을 극복하는 한 가지 좋은 방법은 리더십 코치인 마셜 골드스미스Marshall Goldsmith가 주창한 '피드포워드Feed-forward(실행 전에 결함을 예측하고 행하는 피드백 과정의 제어-옮긴이)'다. 다음과 같이 하면 된다.

첫째, 당신이 가장 바꿔야 할 행동을 선택한다. 예를 들어 '나는 사람들이 방어적이라 생각하지 않도록 비판을 더 잘 수용하는 사람이 되고 싶다'. 누군가(배우자, 친구, 혹은 일면식도 없는 사람)에게 다가가서 앞으로 이 행동을 개선하기 위해 당신이 할 수 있는 일을 두 가지 정도 제안해 달라고 청한다.

더 좋은 방법은 그 사람에게 당신이 상사나 부하직원이나 친구, 혹은 특정인과 맺고 있는 관계에 있어서 특정한 부분을 개선하고 싶다고 말하는 것이다. 그 사람의 관점에서 둘 사이의 관계를 개선하기 위해 내가 어떤 행동을 어떻게 바꾸면 좋겠는지 특별한 제안을 해달라고 말하는 것이다.

만약 상대가 당신을 잘 아는 사람이라면 당신이 과거에 잘못한 것에 대해 말하지 말고 '지금 시점부터 앞으로 어떻게 더 잘할 수 있을지'에 관해 말해달라고 청하라. 상대의 말을 잘 듣고 오직 한 마디만 하라. "고맙습니다."

다른 사람과도 같은 과정을 반복하라.

이 접근 방식이 탁월한 이유는 대부분의 사람들이 과거의 잘못을 비판하는 데는 주저하지만 미래의 성공을 위한 멋진 제안을 하는 데는 훨씬 더 개방적이라는 점에 있다. 골드스미스의 말처럼 "과거는 바꿀 수 없지만 미래는 바꿀 수 있기에 효과적이다."

이 피드포워드 과정을 더 상세히 알고 싶다면 골드스미스의 책 《일 잘하는 당신이 성공을 못하는 20가지 비밀What Got You Here Won't Get You There》을 읽기 바란다. 나는 함부로 책을 추천하는 사람은 아니지만 이 책은 관리자라면 꼭 읽어야 할 책이다. 관리자가 아닌 보통 사람에게도 추천하고 싶다. 이 책에서 골드스미스는 성공을 방해하는 20가지 행동을 제시하고 피드포워드와 다른 기술을 이용해 각각의 행동을 해결하는 방법을 알려준다.

기업 내 부조화는 극단적으로 위험하다!

만약 회사가 직원들에게 특정한 메시지를 보낸다고 생각하는데 직원들은 전혀 다르게 이해한다면 이 역시 부조화의 덫에 빠질 수 있다. 자기 회사가 '일하기 좋은 곳'이라고 생각하는 CEO는 직원들이 회사를 숨 막히고, 보람 없고, 삭막하고, 끔찍한 곳으로 생각한다고 말하면 경악한다. 회사에서 부조화가 더 극단적인 파괴력을 갖는 이유는 그것이 잘린 피드백 루프를 가졌기 때문이다. 부조화를 수정해 줄 피드백이 없으므로 시간이 갈수록 점점 더 악화되는 것이다. 직원들의 솔직한 피드백을 들은 CEO는 대개 호전적이 되어서는 '직원들은 불평꾼들'이라고 결론짓고 문제를 더욱 심각하게 만드는 징벌적인 변화를 시행한다. 결과적으로 직원들은 더욱더 화가 나서 원한을 품게 된다. 이 상황을 바로잡지 않으면 CEO는 '직원들에게 동기부여는커녕 최소한의 인센티브'를 마지못해 제공하고 직원들은 '그냥 자리나 보존하려고 최소한의 일만 하게 되는' 최악의 시나리오로 연결된다. 결국 회사가 망할 수도 있다.

그동안 이런 시나리오를 자주 목격해 온 나는 문제를 해결하기 위해 소위 'PEP Passion, Enthusiasm, Pride CEO의 도전'이라는 방법을 고안했다. 이 방법은 기업 경영자들을 위한 것이지만 약간만 조정하면 더 작은 단체 혹은 가족 내의 부조화를 진단하고 바로잡는 데도 사용할 수 있다.

나는 한 아동 서적 출판사 CEO인 마누엘과 함께 이 프로그램을 실행해 보았다. 그는 회사를 훌륭하게 운영하고 있었지만, 여전히 발전의 여지는 많았다. 나는 마누엘에게 전 직원한테 다음과 같은 이메일을 보내라고 제안했다.

1. 우리 회사를 더욱 발전시키기 위해 당신의 도움이 필요합니다. 당신이 하는 모든 말은 철저히 익명이 보장됩니다.

2. 당신이 업계 행사에 참석했다가 우연히 누군가가 "우리 회사는 열정Passion과 의욕Enthusiasm, 자긍심Pride 측면에서 모두 만점이야" 라고 하는 걸 들었다고 합시다. 만약 당신이 그만큼 점수를 주기가 힘들다면 어떤 느낌일까요? 제 경우라면 그 사람이 부럽고 우리 회사에 불만을 느꼈을 것 같습니다.

3. 만약 당신의 회사와 업무에 대해 '열정', '의욕', '자긍심' 세 항목에 1~10까지 평점을 매기라고 하면 어떤 점수를 주시겠습니까?

4. 세 항목 모두에 10점보다 못한 점수를 췄다면 점수를 높이기 위해 무엇이 어떻게 바뀌어야 할까요? 익명으로 응답하시고 당신이 불만을 품고 있는 사람을 지적하는 기회로 사용하지는 말아 주십시오.

5. 여러분의 응답을 모두 취합하여 가장 공통적으로 변화되어야 한다고 나온 제안을 선택한 후 그 제안과 그에 대한 해결책, 그리고 실행을 위한 스케줄을 알려드리겠습니다.

이 회사를 우리 모두가 정열과 의욕, 자긍심을 느낄 수 있는 곳으로 만들기 위한 노력에 큰 도움을 주신 여러분께 감사드립니다.

나는 마누엘에게 'PEP CEO의 도전'은 단순해 보이지만 회사의 미래를 바꿀 수 있는 깊이 있는 진실을 드러낸다고 설명했다. 그 근거는 다음과 같다.

- **열정 Passion**: 회사의 '비전'과 관련이 있다. 직원들은 자신들이 고객에게 뭔가 색다른 것을 제공하고 그들을 미소 짓게 만드는 중요한 일을 하고 있다고 믿고 싶어 한다.
- **의욕 Enthusiasm**: 회사의 '실행'과 관련이 있다. 위대한 비전이 있어도 경영자가 그것을 제대로 실행하지 못하고 있다면 직원들은 의욕을 잃고 잘할 수 있는 일도 제대로 수행하지 못한다.
- **자긍심 Pride**: '비전'과도 관련이 있고, '윤리'와도 연관이 있다. 회사가 부정직한 일을 하는데도 자랑스러워할 직원은 없다. 자긍심은 뭔가 의미 있는 일을 하는 것과도 관련이 있다. 사람은 나이가 들수록 자신이 살아온 것보다 더 나은 세상을 만드는 일을 중요하게 여기기 때문이다.

마누엘은 나의 제안에 따라 자신의 회사에서 이를 시행했다.
직원들은 자격이 있는 직원에게는 더욱 적절한 보상을 해주고 사내에서 정치적으로 행동하는 사람들에 대해서는 보상을 줄여달라는 설문 응답을 보내왔다. 또한 소문과 모함을 줄이고 더욱 협력하기를 원했다. 회사 제품에 관해서는 경쟁적이고 자기 이익만 추구하는 이 세상에서 부모가 자녀에게 어떻게 성공적이고 행복한 삶을 살 수 있을지를 가르치는 데 도움이 되는 책을 만들겠다는 기업 이념을 더욱 잘 이행하기를 원했다.

마누엘은 이 모든 건의 사항을 반영하는 데 전념했다. 보상이 있었다. 이듬해 회사의 성과와 이익이 모두 40% 증가했다. 특히 그는 모함하는 사람과 사내에서 정치적인 행동을 하는 사람에 대한 제안도 마음에 새겼다가 부정적인 인물들을 색출하여 근절시켰다. 더욱 중요한 것은 CEO 자신의 열정과 의욕, 자긍심이 두 배가 되었다는 점이다.

당신은 동일한 방법을 사용하여 당신의 직원, 팀원, 임원, 고객, 협력 업체 등에게 당신의 서비스, 제품, 회사, 그리고 '당신'에 대해 얼마나 열정과 의욕, 자긍심을 느끼는지 1~10까지의 숫자로 표현해 달라고 요청할 수 있다. 문항을 약간 변경하여 가족이나 공동체 집단에 대해 얼마나 자랑스럽고, 의욕적이며, 열정적인 느낌을 갖고 있는지 물어볼 수도 있다. 그 대답은 늘 당신이 듣고 싶은 대답이 아닐 수도 있다. 하지만 확신컨대, 당신이 반드시 알아야 하는 것이다.

부조화를 피할 수 없을 땐 선수를 쳐라!

지금까지는 당신이 막을 수 있는 종류의 부조화에 대해 설명했다. 하지만 부조화가 전부 당신 잘못으로 생긴 것도 아니고 모든 부조화를 피할 수도 없다. 만약 당신이 해외여행을 하거나 다양한 문화권의 사람들과 일하거나 생활한다면 결국 다른 사람의 감정을 상하게 하는 말이나 행동을 하게 될 것이다. 아무리 그러지 않으려고 최선을 다한다 해도 말이다.

이것은 피할 수 없는 부조화다. 당신이 특정 언어에 유창하지 않다면 그 언어로 말하려 애쓰는 동안 수도 없이 당황스러운 실수를 저지를 수 있다. 당신이 당신 문화권에서 'OK'로 통용되는 손짓을 했는데도 다른 문화권에서는 매우 다른 혹은 매우 나쁜 뭔가를 의미할 수 있다. 예의 바르게 행동했는데도 다른 문화권에서는 불손하게 보일 수도 있다. 비즈니스 거래나 인간관계가 눈을 너무 오래 (혹은 너무 짧게) 맞추거나 왼손으로 빵을 집어드는 행위처럼 단순한 일 때문에 침몰할 수 있다.

다행히 이 문제를 피하는 방법은 간단하다. 예의 바르고 공손하게 자신이 서투르다는 것을 미리 밝히는 것은 어느 문화권에서나 효과가 있다.

이런 식의 겸손함은 대부분의 사람을 무장해제시킨다. 또한 부조화가 일어나기도 전에 미리 지워준다. 여행을 하거나 다른 문화권과의 비즈니스 회의에 참석한다면 부조화를 지우기 위한 '선제 겸손'의 기술을 기억하라.

> **워렌 베니스의 말을 바꿔 말하면 이렇다. "당신이 정말로 상대의 배경을 이해하고, 당신이 자신을 이해하고 있음을**

상대가 알게 되면 당신이 원하는 쪽으로 상대를 데려갈 확률이 높아진다."

Action Step

논쟁에 말려들기 시작할 때, 특히 끊임없이 재발하는 고질적이고 지긋지긋한 논쟁이 발생하면 잠시 멈추고 상대에게 이렇게 말하라.

"지금 나는 당신이 나를 공격한다고 느끼고 있습니다. 당신도 내가 당신을 공격한다고 느끼고 있을 겁니다. 지금 우리 둘 다 자신을 방어하는 데 급급한 것 같네요. 그러니까 내가 당신에게 상처 줄 생각이 전혀 없다는 걸 알아주시면 좋겠습니다. 나도 당신이 나에게 상처 주려고 이러는 게 아니라는 걸 알고 있습니다. 우리가 그 점에 동의한다면 분명 이 문제를 함께 풀 수 있을 겁니다."

이렇게 하면 서로의 부조화(저 인간은 멍청이야)를 상호 간의 존중(이 사람은 진심으로 우리 문제를 해결하고 싶어 하는구나)으로 바꿀 수 있게 될 것이다.

10
약점을 일부러
더 확실하게 내보여라!

약점을 밝히는 걸 두려워하지 말라.
약점은 당신을 나약하게 만드는 것이 아니라
다가갈 만한 사람으로 만들어준다.
약점이 힘이 될 수도 있음을 깨달아라.
– 키이스 페라지Keith Ferrazzi, 《혼자 밥 먹지 마라》 저자

~~~~~~~~~

다른 사람의 머릿속으로 들어가는 것은 당연히 힘들다. 내담자가 처음 내 앞에 앉으면 나는 그들이 무엇 때문에 어떤 행동을 하는지 전혀 실마리를 찾을 수 없다. 처음 만난 순간에는 내가 그들에게 그렇게 느끼듯 그들도 나에게 미스터리다.

하지만 비제이는 그렇지 않았다. 그는 나의 사무실로 찾아온 게 아니었다. 사실 그는 지구 반대편 인도에 있었다. 앞으로도 그를 만날 일은 없을 것이다. 그는 나의 블로그를 읽고 인터넷에서 이메일 주소를 찾아 나에게 무턱대고 이메일을 보내왔다.

하지만 상관없었다. 그의 이메일을 읽는 순간 나는 그가 어떤 느낌인지 알아챘다. 30년 전 나도 바로 그와 똑같은 입장이었고, 그만큼이나 두려움을 느꼈기 때문이다. 그리고 그와 마찬가지로 나도 어찌 해야 좋을지 몰랐었다.

비제이가 나에게 보낸 이메일은 이런 내용이었다.

나는 아예 태어나지 않는 편이 나았을 것 같아요. 아침에 일어날 때마다 차라리 잠에서 깨어나지 않는 편이 낫겠다는 생각이 들어요. 죽는 건 너무 두렵기 때문에 무슨 일이 있어도 절대 자살을 하지는 말자고 스스로에게 맹세했어요. 아직 아무것도 이룬 게 없는데 지금 죽으면 이렇게라도 살아 있는 것보다 더 허무할 거예요.

또 우리 가족에게 무거운 짐을 지우고 싶지도 않아요. 가족들이 그렇게 끔찍한 슬픔을 겪게 하기도 싫고 더욱이 부모님이 그동안 누나와 나를 위해 해온 그 모든 힘든 일이 끔찍한 실패로 돌아갔다는 생각을 하시게 하고 싶지 않아요.

부모님은 견디기 힘드실 거예요…. 하지만 정말 살고 싶지 않아요. 선생님, 이 모든 생각이 시작된 건 5월 15일에 시작되는 시험 때문인 것 같아요. 부모님을 기쁘게 해드리기 위해 높은 점수를 받아야 한다는 부담감이 너무 커요. 아버지는 항상 제가 첫 시험 두 과목을 못 봤기 때문에 나머지 세 과목을 꼭 잘 봐야 한다고 말씀하세요. 만약 제가 A가 아니라 B를 받으면 부모님께서 저를 더 이상 사랑하지 않으실 것 같아요.

고울스톤 박사님, 제발 제게 답장해 주세요. 도무지 차분하게 제 고민을 얘기할 사람이 없어서 너무 괴로워요. 제발 부탁드릴게요, 박사님.

학교에서 B 학점을 받을지도 모른다는 비제이의 두려움을 없애기 위한 방법을 나는 잘 알고 있었다. 수십 명의 아이들이 그런 작은 위기를 극복하기 못하고 자살을 선택한다. 그리고 인도처럼 학업적인 성취를 매우 진지하게 받아들이는 문화권에서는 더욱 위험하다.

그래서 즉시 답장을 썼다. 나는 비제이에게 그렇게 끔찍한 느낌을 받고 있다니 정말 유감이라고 했다. 그가 얼마나 외로울지 잘 알고 있는 나는 내 이야기를 해주었다.

의대 신입생 시절, 나도 도저히 더 이상은 버틸 수 없는 지경에 도달한 적이 있었다. 시험은 간신히 통과하고 있었지만 마음이 닫혀버렸기 때문에 뭔가 배우고 있다는 느낌이 들지 않았다. 머릿속에 잘 저장되기를 바라며 밑져야 본전이라는 생각으로 책 전체에 밑줄을 그어놓기도 했다. 하지만 미래의 어느 순간 내가 뭘 하는지도 모르는 채 환자를 마주하게 될지도 모른다는 생각이 떠오르면 공포가 밀려왔다.

그래서 아버지께 의대를 중퇴하겠다고 말하러 갔다. 비제이 아버지처럼 우리 아버지도 감정적인 문제에 대한 이해가 부족하고 그런 건 다 핑계에 불과하다고 생각하는 분이셨다. 내 결정을 말씀드리자 아버지는 한심하다는 듯이 쳐다보며 말씀하셨다.

"성적이 나빠서 낙제할 것 같은 거냐?"

"아니요. 성적은 통과할 만큼 나오고 있어요. 하지만 공부한 게 전혀 머릿속에 남지 않는 것 같아요."

우리는 논쟁을 시작했고 몇 분 후 나는 포기한 채 고개를 푹 숙이고 있었다.

아버지는 계속 나에게 과외를 받는 등 학업을 계속할 수 있도록 뭐든 해봐야 한다고 말씀하셨다. 그러고 나서 이런 말로 마무리했다.

"자, 이제 너도 동의한 거다. 과외를 좀 받고 학교에 계속 다니도록 해라."

나는 생각했다. '학교로 돌아갈 순 없어. 돌아가면 뭔가 안 좋은 일이 벌어질 거야. 미쳐버리거나 다 끝장내고 싶어질까 두려워.'

그래서 나는 그냥 고개를 들고 아버지의 두 눈을 똑바로 쳐다보고 진심으로 말했다.

"아버지가 이해를 못하신 것 같아요. '저는 두려워요.'"

그것이 내가 알 수 있는 유일한 나의 상태였다. 내가 두려워할 권리가 과연 있는지, 내가 뭘 두려워하고 있는지도 잘 몰랐다. 다만 학교로 돌아가면 안 좋은 일이 일어날 것만 같았다.

그 말을 하고 나서 나는 울기 시작했다. 내 눈물은 변명을 위한 것도 아니었고 스스로가 불쌍해서 나오는 것도 아니었다. 그 눈물은 나의 두려움 그리고 마음을 털어놓고 부담을 덜고 싶다는 묵은 욕망과 연관되어 있었다.

매우 논리적이고 목표지향적인 아버지의 거친 외면 밑에 아들을 진심으로 염려하는 아버지가 있었다는 것은 나에게 큰 행운이었다. 나는 아버지가 이렇게 말할 거라 생각했다.

'약해빠진 녀석, 꺼져버려.'

그런 말을 들었다면 나는 그야말로 돌아버렸을 것이다. 하지만 그 대신 아버지는 주먹을 꽉 쥐고 화를 삭이더니 이렇게 말했다.

"네가 할 일을 해라. 네 엄마랑 나는 최대한 너를 도와주마."

그것은 내가 살면서 경험한 가장 강렬한 순간이었고, 내 인생이 가장 낮은 바닥을 쳤을 때 일어났던 사건이었다. 그리고 모든 것을 변화시켰다. 내가 온전히 정직했고 내 가장 깊은 두려움과 수치심을 진실하게 대면했기 때문에 가능한 일이었다. 그래서 나는 비제이에게 나처럼 하라고 알려주었다.

당신이 약점을 보이면 상대도 그렇게 하리라!

대부분의 젊은이(특히 남자)가 그렇듯이 나도 한때는 존중을 받으려면 절대 나약함을 보여서는 안된다고 믿었다. 특히 아버지에게는 더더욱 말이다. 대신 허세를 부리면서라도 실수를 덮고 두려움을 감춰야 한다고 생각했다. 하지만 그 인상적인 경험을 통해 나는 몇 가지를 깨달았다.

첫째, 내가 실수를 정직하게 인정한다면 사람들은 나를 용서하고 심지어 도와주려고 할 것이다.

둘째, 사람들을 실망시키고 화나게 만드는 것은 내가 진실을 말하는 것 때문이 아니라 진실을 말하지 않으려고 위장하는 행동 때문이다.

나는 또한 일이 엉망이 되기 '전'에 도움을 청하는 것이 훨씬 낫다는 걸 배웠다. 일이 엉망이 될 때까지 기다렸다가 도움을 청하면 다른 사람들은 그것이 벌을 피하려는 행동이라고 생각하기 쉽다.

그렇지만 최악의 경우 일을 망친 '후'에라도 도움을 청하는 편이 훨씬 낫다.

당신이 나약하다는 것을 고백하는 것은 때로 강력한 효과를 발휘한다. 경솔한 판단이나 최악의 의사결정으로 이어질 수 있는 편도체 납치를 막아준다. 또한 화를 폭발시키기보다는 속내를 털어놓을 수 있게 해준다. 그 반대로 행하면, 즉 당신의 세상이 무너져 내리고 있는데도 괜찮은 척한다면 치명적인 결과를 초래할 수 있다.

아울러 '나약함을 인정'하는 것은 자신의 긴장을 푸는 것뿐 아니라 타인을 설득하는 데도 유용하다. 왜 그런지 살펴보기 위해 거울신경세포 이야기로 돌아가보자. 2장에 나왔던 뇌세포, 즉 우리에게 다른 사람의 감정을 공감하도록 만들어주는 그 세포 말이다.

당신이 두려움이나 고통, 수치심을 느끼면서도 다른 사람의 존경을 잃을까봐 두려워 은폐 모드를 고수한다면 다음과 같은 일이 벌어진다.

- 당신의 거울신경세포 수용체 결핍이 다른 사람에게까지 확대된다. 당신이 이해받지 못한다고 느끼는 것은 당신이 '이해받을 수 없기 때문'이다. 아무도 당신에게 무슨 일이 일어나는지 눈치 챌 수 없으니 말이다. 결국 당신 책임이고 스스로 자초한 상처다.
- 당신이 그 존경을 잃을까봐 걱정하는 상대(부모, 상사, 자녀, 동료)가 당신의 고통을 미러링하고 이해할 수 없게 된다. 대신 상대는 '고통을 감추려고 취하는 당신의 태도'를 거울처럼 반영하게 된다. 만약 당신이 두려움을 감추려고 분노를 내보인다면 당

신도 그 보답으로 분노를 돌려받을 것이다. 만약 당신이 무력함을 감추기 위해 '너나 잘해'라고 응수한다면 상대도 '좋아, 너도 알아서 해봐'라고 대응할 것이다.

하지만 당신이 약점을 그대로 드러내면, 즉 용기를 내서 '나는 두려워' 혹은 '나는 외로워' 혹은 '이걸 어떻게 해결해야 할지 모르겠어'라고 말한다면 다른 사람은 즉시 당신의 진실한 감정을 반영할 것이다. 그것은 생물학적 본능이라 아무도 피할 수 없다. 상대는 당신이 얼마나 힘든지 느낄 것이고 심지어 같은 고통을 느낄 것이다. 결국 그 사람은 당신의 고통(이제는 자신도 공감한 고통)이 멈추기를 원할 것이다. 그것은 돕고 싶은 열정으로 이어진다. 이렇듯 돕고 싶은 열정은 문제 해결로 이어진다.

흥미롭게도 당신에게 별로 호감을 갖지 않은 사람에게 당신의 약점을 드러내도 비슷한 효과가 나타난다. 내가 가장 자주 의뢰받는 일 중 하나가 바로 얼간이를 처리해 달라는 것이다. 대개 그 얼간이들은 대단한 능력과 지독한 결점을 함께 가진 회사 경영자들이다. 이런 사람들은 대개 무례하고 오만한 바보들로, 훌륭한 직원들을 떼로 떠나가게 만들고 아무도 제 기능을 발휘할 수 없는 해로운 환경을 만들어낸다. 그들은 수개월 혹은 수년을 참모들을 괴롭히며 보낸다. 그 사람들을 작고 나약하고 수치스럽고 보잘것없고 하찮고 겁먹은 존재라고 느끼게 만든다. 그동안 당하고 지내온 불쌍한 사람들이 나에게 바라는 바는 오직 하나다. 복수!

하지만 그때 놀라운 일이 벌어진다. 일단 내가 문제 있는 경영자에게 그의 결점을 제시하면서 그 문제의 해결에 회사의 미래가 달려 있다고 말해주면 그는 수긍하고 묻는다. "어떻게요?" 그럼 나는 첫 번째 조언을 한다. 당신의 약점을 드러내라. 함께 일하는 사람들에게 당신도 스스로가 바보라는 걸 알고 있다고 말하라. 그리고 변하기 위해 최선을 다하겠다고 말하라. 그렇게 모든 것을 펼쳐보이고 그들이 공감해 주기를 바라라.

그러면 놀랍게도 대부분의 사람들이 공감을 한다. 그 얼간이 때문에 그동안 겪은 모든 괴로움에도 불구하고 그들은 용서한다. 더 나아가 변화된 얼간이를 응원하기까지 한다. 결국 이런 대부분의 '한때의' 얼간이들은 다시 한번 기회를 얻고, 그중 몇몇은 전에 상처를 주었던 사람들과 좋은 친구가 되기까지 한다.

당신의 약점을 밝히면 전혀 낯선 사람조차 친구가 될 수 있을 정도의 강력한 유대감이 즉시 형성되기도 한다. 나의 동료 키이스 페라지는 사람들의 경계심을 풀고 인간적인 면을 공유하게 만들기 위한 훈련으로 '약점 드러내기'를 활용한다.

나는 최근에 용감하게 '약점 드러내기'를 시도한 사람들의 감동적인 이야기를 많이 들었습니다. 예를 들어, 한 젊은이는 6개월간 영업 사원으로 일했지만 할당량을 채우지 못하고 있었습니다. 결국 수당은 심각하게 줄어들었고 수입이 너무 줄어들어 집을 팔고 작은 집에 세를 얻어야 할 지경이 되었습니다. 그는 아내와 아이들까지 딸린 가장이었습니다.

또 다른 젊은이는 자폐아인 자기 아이를 이 세상 누구보다 사랑한다고 말했습니다. 아이가 회복되기를 바라지만 현실에선 그럴 기미가 보이지 않았고, 그런 아이가 있다는 것을 감춘 채 일과 생활을 조화시키는 게 점점 더 버거워졌습니다.

많은 사람들은 너무 두려워서 그런 이야기를 털어놓지 못합니다. 하지만 만약 당신이 용감하게 당신의 약한 부분을 타인과 공유하면 두 가지 기적이 일어납니다.

첫째, 상대방도 인생에서 그와 매우 비슷한 문제를 가지고 있다는 것이 대화 과정에서 드러납니다.

둘째, 그들은 당신에게 감정이입이 되어 즉시 당신을 돕고 싶어집니다. 그들은 친밀하게 조언을 하거나 공감을 하며 귀를 기울여 줍니다. 당신은 즉시 새 친구와 보다 친밀한 관계를 발전시키게 됩니다. 아마도 옛 친구들보다 더욱 친밀한 사이가 될 것입니다.

만약 이미 당신을 깊이 사랑하는 누군가에게 약점을 드러낸다면 더 많은 지원과 공감을 얻을 수 있을 것이다. 특히 부모라면 평소에 아무리 퉁명스럽고 까다로운 분들이었다 해도 본능적으로 당신을 사랑하게 되어 있다. 그들에게 당신의 상처를 드러내면 거기다 소금을 끼얹을 사람은 없다. 대신 그들은 상처를 치료할 방법을 찾도록 도와줄 것이다.

이제 다시 비제이에게 돌아가자. 나의 답장을 읽고 그는 아버지에게 가서 시험에 실패해 가족을 실망시킬지도 모른다는 게 두렵다고 털어놓았다. 놀랍게도 그의 아버지는 '너에게 실망했다'고 말하지 않았다. 비제이를 나무라지도 않았고, 비제이가 걱정했던 행동을 전혀 하지 않았다. 대신 이해해 주었다. 그리고 아버지 자신도 '참을성이 부족해 아들의 말을 차분하게 들어주지 못한다'고 자신의 약점을 드러냈다. 그들은 함께 문제에 대해 이야기를 나누고 해결책을 찾아냈다. 비제이의 아버지는 좀 더 참으려고 노력할 것이다. 비제이는 아버지의 화를 실제보다 과장하여 두려워하지 않을 것이다. 그리고 비제이의 시험 결과가 어떻게 나오든 둘 다 괜찮을 것이다.

아버지와 이야기를 나누고 나서 비제이는 나에게 다시 이메일을 보내왔다.

'두려워해도 괜찮다는 걸 몰랐어요. 제가 실수를 하면 아버지나 다른 사람이 나를 받아들여주지 않을까봐 겁을 먹었죠.'

약함을 인정하는 것은 '나약함'이 아니라, 오히려 '강함'이다.

궁지에 몰려 공격적으로 변하려 할 때 내면으로 더 깊이 들어가 자신이 느끼는 공포를 깨닫고 그 나약함을 표현하라.

Action Step

두려움이나 고통이 느껴지면 아무렇지 않은 척하지 마라. 대신 당신의 감정을 숨기고 싶은 누군가를 일부러 찾아가 진실을 말하라.

누군가가 두려움이나 고통을 느끼는 것 같으면 그것에 대해 털어놓도록 상대를 격려하라. 그리고 그 사람이 용감하게 약함을 고백한 데 대해 존경한다고 알려주라.

11
해로운 사람을 바꾸려고
노력하지 마라!

해로운 사람은 당신의 자존감과 존엄성을 빼앗고
당신이라는 존재의 본질을 오염시킨다.
— 릴리안 글래스Lilian Glass, 심리학자

～～～～～

나는 사람들과 관계 맺기를 좋아하고 그걸 위해 노력을 아끼지
않는다. 새로 만나는 사람들이 내 인생을 풍요롭게 만들어주어 매
우 감사하게 생각한다. 하지만 때로는 특정한 사람을 사귄 것이 실
수인 경우도 있다. 나는 그 교훈을 혼자서 힘겹게 배워야 했다.

4년 전 나는 목숨이 경각에 달린 긴급한 수술을 받았다. 회복 기
간 동안 나는 내 인생의 스트레스 요인에 대해 진지하게 생각해볼
기회를 가졌다. 할 수 있는데도 건강하지 못한 삶을 살고, 인생을 즐
기지 못하게 하는 스트레스 요인 말이다. 정신과 의사가 이런 말을
하면 이상하게 들리겠지만 스트레스 요인 목록 제일 위에 자리한
것은 바로 '사람'이었다.

하지만 그냥 사람이 아니다. 내 인생 최고의 스트레스 요인은 '해
로운 사람'이었다. 해로운 사람이란 쉽게 화내고, 즐겁게 해주기 어

렵고, 끊임없이 나를 실망시키고, 도무지 협조를 하거나 공정하게 굴려고 하지 않고, 항상 핑계를 대고 남을 비난하는 사람을 의미한다.

그때 병원 침대에 누워 앞으로는 그런 사람들을 내 인생에서 몰아내겠다고 결심했다. 나는 그 약속을 지켰고, 결과적으로 인생의 모든 영역에서 보다 건강하고 행복하고 성공적인 삶을 살게 되었다. 그러니 한편으로는 사람을 끌어당기고 설득하는 기술을 배우면서 다른 한편으로는 정말 해가 되는 사람을 끊어내는 연습도 하길 바란다.

이 책의 내용은 당신의 인생을 보다 낫게 만들어줄 사람들과 '관계를 맺는 법'이다. 그렇지만 살다 보면 당신의 인생을 더 낫게 만들고 싶어 하지 않는 사람들도 있다. 그들은 실제로 당신 인생을 망가뜨리고 싶어 한다. 당신에게서 단물만 다 빨아먹고, 당신을 쥐락펴락하며 못살게 굴고, 자신의 잘못을 덮어씌워 속죄양으로 삼으려고 한다. 그러므로 건강하게 잘 살기 위해서는 이런 사람들이 당신에게 상처를 입히도록 내버려둬선 안 된다.

그러려면 세 가지 방법이 있다.

첫째, 그 사람들과 맞짱을 떠라.

둘째, 그들을 무력화시켜라.

셋째, 절대 당신을 따라오지 못하도록 멀리 피하라.

당신은 이런 생각을 하고 있을지 모른다. '말이 쉽지, 실행은 어렵다고.' 때로는 그 사람에게 의존하고 있거나 너무 관계가 깊이 얽혀 있어 내가 '골칫덩이 제거술'이라고 부르는 시술을 하기가 어려운 경우도 있다. 하지만 고통스럽더라도 그런 사람을 잘 다루는 것이 당신의 성공과 정신 건강에 필수적인 요소다. 그런 사람들을 판별하는 방법과 그들이 뿜어내는 독성으로부터 스스로를 보호하는 방법을 알아보자.

해로운 사람1 : 의존적이고 칭얼대는 사람

당신에게 어느 정도 의존적인 사람은 큰 문제가 아니다. 하지만 당신이 골병이 들 정도로 당신에게 철저하게 의존하는 사람이 있다면 그런 사람을 주의해야 한다.

병적으로 의존하는 사람은 당신을 감정적으로든 금전적으로든 완전히 고갈시킬 수 있다. 이들은 이런 메시지를 보낸다. "당신이 내모든 문제를 해결해 줘야 해", "당신 없이는 아무것도 못 해", "내가 행복해지도록 책임져", "당신이 떠나면 나는 죽어버릴 거야"…

그저 도움을 원하는 사람, 즉 필요할 때 도움을 요청하고 도움을 받고서는 감사를 표하는 사람과는 달리, 전적으로 의존하는 사람은 끊임없이 관심과 도움을 요구하고, 그걸 얻기 위해 감정적으로 협박하고, 당신을 계속 붙잡아두려는 목적으로 감사를 위장한다.

끊임없이 의존하는 사람은 당신의 생명을 갉아먹는다. 당신이 아무리 잘해줘도 결코 그들을 만족시킬 수 없기 때문이다. 그들은 이따금 지원을 청하는 수준을 넘어서 당신이 무너질 때까지 당신에게 기댄다. 그리고 일단 당신을 손에 넣으면 거의 절대로 떠나는 법이 없다. 떼어내려고 하면 더 찰싹 달라붙을 것이다. 도대체 왜 그럴까?

의존하는 사람은 스스로 결정을 내리거나 문제를 처리하려 하지 않는다. 그들은 당신이 몇 시간이고 자신의 손을 잡고 자신의 인생 문제를 자세히 돌봐주길 바란다. 하나를 해결해 줘도 또 다음 문제를 들고 와서 하염없이 칭얼댄다. 그들을 끌어내려 할수록 당신 역시 사막의 유사 속으로 더욱더 깊이 빠져들 뿐이다.

그렇게 전적으로 의존적인 사람과 많은 시간을 보내면 당신도 스스로가 우울하고 무능력하게 느껴질 것이다. 당신이 지쳐 나가떨어질 때까지 애를 써도 보답으로 듣는 말이라곤 이것뿐이다. "나는 아직 엉망이야. 아직 슬퍼. 너는 실패했어. 나를 구해주겠다고 약속해놓고 못하고 있잖아." 이것이 바로 2장에서 언급했던 '거울신경세포 수용체 결핍'의 전형적인 특징이다.

병적으로 의존적인 사람을 어떻게 판별할 수 있을까? 당신이 그런 사람과 얽혀 있다고 의심된다면, 문제의 인물이 다음 항목에서 어디에 해당하는지 1~3까지 점수를 매겨보라.

1 = 전혀 그렇지 않다   2 = 가끔 그렇다   3 = 거의 항상 그렇다

- **징징댄다.**
- **불평을 달고 산다.**
- **자기가 희생자라고 생각한다.**
- **불쌍하다는 말을 듣고 싶어 한다.**
- **동정받고 싶어 한다.**
- **자기 마음대로 안 되면 울거나 상처받은 듯 행동한다.**

- 당신이 죄의식을 품도록 만든다.

- 요구사항을 절대 만족시킬 수 없는 밑 빠진 독 같다.

- 그 사람을 피하고 싶다.

- 그 사람에게서 온 문자나 이메일을 보면 위가 굳어진다.

- 그 사람에게 '좀 강해져라'라고 소리치고 싶다.

- 그 사람을 피하고 나면 죄의식이 느껴진다.

12 → 괜찮은 상태: 당신 인생에 계속 있어도 좋은 사람

13~24 → 별로인 상태: 이 관계에 계속 공을 들일 가치가 있을까?

25~36 → 심각한 상태: 당신의 단물을 다 빼먹기 전에 떠나야 할 사람

만약 당신이 병적으로 의존적인 사람과 관계를 맺고 있다면 정답은 하나, 거기서 벗어나야 한다. 하지만 그 관계가 계속 유지해야 할 만큼 소중하다면 방법은 상대에게 변화될 기회를 주는 것이다.

예를 들어보자. 데릭은 여자 친구 제인이 자신의 옷차림, 직업, 심지어 인생에 대해서까지 자신의 의견을 구하는 것이 좋았다. 하지만 결국 그녀의 매달림은 끝이 없었고, 데릭은 자기 인생을 책임지지 못하며 걸핏하면 무너져 내리고 감정적으로 도움을 요청하면서 시도 때도 없이 징징대는 그녀의 태도에 지쳐갔다.

데릭은 내게 해결책을 구했고 나는 '움츠리기wince confrontation'라는 방법을 사용해 보라고 조언했다. 이런 식으로 상대방을 대하는 것이다.

"점점 당신을 피하고 싶어져. 당신 스스로 생각하지 않고 나한테

해결책을 물어보고서는 결국 제대로 안 되면 변명을 하거나 다른 사람을 비난하기 때문이야. 그리고 뭔가 개선할 점을 말하면 상처받았다는 듯이 울거나 화를 내지. 당신이 매번 그렇게 화를 내거나 감정적으로 대응하면 당신과 같이 있기가 너무 힘들어. 당신은 당신 마음대로 행동할 권리가 있겠지만 나도 자리를 떠나거나 당신을 피할 권리가 있어. 앞으로는 나도 그렇게 할 거야. 그게 우리 관계에 전혀 도움이 되지 않겠지. 그래서 나는 당신이 자신에 대해 책임을 좀 지고 마음이 상해도 엉망으로 망가지지 않도록 노력을 좀 해주면 좋겠어."

이렇게 대응하면 결과는 둘 중 하나로 이어진다. 상대가 당신의 메시지를 심각하게 받아들일 정도로 현명한 사람이라면 상태가 개선될 것이다. 그렇지 않다면 상대는 변화를 거부하고 매달리는 행동이 더 심해질 것이다. 그런 경우라면 결국 그 관계를 지속할 가치가 없다고 과감히 결정해도 된다.

이것은 극약처방으로 보일 수도 있다. 사실 다른 사람들에게는 이런 식으로 커뮤니케이션하면 안 된다. 하지만 과도하게 의존적인 사람들에게는 극약처방이 필요하다. 매달리는 것은 그의 독특한 행동 방식이고 해로운 행동을 다룰 때는 '이에는 이, 눈에는 눈'이라는 격언이 안성맞춤이다.

만약 당신이 지나치게 의존적인 사람과 관계를 맺고 있다면 한 가지 경고가 유효하다. 지독하고 매우 병적인 매달림은 때로 경계성 인격장애borderline personality disorder의 징후인 경우가 있다. 경계성 인격장애를 가진 사람들은 다음과 같은 행동을 보인다.

- 징징대는 것보다 훨씬 더 많이 요구한다.
- 버려지는 걸 끔찍하게 두려워한다.
- 당신에 대한 우상화(당신은 내가 사는 이유야)와 폄하(너는 이기적이야, 다른 사람들이랑 똑같아)를 번갈아 반복한다.
- 중심 인격이 없다. 그들이 텅 빈 듯 보이는 것은 '실제로' 텅 비어 있기 때문이다. 그 구멍을 채우기 위해 그들은 기생충처럼 가장 가까운 사람에게 달라붙는다.
- 충동적으로 행동한다. 이를테면 과도한 성관계에 탐닉하거나 속도광이 되는 식이다.
- 기분 변화가 극단적이다. 종종 화를 폭발시키고 자살하겠다고 위협하기도 한다.
- 편집증적으로 행동한다(너는 나를 염려하는 척하지만 사실 나를 상처 주려는 거야).

이런 사람을 상대하고 있다면 문제가 심각하다. 가장 안전한 방법은 아직 관계가 너무 깊은 단계에 들어서기 전에 도망치는 것이다. 하지만 조심하라. 경계성 인격장애가 있는 사람들은 스토커가 될 수도 있다. 경계성 인격장애는 치료가 가능하긴 하지만, 전문가들도 다루기 어려워하는 인격장애다. 경계성 인격장애인 사람을 혼자 힘으로 도우려는 것은 함께 불 속으로 뛰어드는 것과 같다.

해로운 사람2 : 당신을 지배하려 하는 깡패

내 직업의 특성상 항상 위협적인 사람들을 만나지만 사적으로 나를 위협하려는 사람은 거의 없다. 하지만 결코 잊을 수 없는 경우가 한 번 있었다.

나는 검찰 측 요구에 따라 O. J. 심슨 살인 사건 재판 과정을 지켜보고 있었다. 검사들은 내게 의견을 구했다.

재판 과정에서 갑자기 피고 측의 베일리 변호사가 신문을 받던 백인 형사 마크 퍼먼Mark Fuhrman에게 '나(고울스톤 박사)를 아느냐'고 물었다. 베일리는 법정에서 나를 지목함으로써 마치 내가 퍼먼의 증언 내용을 지시했다는 듯한 거짓된 암시를 슬쩍 흘렸다. 그 즉시 나는 전국 TV 방송국의 스포트라이트를 받았다.

후에 검사들과 같이 회의를 할 때 베일리는 대놓고 혐의를 제기했다. 하지만 나는 베일리 같은 사람에게 어떻게 대처해야 하는지 알고 있었기 때문에 그가 기대한 대로 행동하지 않았다.

몇 분 동안 베일리는 이런 요지의 말을 했다. "고울스톤 박사, 당신이 왜 이 자리에 앉아 있는지 모르겠지만 당신이 재판 과정에 전부 참여해 왔다는 건 알고 있소."

그가 말을 하는 동안 나는 그냥 그의 눈을 똑바로 쳐다보았다. 뭔가 말하거나 행동하는 대신 그저 이따금 눈만 깜빡였다.

마침내 다른 변호사가 나를 보며 말했다. "마크, 아무 말도 안 하시네요."

그때 내가 말했다. "나한테 질문을 하지 않았거든요."

내가 다시 베일리의 눈을 똑바로 쳐다보자 그가 약간 움찔했다.

이어서 베일리는 내가 퍼먼을 세뇌하거나 그에게 약물을 주입한 건 아닌지 혹은 그에게 증언을 준비시키기 위해 뭔가 사전 행위를 하지 않았는지 물었다. 나는 베일리가 퍼먼이 '검둥이' 운운하면서 궁지에 몰리자 반대신문으로 더욱 죄어쳤던 일이 떠올랐다. 베일리는 분명 나 역시 당황한 나머지 자신이 멋대로 왜곡할 수 있는 멍청한 소리를 내뱉기를 바라고 있었다.

당신이 결백하다 해도 베일리 변호사 같은 호전적인 인물에게 매서운 신문을 받는다면 주눅이 들고 말 것이다. 하지만 나는 그의 방식을 다 읽고 있었다. 그의 목표는 내 기를 꺾고 무장을 해제시킨 다음 화를 돋워서 냉정함을 잃게 하는 것이었다.

그래서 내가 퍼먼을 세뇌하거나 그에게 약물을 주입했는지(사실이 아니라도 나를 격분시킬 수 있는 질문) 물었을 때 나는 7까지 숫자를 세면서 기다렸다가 헛기침을 했다. 그때 방 안의 모든 사람이 숨을 죽이고 내가 무슨 말을 할지 귀를 기울이고 있었다. 나는 다시 7까지 숫자를 센 다음 베일리에게 말했다.

"죄송합니다만 베일리 씨, 잠깐 딴 생각을 했네요. 다시 한 번 말씀해 주시겠습니까?"

그는 기가 막힌 듯했다. 어떻게 감히 세상에서 가장 악명 높은 변호사가 질문을 하는데 딴 생각을 할 만큼 지루해할 수 있겠는가? 그러고 나자 그는 물러섰다. 내가 깡패의 술책에 말려들지 않으면 상대에게는 예비 대책이 없다는 것이 증명된 순간이었다.

이 이야기의 교훈은 단순하다. 깡패는 당신을 손쉬운 먹잇감이라고 생각하기 때문에 당신을 쫓는다. 그들의 각본대로 따르길 거부하면 그들은 대개 포기하고 보다 만만한 상대를 찾아 나선다.

때로는 깡패에게 맞설 방법이 마땅히 없는 경우도 있다. 당신이 간절하게 직장을 유지하고 싶은데 상사가 생살여탈권을 가지고 있다면 현실적으로 유일한 대안은 몸을 낮추고 그 사람과의 접촉을 최소화하면서 독성이 좀 덜한 근무 환경을 찾아보는 것이다. 하지만 그런 경우라 해도 당신이 약한 모습을 보이지 않는다면 먹잇감으로서 당신의 매력은 조금 떨어질 것이다.

깡패가 당신을 공격하면서 위협하려 한다면 이렇게 하라. 눈을 맞추라. 그리고 아주 정중하게, 하지만 조금 지루하다는 듯, 마치 딴 생각을 하고 있는 듯 행동하라. 당신의 보디랭귀지도 같은 메시지가 전달되게 하라. 똑바로 서서 긴장을 풀고 듣기는 하지만 그다지 열심히 듣지 않는 듯한 자세로 머리를 곧추세우라. 팔은 방어적으로 가슴 앞에 팔짱을 끼지 말고 자연스럽게 내려뜨려라. 종종 이런 반응은 깡패들을 불편하거나 바보 같은 느낌이 들게 하고 물러서게 만든다.

만약 당신이 약간의 위험을 감수할 수 있는 위치에 있다면 깡패를 다루는 다른 대안도 있다. 내가 가장 좋아하는 방법이자 대부분의 깡패들을 기습 공격할 수 있는 방법으로 맞받아치는 것이다. 깡패들이 그렇게 행동하는 이유는 그런 짓을 하고도 벌을 받지 않았기 때문이다. 그들 대부분은 이미 마음속으로 그것이 이상적인 전략이 아님을 알고 있다. 때로는 그들도 누군가 대놓고 그걸 지적해주길 바란다.

"지금 정말 기쁜 일이 하나 있다면 내가 당신 밑에서 일하지 않는다는 점이네요."

내가 단호하게 말했다.

"뭐라고요?" 나와 저녁 식사 중이던 사람이 깜짝 놀라 응수했다. 그는 급속히 성장 중인 회사의 영업 부문 수석 부사장인 43세의 프랭크였다. 우리가 만난 지 얼마 되지도 않았는데 그는 호텔 웨이트리스에게 거들먹거리면서 성적으로 비하하는 농담을 던지고 있었다. 웨이트리스는 그에게 불편한 미소를 지어 보이고는 이렇게 묻는 듯한 표정으로 나를 쳐다보았다. '저 징그러운 놈은 누구예요?'

나는 프랭크의 눈을 똑바로 쳐다보고 응수했다. "그래요. 당신을 위해서 일하고 싶지는 않을 겁니다. 만약 실수라도 저질렀다간 당신한테 말하기가 죽을 만큼 두려울 테니까요. 당신의 경멸이 금방이라도 학대 수준으로 떨어질 테니까요. 당신 같은 깡패한테 쓰레기 취급 받으며 살기에는 인생이 너무 짧죠."

그의 입이 쩍 벌어졌다. 믿을 수 없다는 듯이 나를 쳐다보며 그가 말했다.

"아무도 나한테 그런 식으로 말한 사람은 없었소."

"글쎄요." 나는 정말로 그에게 깡패같이 굴 요량으로 이렇게 말했다.

"뭔가 배우려면 이 정돈 참고 들으세요. 더 중요한 것은 내가 하는 말이 사실이라는 거예요."

"모두 사실이오. 그것 때문에 결혼 생활도 깨졌고, 애들이랑 관계도 엉망이 됐고, 회사에서 잘린 적도 있소." 프랭크가 실토했다. 그러고서 아무도 듣지 않기를 원하는 듯 몸을 앞으로 기울이고 속삭였다. "고칠 수 있을까요?"

나는 주저 없이 대답했다.

"그건 일종의 중독입니다. 완치는 힘들고 조금씩 나아지게 될 겁니다. 매일 열심히 노력하지 않으면 재발하는 거죠. 하지만 노력할 만한 가치는 있을 겁니다. 그렇게 하면 당신 인생의 마지막 날 조금 덜 비참하게 친구가 조금은 남아 있을 테고, 사람들이 당신 장례식에서 좋은 말을 꾸며대느라 거짓말하지 않아도 될 테니까요. 당신이 생각했던 것보다 얻는 게 더 많을 겁니다."

그가 웃으며 물었다.

"도와주시겠소?"

나는 잠시 생각했다.

"당신이 뼛속까지 깡패인지 아닌지 좀 알아봐야겠습니다. 당신이 사람들을 괴롭히면서, 특히나 여기 웨이트리스처럼 전혀 맞설 힘이 없는 사람들을 괴롭히면서 즐거움을 느끼는 사람이라면 당신을 돕지 않겠습니다. 그건 당신이 전혀 그럴 자격도 안 되는데 인생에서 이미 너무 많은 걸 가졌기 때문이죠. 그뿐 아니라 당신이 괴롭힌 사람들이 당신을 이길 수 있도록 도울 겁니다. 하지만 만약 당신이 깡패 짓을 하는 이유가 그렇게 하면 문제를 쉽게 해결할 수 있는 데다 문제 해결을 위한 더 나은 방법을 모르기 때문이라면 그때는 약간의 여지가 있습니다. 당신을 도울 수도 있습니다."

그렇게 말해놓고 나는 그가 어떻게 하는지 지켜보았다. 그는 나에게 그 일을 의뢰했다.

이 사람처럼 대다수의 깡패들은 희생자를 굴복시키고 위축시키는 데 너무 익숙할 뿐 아니라 누군가 그들에게 깡패 짓으로 응수하면 완전히 기가 꺾인다. 때로 위험천만한 행동이지만 보상은 클 수 있다. 하지만 이런 방식은 오직 당신이 고객이나 계약을 잃어도 상관없을 때 그리고 탈출구가 있다는 확신이 들 때만 시도하라.

해로운 사람3 : 단물만 쪽 빨아먹는 얌체

이런 사람들을 익히 알고 있을 것이다. 그들은 당신에게 매일 뭔가 해달라고 부탁한다. "내 대신 전화 좀 받아줄래요?", "차를 좀 빌려줄래요?", "점심값 좀 대신 내줄래요?"… 하지만 이상하게도 그들은 시간이나 에너지를 할애해서 당신을 도와줄 의사는 없는 듯 보인다.

보통 이런 유형들이 당신의 인생을 망가뜨리지는 않는다. 하지만 하루를 훌륭히 망쳐놓을 수는 있다. 그들은 당신을 무능력하게 보이게 하거나 당신의 일 대신 그들의 일을 하기 때문에 당신을 짜증나게 하거나 당신의 소중한 시간을 빼앗는다.

가능하면 이런 얌체들을 피하라. 하지만 만약 불가능하다면 무력하게 만들라. 어떻게 하면 좋을까? 이 책에 나오는 요령들 중에서 제일 간단하다. 얌체가 당신에게 뭔가 해달라고 요구하면 다음 각본대로 하라.

얌체 저기, 이 파워포인트에 들어갈 그래프 좀 그려줄 수 있어요? 지금 너무 바빠서요.

당신 물론이죠. 그 대신 목요일에 내가 해야 하는 인턴 오리엔테이션을 대신해 줄 수 있죠?

얌체 어?

당신 보답으로 기꺼이 그 정도의 호의는 베풀어주실 줄 알았는데요. 그렇죠?

얌체 음….

이런 일을 한두 번 겪고 나면 얌체는 더 다루기 쉬운 먹잇감을 찾아갈 것이다. 또한 얌체를 미리 파악하고 항상 그들에게 요구할 사항을 준비해 두라. 이것이 훌륭한 해결 방법인 이유는 당신이 싫다고 말하거나 화를 내거나 상대에게 화낼 빌미를 주지 않아도 되기 때문이다. 따라서 당신은 적을 만들지 않아도 된다. 당신은 다만 상대가 다른 '봉'을 찾도록 쫓아보내는 것뿐이다.

해로운 사람 4 : 남의 일엔 관심이 없는 나르시시스트

이들은 당신에게 상처를 주려는 것은 아니지만 자신의 위대함에 박수 쳐줄 관객의 용도 외에는 당신에게 아무런 관심도 없다. 나르시시스트는 당신의 감정을 전혀 반영하지 않는데, 이런 말을 하느라 너무 바쁘기 때문이다. "거울아, 거울아, 이 세상에서 누가 제일 예쁘지?" 그리고 스스로 대답한다. "바로 나!"

내 친구 에드워드 홀랜더Edward Hollander는 이런 사람을 '정신적 자위행위자'라고 부른다. 그들이 원하는 것은 스스로를 사랑스럽게 어루만지는 것뿐이기 때문이다. 나르시시스트의 좌우명은 "됐고!"다. 상대가 아직 한 마디도 하지 않았는데도 말이다! 나르시시스트는 자기가 늘 무대 중앙에 서고 당신은 주변에 앉아 박수나 쳐주기를 바란다. 그들은 당신의 이야기를 중간에 자르고, 자신들의 성공은 떠벌리면서 당신의 성공은 무시하고, 남의 문제는 사소하게 생각하면서 남들은 자기 문제를 심각하게 봐주기를 기대한다.

하지만 나르시시스트가 반드시 못된 사람인 것은 아니다. 다만 버릇없는 사람인 경우가 많을 뿐이다. 당신이 그들의 행동을 이해하기만 한다면 함께 일하기 괜찮은 경우도 있다.

예를 들어 당신의 사업 파트너가 나르시시스트라면 그 사람은 자기에게 최고의 이익이 되지 않는 일은 절대 하지 않을 거라고 당신의 기대치를 조정하라. 그렇게 하면 상대가 자아도취적으로 행동해도 당했다는 느낌이 들지 않을 것이고, 침착하게 대응할 수 있을 것이다.

나르시시스트를 어떻게 판별할 수 있을까? 아래의 목록을 체크해 보라. 마찬가지로 1~3까지 점수를 매긴다.

1 = 전혀 그렇지 않다　2 = 가끔 그렇다　3 = 거의 항상 그렇다

- 어떤 상황에서도 자기는 꼭 옳다.
- 특별한 이유 없이 짜증을 낸다.
- 자기는 내 말을 자르고 끼어들면서 내가 끼어들면 화를 낸다.
- 내가 생각하기를 그만두고 자기 말만 들어주기를 바란다. 보답으로 같은 것

을 요구하면 화를 낸다.

- 남의 말을 듣기보다 자기 말을 더 많이 한다.
- "그래, 하지만…", "그렇지 않아", "아니야…", "그렇지만…", "당신 문제는…"이라는 말을 자주 사용한다.
- 단지 성가시다는 이유로 내게 중요한 일을 해주지 않는다.
- 내겐 성가신 일인데도 자기를 위해 기꺼이 해주기를 바란다.
- 자기는 하지 않을 행동을 내가 자기를 위해 해주기를 기대한다.
- 꼭 필요한 순간에도 "고마워", "미안해", "축하해" 등의 말을 하지 않는다.

10 ~ 16 → 협조적인 사람

17 ~ 23 → 까다로운 사람

24 ~ 30 → 나르시시스트

나르시시스트를 변화시킬 수 없다면 그대로 두어야 할까, 단호히 돌아서야 할까? 경우에 따라 다르다. 그는 때로 흥미진진한 파트너가 될 수도 있기 때문이다. 거의 모든 정치가가 나르시시스트다. 대다수의 배우들과 야심 많은 변호사, 경영자들도 마찬가지다.

나르시시스트는 인생에서 큰 성공을 이루는 경우가 많고, 그 과정에 동참하는 것은 흥분되는 경험일 수도 있다. 이따금 당신을 덩달아 높은 위치에 올려놓아 줄 수도 있지만 어느 순간 당신을 비참하게 만들 수도 있다. 당신이 결정할 문제이다. 다만 나르시시스트와 관계를 지속하려면 '기브 앤 테이크'의 관계를 기대해선 안 된다.

해로운 사람5 : 절대 바뀌지 않는 사이코패스

수년 전, 로버트 헤어Robert Hare라는 연구자가 과학 학술지에 논문을 한 편 보냈다가 괴이한 답장을 받았다. 헤어와 연구원들이 작성한 그 논문에는 간단한 언어 실험을 수행한 성인 남자들의 뇌파 기록이 들어 있었다. 편집자는 그 논문을 돌려보내면서 그 뇌파 기록은 '실제 사람에게서 나온 것일 리가 없다'고 일축했다.

학술지 편집자는 옳았다. 그 뇌파 기록은 사이코패스Psychopaths의 것이었다. 인간을 인간답게 하는 핵심 부분이 부족한 듯 보이는 무자비한 냉혈한 말이다. 이 사람들은 우리들과는 생물학적으로, 감정적으로 매우 다르다. 100명당 1명꼴로 사이코패스가 존재하며, 이들 대부분은 감옥에 가 있지 않다. 사실 고전적인 사이코패스의 핵심적 특징인 냉정함, 공감 능력 부족, 자기중심주의, 무자비함 등은 그들을 세계에서 가장 성공한 사업가로 만들어준다. 영리하지 않은 사이코패스는 감옥에 가지만 보다 똑똑한 사이코패스는 CEO가 되기도 한다. 그들은 또한 성적으로 적극적이고 겉보기에 매력적이기 때문에 상당수가 남녀관계에서도 재능을 발휘한다. 사이코패스는 대부분 남성이지만 가장 냉혹한 사이코패스 중 몇몇은 여성인 경우도 있다.

당신도 살다 보면 이런 사람을 한 명 정도 만나게 될 가능성이 있다. 만약 그렇다면 꼭 이렇게 하라. 도망쳐라. 힘껏 달려라. 덫에서 벗어나기 위해 다리를 잘라내야 한다면 그렇게라도 하라. 그들은 당신을 재정적으로 파산시키고, 감정적으로 망가뜨리고, 자신들에게 유리하다면 얼마든지 당신의 삶을 무참히 파괴할 것이다. 그러고도 절대 후회하지 않을 것이다.

대부분의 사람들이 사이코패스를 이성적으로 설득하려고 노력하거나 감정적으로 움직여 보려는 실수를 저지른다. 그들은 감정적으로 움직일 수 없는 사람들이다. 그들을 설득하거나 당신에게 미안한 생각이 들게 하는 등 어떤 식으로든 그들이 당신을 돕게 만들 수 없다. 그들은 당신을 생각해주는 척할 수 있지만(사실 그들은 사람을 감정적으로 속이는 데 아주 뛰어나다), 실상은 전혀 그렇지 않다. 그들은 당신의 거울신경세포 수용체 결핍을 어떤 방식으로 충족시켜주어야 당신을 매혹할 수 있는지 알고 있는 경우가 많다. 하지만 그들이 그러는 이유는 오직 당신을 조종하기 위함이다.

사이코패스를 어떻게 알아볼까? 생각보다 쉽지 않지만 몇 가지 단서가 있다. 그들은 사람을 체스판의 말처럼 조종하면서 상대가 겪는 고통에 전혀 개의치 않는다. 포식 동물 같은 전율을 원할 뿐이다. 거짓말을 잘하고 들통이 나도 개의치 않는다. 화술이 뛰어나고 카리스마가 있으며 매력적이다. 권력을 갈망하며 그걸 얻기 위해 무엇이든 한다. 사람을 성적으로나 금전적으로 이용해 먹고 가차 없이 버린다.

다시 한번 말하지만 사이코패스를 '다룰' 수 있다고 생각하는 우를 범하지 마라. 나는 정신과 의사로서 사람을 설득하는 일이 직업이고 그 일에 정말 능숙한 사람이다. 하지만 내가 이 책에 소개한 어떠한 접근 방법도 사이코패스에게는 소용이 없다. 간단히 말하면 이들은 상호 간에 도덕적이고 윤리적인 방식으로 대응하는 신경기 전neural mechanism이 없다. 사이코패스는 매혹적이지만 치명적인 동물(말하자면 전갈 같은)로 간주하고 피해야 한다. 당신이 비록 돈이나 승진, 일자리를 잃게 되더라도 피해라. 그 대가가 얼마든 상관없다. 관계를 지속할수록 더 큰 비용을 치르게 될 것이기 때문이다.

미러 체크 : 진짜로 문제적 인간은 누구인가?

내가 앞서 소개한 유형은 당신이 만나게 될지 모를 해로운 사람들이다. 그 외에도 많은 유형이 있지만 대부분은 설득하거나 변화시키기 쉽다. 당신이 현명하다면 피하기는 더욱 쉽다. 앞으로 그들을 무력화시키거나 제거하고 심지어 그들을 당신의 자산으로 변화시키는 방법까지 소개할 것이다.

하지만 당신이 해로운 사람을 만나 그들의 문제를 분석하려 한다면 항상 한 가지를 명심하라. 정말 아주 약간이라도 문제가 있는 사람이 혹시 '당신'은 아닐까 하는 것이다.

예를 들어 당신이 남자인데 데이트하는 여자마다 괴짜를 만난다면 문제의 근원을 찾기 위해 거울을 들여다봐야 할지도 모른다. 한편으로는 당신이 오직 불행한 관계를 맺어갈 수밖에 없는 망가진 여자들에게만 끌리는 건지도 모른다. 다른 한편으로는 당신 자신의 개인적 문제를 여자에게 돌리고 있는 건지도 모른다. 그들이 신경질적으로 느껴지는 것은 당신이 늘 그들을 무시하기 때문일 수도 있고, 의존적이고 징징대는 것은 당신이 지키지도 못할 약속을 했기 때문일 수도 있으며, 편집증적으로 구는 것처럼 보이는 것은 당신이 진실하지 못하고 늘 둘러대기 때문일 수도 있다. 그걸 확실히 알 수 있는 방법은 당신과 사귀었던 그 모든 소위 미친 여자들이 행복한 결혼 생활을 하거나 누군가와 수년간 지속적인 관계를 맺고 있는지를 보는 것이다. 만약 그렇다면 당신이 문제 인물이라는 굉장히 큰 단서가 된다.

진지하게 거울을 들여다보면 약간 정신 나간 사람이 바로 나 자신이라는 깨달음이 올 수도 있다. 하지만 걱정할 필요는 없다. 우리는 모두 조금씩 다른 방면으로 정신이 나갔을 수 있고, 좋은 사람과 해로운 사람을 구분하는 기준은 그런 정신 나간 사람을 보고 반면교사로 삼을 수 있느냐의 여부에 달려 있다.

> **당신이 만약 '아니요'라고 말하기를 망설인다면 신경과민일 수 있다. 당신이 만약 진짜로 '아니요'라고 말하기를 두려워한다면 해로운 사람을 상대하고 있을 것이다. 그리고 만약 아무도 당신에게 '아니요'라고 말하지 않는다면 바로 당신이 해로운 사람일 수 있다.**

Action Step

당신 인생에서 핵심적인 역할을 하는 사람들의 목록을 작성하라. 각 이름 옆에 다음과 같은 질문에 대한 답을 적어라.

이 사람이 나에게 실질적인 도움을 줄 거라고 믿을 수 있을까? 감정적 지원은? 재정적 원조는? 내가 어려움에 처하면 즉시 나를 도울 것인가? '아니요'라는 대답이 많이 나온 사람에 대해서는 그 사람에게 좀 더 많은 것을 기대할 수 있는 방법 혹은 그 사람을 당신 인생에서 제외하는 것에 대해서 생각해보라.

자, 이제 어려운 일이 남아있다. '당신'에게 의지하는 사람들의 목록을 작성하고 다음과 같은 질문에 대한 답을 적어라.

당신은 그들에게 실질적인 도움을 제공할 것인가? 감정적 지원은? 재정적 원조는? 그들이 어려움에 처하면 즉시 그들을 도울 것인가? 만약 당신이 솔직하게 답했다면 아마 움찔할 만한 답이 있을 것이다. 만약 그렇다면 앞으로 해로운 사람이 아니라 호의적인 사람이 되기 위해 필요한 단계를 밟아나가라.

3부

상대를 우호적인 태도로
바꾸는 12가지 기술

2부에서 사람을 설득하기 위한 9가지 핵심 법칙을 배운
당신은 이제 사람을 설득 사이클로 이끌기 위한 강력한
12가지 기술로 무장할 준비가 되었다.

3부에 소개할 기술들을 사용하면 단지 몇 분 만에 비즈니스
프로젝트와 판매, 인간관계, 심지어 인생까지도 변화시킬
수 있다. 의사소통 수단에 이 기술들을 추가해 놓으면
당신이 절대 설득할 수 없을 거라 생각한 사람도 설득할 수
있게 될 것이다.

내가 설득 사이클의 각 단계에서 찾아낸 핵심 요소들은
그 단계에서 사용하는 것이 가장 효과적이다.

하지만 매우 유연하게 적용될 수 있다. 그러니 당신의
목표가 언제 어떤 상황에서나 누군가에게 '불가능한' 일을
하도록 설득하는 일이라면, 그것을 사용하라.

12
'불가능 질문' 전략
회의하는 상대를 '의욕' 모드로

이 세상에서 해볼 만한 가치가 있는 일은
대부분 이루어지기 전에는 불가능하다고 선언되었던 것들이다.
– 루이스 브랜다이스Louis D. Brandeis, 전 미국 대법관

~~~~~~~

사람은 하늘을 날 수 없다. 음악은 기록할 수 없다. 애완용 돌멩이는 판매할 수 없다. 인터넷에서 책을 팔아서는 백만장자가 될 수 없다.

왜? 모두들 그렇다고 하니까. 아니 최소한 지금까지는 그랬으니까. 누군가 그런 일을 벌이기 전까지는 말이다.

만약 당신이 그 누군가, 즉 비전을 현실로 바꾸려 노력했던 토머스 에디슨Thomas Edison, 윌버 라이트Wilbur Wright, 게리 달Gary Dahl, 제프 베조스Jeff Bezos라면 당신이 직면한 최대의 과제는 바로 목표가 실현 가능하다는 것을 '믿는 것'이 아니다. 다른 사람을 설득해서 그 목표가 가능하다고 '믿게 만드는 것'이다. 동료나 고객, 직원, 상사, 투자자, 가족을 '할 수 없어'에서 '어쩌면 할 수 있을지도 몰라'로, 다시 '한번 해보자'로 움직이는 것이다.

몇 년 전 다이알렉시스Dialexis의 공동 창립자인 데이브 히버드Dave Hibbard는 '할 수 없어' 단계에 고착된 사람들로 둘러싸여 인질로 잡혀 있을 때 사용할 수 있는 가장 강력한 기술 하나를 내게 가르쳐주었다. 히버드는 그 기술을 '불가능 질문'이라고 명명했다.

불가능 질문은 '저항' 단계와 '듣기' 단계 사이의 어느 지점에 멈춘 채 '생각' 단계로 움직일 준비가 안 된 사람에게 효과가 있다. 그런 사람들은 대개 실패에 대한 두려움(시도했다 실패하면 시도하지 않으니만 못해)과 성공에 대한 무관심(그런 일이 내게 일어나겠어?)에 사로잡혀 있다. 운이 좋다면 상대의 표정에서 약간의 호기심이 스쳐가는 걸 목격할 수 있을지도 모른다. 하지만 누군가 떠밀어 주지 않으면 당신의 아이디어는 전혀 진전이 없을 것이다. 여기서 강력한 추진력을 제공하는 것이 바로 '불가능 질문'이다. 다음과 같은 식으로 진행된다.

당신 지금은 불가능한 일 중에서 만약 당신이 할 수만 있다면 당신에게 엄청난 성공을 가져다줄 만한 것이 있습니까?

상대 만약 내가 _____를 할 수 있다면 그렇겠죠. 하지만 그건 불가능해요.

당신 좋아요. 어떻게 하면 그게 가능해질까요?

두 개의 짧은 질문이 전부다. "지금 불가능한 일 중에서 성공에 정말 도움이 되는 것은 무엇입니까?" 그리고 "어떻게 하면 그것이 가능해질까요?"

이 두 질문이 강력한 이유는 무엇일까? 이 질문은 상대를 방어적이고 폐쇄적인 입장 혹은 이기적이고 핑계를 대는 자세에서 벗어나 개방적이고 숙고해 보는 태도로 변화시킨다. 또한 상대로 하여금 당신의 비전을 현실처럼 그려보고 그 실현 전략을 세우는 데 협조하게 만든다.

당신이 사람들에게 불가능한 뭔가를 말해달라고 하는 것은 본질적으로 그들로 하여금 긍정적인 뭔가를 말하도록 유도하는 것이다. "내 생각에는 ㅇㅇㅇ이 불가능한 것 같아요" 같은 대답을 생각하고 말하다 보면, 그들의 마음은 긍정적인(동의하는) 방향으로 움직인다. 일단 그들을 '예'와 '아니요' 사이에서 갈등하는 중립적인 상태 혹은 '예, 하지만…' 하고 고려하는 상태로 만든 다음, 그들의 의견을 존중해 주는 것 같으면서도 약간 비틀어 질문을 던지면("어떻게 하면 그게 가능할까요?") 그들은 협조하게 된다.

이 기술은 적의 공격을 맞받아치는 대신 적이 균형을 잃게 유도하는 무예와 비슷한 면이 있다. 상대의 움직임에 저항하는 대신, 그것을 흡수하면서 끌어들여 상대가 균형을 잃게 만드는 것이다. 일단 그렇게 되면 상대는 저항하거나 망설이는 단계에서 진지하게 생각해보는 단계로 움직이고, 당신은 끌어당기는 힘을 갖게 된다.

그렇다고 상대를 즉시 '바이 인'시킬 수 있다는 의미는 아니다.

때로는 첫 대응이 무뚝뚝하고 적대적일 수도 있다. "글쎄요, 지금 100억쯤하고 직원 80명을 저한테 주신다면 그때까지 끝낼 수 있을지도 모르죠." 그런 상황에서는 섣불리 개입하지 말고 조용히 기다려라. 그러면 상대는 당신이 제기한 질문을 되새기며 당신에게 '답을 해야만 할 것 같은' 마음이 들 것이다. 사실 당신은 꼭 긁어줘야만 하는 정신적 간지러움 같은 것을 만들어낸 셈이고, 그걸 시원하게 긁을 수 있는 유일한 방법은 질문에 답을 하는 것뿐이다. 당신이 그 답을 얻어낸 순간, 설득이 시작된다.

몇 년 전 나는 〈더 뷰The View〉라는 TV쇼의 한 코너를 담당하는 보조 프로듀서에게 불가능 질문을 사용했다. 그는 내가 전문가 게스트로 출연하는 코너를 함께 준비하면서 매우 유능하고 능숙한 일 처리 능력을 보여주었고, 총괄 프로듀서가 되고 싶다는 자신의 꿈에 대해서도 이야기했다. 그는 똑똑하고 창의적이며 재능이 넘쳤지만 내 눈에는 여전히 '할 수 없어'에 발목이 잡혀 있는 것으로 보였다. '나는 할 수 없어요. 방송 분야는 너무 경쟁이 심하고 냉혹한 데다 나는 남들보다 앞서가는 데 필요한 자질을 갖추지 못했거든요.' 그는 마치 이렇게 말하는 것 같았다.

그래서 나는 그에게 물었다. "지금은 불가능한 일 중에서 만약 당신이 그걸 해낼 수만 있다면 총괄 프로듀서가 되고 싶은 소망에 확실히 다가가게 해주는 일은 뭘까요?"

그는 잠시 망설이다가 이렇게 응답했다. "만약 바바라 월터스Barbara Walters와 독점 인터뷰를 할 수 있다면 관심의 대상이 될 테고 내가 원하는 일을 하는 데 큰 도움이 되겠죠."

내가 대답했다. "꼭 그렇게까지는 할 수 없다 해도 만약 당신이 바바라 월터스가 굉장히 인기 있는 게스트를 독점으로 인터뷰하게 만들 수만 있어도 비슷한 효과가 나지 않을까요? 그렇지 않나요?"

"맞아요." 그는 대답을 마치고 출연자 대기실을 떠나려다 뒤를 돌아보며 이렇게 말했다. "이 일을 10년 넘게 하고 있지만 이렇게 도움 되는 질문을 해준 사람은 당신이 처음입니다. 고맙습니다." 전혀 의도하지는 않았지만 나는 나 자신을 위해서도 불가능한 일을 성취하는 데 성공했다. 즉 1년이면 수백 명의 게스트를 상대하는 바쁜 프로듀서에게 나를 잊을 수 없는 인물로 각인시킨 것이다.

'불가능 질문' 전략을 당신의 삶 속에서 어떻게 활용할 수 있을까? 이 질문이 강력한 힘을 발휘하는 이유는 적용 범위가 아주 넓다는 데 있다. 기업을 경영하거나 일상에서 개선이 필요한데 누군가 '할 수 없다'고 말한다면 바로 그들에게 활용할 수 있을 것이다. 두 가지 간단한 활용 사례를 보자.

마케팅 팀장 지금은 불가능한 일 중에서 만약 할 수만 있다면 영업 실적을 확실히 올려줄 만한 게 뭘까?

팀원 만약 X회사가 우리 소프트웨어를 사용하게 만든다면 고객이 확실히 늘 겁니다. 하지만 그건 힘들어요.

팀장 그냥 얘기만 해보는 거니 상관없잖나? 그걸 가능하게 하려면 어떻게 하면 좋을까?

팀원 글쎄요. 우리 사장님이 X회사 CEO와 회동을 한다거나… 아! 우리가 여러 회사 CEO들을 초청해서 독특한 제품 설명회를 연다면 관심을 끌 수도 있겠네요.

팀장 그거 괜찮은 생각이군. 쉽진 않겠지만 불가능한 일도 아니지.

고객센터 팀장 지금은 불가능한 일 중에서 만약 할 수만 있다면 고객 만족도를 급격히 향상시킬 만한 게 무엇일까요?

팀원 제품을 구매한 후에 불평을 제기하는 고객을 확실히 파악할 수 있으면 좋을 것 같아요. 그런 사람들이 부정적인 정보를 지적하고 입소문도 많이 내니까요

팀장 어떻게 하면 그게 가능할까요?

팀원 고객이 구매를 한 다음 일주일 후에 고객에게 전화를 걸어서 문제점이나 불만이 없는지 확인하는 건 어떨까요? 시간이 많이 걸리겠지만 한번 해보면 요령이 생길 것 같은데요?

팀장 좋아요. 그렇게 합시다.

이 방법은 어떤 관계에서나 효과가 높다. 동료들끼리, 상사가 부하직원에게, 심지어 부하직원이 상사에게 사용하더라도 상대를 불쾌하게 만들거나 강요한다는 느낌이 덜하다. 가족들에게도 사용할 수 있다. 당신과 관계 맺는 사람들이 '풀 수 없다고 생각한 문제'들을 풀어주고 기꺼이 아이디어를 내줄 것이다. 그리고 더 위력적인 것은 그들이 나의 성공을 가로막는 장애물이 되기를 멈추고 해결책으로 변하기 시작한다. 그리고 그 가능성은 무한할 것이다.

사람들에게 불가능하다고 생각하는 것을 말해달라고
청하라. 그러면 무엇이 가능한지 생각하느라 경계심을
풀게 될 것이다.

Action Step

직장 동료나 가족 등 당신의 지인들에게 성취하고는 싶지만 불가능한 목표를 말해달라고 청해보자. 그리고 이렇게 응답하라. "당신 말에 동의하지만 불가능할 것 같네요. 그래도 어떻게 하면 조금이나마 가능해질까요?" 그리고 그 목표를 실현하기 위해 밟아야 할 단계를 자유롭게 생각해내도록 도와주라.

13
'마술적 패러독스' 전략
반항하는 상대를 '납득' 모드로

예상치 못한 일을 하라. 예상할 수 있는 일은 지루하다.
예상할 수 있는 일은 이미 알려진 일이다.

– 스티브 스트라우스Steve Strauss

~~~~~~~~~~

마술은 대부분 손 기술이다. 하지만 '마술적 패러독스'는 '마음'을 다루는 기술이다. 진정으로 원하는 것과 전혀 다른 정반대의 목표를 가진 양 행동하는 것이 바로 마술적 패러독스의 핵심이다. 그리고 그 이름이 암시하듯 매우 강력한 마법을 부린다.

이 기술은 대화 사이클의 가장 어려운 부분인 '첫 단계'에 상대를 납득하게 만들어준다. 상대를 '저항' 단계에서 '듣기' 단계로, 다시 '생각' 단계로 움직여야 할 때 말이다. 인질 협상의 첫 시작에 사용되는 기법이며 기업에 위기가 닥쳤을 때도 강력한 효과를 발휘한다.

'마술적 패러독스'가 작동하는 방법을 살펴보기 위해 시나리오를 하나 상상해 보자. 당신은 관리자고 아트라는 직원 때문에 요즘 걱정이 많다. 아트는 최근 이혼 소송 중이라서 일에 집중을 못하고 있지만 편의를 봐줘 왔다. 그런데 이제는 거의 폭발 직전이다. 그가 참여하고 있는 프로젝트의 존폐가 위험한 상황에 놓인 것이다. 새로운 사람을 가르쳐 쓸 수는 없기에 아트를 해고하고 싶지는 않다. 어떻게든 아트에게 일하고 싶은 의욕을 불어넣어야 한다. 실패한다면 모두가 곤란한 처지에 놓일 것이다.

현명한 관리자라면 '절대' 하지 말아야 할 것이 있다. 아트에게 가서 이렇게 말하는 것이다.

"이봐, 지금 많이 힘든 건 알지만 이제 그만 정신 차려야지. 자네가 잘할 수 있다는 거 알고 있네. 목표만 제대로 세우면 이제라도 따라잡을 수 있다는 것도. 우리 팀 전부가 자네에게만 의지하고 있어. 이제 기운 좀 차리게."

당신이 그렇게 한다면 아트는 방어적이 되어 "압니다…. 하지만"의 패턴으로 되받아칠 가능성이 있다. 여기서 더 몰아붙이면 아트는 더욱 방어적이 되어 화를 내거나 아예 사표를 내버릴 수도 있다.

그건 당신이 원하는 바가 아니다. 그리고 아트에게 도움이 되지도 않는다. 그러니까 대신 아트가 전혀 기대하지 못한 일을 해야 한다. 그의 부정적인 생각에 '공감'을 하는 것이다.

"자네는 분명, 이번 프로젝트를 잘해내지 못할까 봐 얼마나 두려운지 아무도 모를 거라 생각하고 있을 거야. 팀원들 모두를 실망시킬까봐 속이 탈 테고. 더욱이 자네 인생에 일어난 그 모든 일들을 감당하기가 얼마나 힘든지 아무도 이해하지 못한다고 생각할 거야."

이제 마술이 벌어지는 걸 지켜보라. 당신이 상대의 감정에 공감하면 상대가 느끼던 '거울신경세포 수용체 결핍'이 충족되면서 상대는 이해받고 있고 당신과 연결되어 있다는 느낌을 받을 것이다. 그것이 첫 번째 패러독스다. 아무도 자신을 이해하지 못한다고 느끼는 상대의 마음을 당신만은 알고 있다고 분명히 밝힘으로써 '당신'이 이해하고 있음을 상대가 깨닫게 하는 것이다.

두 번째 패러독스는 이것이다. 상대가 부정적이 된 모든 이유를 당신이 소리 내어 말하면 그의 태도는 좀 더 긍정적으로 변한다. 처음엔 그의 내면에서 두 가지 상반되는 감정이 공존한다. 그래서 이렇게 말한다. "그래요, 정말 끔찍한 상태예요. 하지만 제가 이 일을 꼭 해야 한다는 건 알고 있어요. 일단 해볼게요. 하지만 기적을 기대하지는 마세요." 바로 그 순간 당신은 그를 앞으로 슬쩍 밀어 당신의 설득을 받아들이게끔 하는 충분한 힘을 갖게 될 것이다.

'Yes'의 폭포가 저절로 쏟아지게 하는 방법

마술적 패러독스는 어떻게 작용하는 것일까? 상대의 입에서 'Yes'라는 대답이 쏟아져 나오게 만듦으로써("예, 당신 말이 맞아요. 내 인생은 엉망이에요. 더 이상 못 참겠어요") 당신은 그의 태도를 '부정'에서 '인정'으로 변화시킨다. 일단 당신의 말에 동의를 하고 나면 상대는 되받아치기보다 감정적으로 협조할 준비가 된다. 1장에 소개한 인질 협상 시나리오를 상기해 보자. 크레이머 형사가 파국으로 치닫는 상황을 진정시키고자 사용한 방법이 바로 이 방법임을 알 수 있다.

크레이머 형사처럼 나 역시 이 마술적 패러독스를 사용해서 삶과 죽음의 기로에 서 있는 누군가를 변화시킨 적이 있다. 잔인하게 강간을 당한 후 두 번이나 자살을 시도할 만큼 심각한 우울증에 빠진 여성을 치료한 일이 있었다. 나와 상담하는 6개월 동안 그녀는 거의 말을 하지 않았고 눈조차 맞추려 하지 않았다. 그러던 어느 날, 그녀가 겪은 수많은 상처들에 내 감정이 동요되면서 갑자기 그녀를 억누르던 절망적인 인생의 무게가 내 위로 덮쳐오는 경험을 했다. 그 절망감이 얼마나 나를 압도했던지 방 안의 생기가 일시에 사라진 듯했고, 나는 숨쉬기조차 힘들었다.

생각을 이성적으로 정리하지 못한 채 나는 이렇게 말하고 말았다. "그렇게 힘든 일인지 정말 몰랐습니다. 만약 당신이 자살을 한다 해도 당신 잘못은 아니라고 생각해요. 물론 당신이 그리울 거예요. 하지만 충분히 그럴 만한 상황이었으리라는 건 이해할 수 있을 겁니다." 말을 뱉어놓고 나는 깜짝 놀랐다. 환자에게 자살을 해도 좋다고 말한 것이다! 하지만 잠시 후, 그녀는 나를 향해 몸을 돌리더니 치료를 시작한 이래 처음으로 내 눈을 똑바로 쳐다보았다. 그리고 미소를 짓더니 이렇게 말했다. "왜 제가 자살할 수밖에 없는지 선생님이 정말로 이해해 주신다면 아마 전 자살할 필요가 없을 거예요." 그녀는 자살하지 않았다. 결혼해서 아이도 낳았고 심리학자가 되었다. 그녀를 통해 나는 마술적 패러독스의 힘을 발견했다.

당신도 직장과 가정에서 누군가 심각한 결정을 내리는 것을 막아야 하는 긴박한 상황에 이 기술을 사용할 수 있다. 다음은 내게 대화 기술을 배운 상담자가 들려준 체험담이다. 십 대인 딸아이는 무책

임한 깡패 남자 친구와 동거를 하겠다며 고집을 피웠다.

딸 엄마, 이제 그만해! 엄마가 정해놓은 그 규칙들은 이제 넌더리가 난다고! 집을 나가서 그 애랑 같이 살 거야. 나도 이제 18살이니까 내 마음대로 할 수 있어!

엄마 잠깐만 같이 이야기 좀 하자. 엄마가 지금까지 강요했던 규칙들 때문에 네가 얼마나 숨이 막혔는지 아무도 모를 거라고 생각하지?

딸 맞아! 숨이 막혀!

엄마 이제 성인인데 부모와 같이 살면서 자유롭게 살지 못하는 게 얼마나 답답한지 내가 이해하지 못한다고 생각하는구나. 화도 나고 말이야.

딸 그래.(서서히 진정되기 시작한다)

엄마 네가 고민 끝에 한 결정이고 그걸로 중압감도 많이 느낄 텐데, 그런 마음을 엄마가 몰라준다고 생각할 거야.

딸 맞아. 정말 힘들어. 사실 엄마랑 상의하자고 하기가 어려웠어. 나도 잘 모르겠어.

엄마 그래, 엄마도 힘든 일이 많지만 네 문제라면 그 어떤 것보다 중요하단다. 그냥 같이 앉아서 지금 어떤 일이 벌어지고 있는지 얘기만 나눠도 기분이 나아질 것 같은데….차 한잔 하겠니?

딸 좋아. 그렇게.

대화가 시작될 무렵 딸은 엄마를 적으로 보았다. 하지만 마술적 패러독스를 사용하여 엄마는 계속해서 'Yes'라는 대답을 이끌어냈고, 딸의 감정은 싸움을 멈출 정도로 서서히 진정되었다. 요약하면 딸은 몇 마디가 오가는 동안 '저항'에서 '듣기'로, 다시 '생각' 단계로 옮겨갔다. 그 결과, 엄마는 인생에서 심각한 실수를 저지를 수도 있었던 딸을 구할 수 있었다.

신뢰를 얻어내는 데도
마술적 패러독스 전략은 유용하다!

'마술적 패러독스' 전략은 누군가에게 속내를 털어놓게 하거나 잘못된 행동 대신 바른 행동을 선택하도록 만드는 데에만 유용한 도구가 아니다. 당신을 믿지 못하는 상대방에게서 신뢰를 얻어내야 할 때, 열악한 환경에서 조금이라도 대안을 만들어가고자 할 때도 강력한 수단이 된다.

잭은 유명 로펌에 파트너로 새로 부임했다.

그 로펌은 변호사들을 혹사시키고 스트레스를 주는 회사로 악명이 높았다. 특히 결혼한 여성 변호사들은 육아 혜택을 전혀 받을 수 없었다.

3년차 변호사인 앤지는 심각한 위기를 겪고 있었다. 며칠 동안 얼굴 보기도 힘든 세 살배기 아이를 베이비시터에게 맡기고 출근하다가 충격적인 이야기를 들었기 때문이다. "엄마 싫어. 오지 마. 미워!" 앤지는 충격을 받아 책상에 엎드려 울고 있었다.

잭은 그녀의 사무실을 지나다가 그 모습을 보고 말았다.

예전의 임원들이었다면 무시했겠지만 잭은 예사로 느껴지지 않았다. 가족관계가 얼마나 중요한지 그 스스로 잘 알고 있었기 때문이다. 로펌의 구성원들이 일과 생활의 균형을 찾을 수 있도록 장기적인 대책을 세우리라 결심하고 있던 참이었다. 하지만 당장의 문제를 해결하기엔 시간이 많이 필요했다.

잭은 노크를 하고 정중하게 물었다. "앤지, 잠깐 들어가도 될까요?"

앤지가 마지못해 잭을 맞았다. 회사가 거창한 계획을 가지고 있다고 설득해 봐야 소용이 없다는 것을 경험 많은 잭은 잘 알고 있었다. 잭은 조심스레 말문을 열었다.

"앤지, 내 생각엔 결국 양쪽 모두를 실망시키고 있다는 생각을 하는 것 같네요. 회사의 요구에 맞추려니 아이가 실망하고, 아이에게 맞추려니 회사가 실망하고. 그렇죠?"

앤지가 잠시 망설이더니 울음을 터뜨리며 말했다. "상사들의 기대에도 부응해야 하고 아이를 속상하게 하는 것도 싫고, 정말이지 어떡해야 할지 모르겠어요. 처음 일을 시작할 때보다 몸무게가 10kg이나 늘었어요. 엉망이 되어가는 것 같아요."

앤지는 너무 개인적인 이야기까지 한 것 같아 잠시 움찔했다. 잭이 그런 그녀를 격려하듯 말했다.

"그래요. 상황이 나아지기는커녕 점점 나빠지기만 하는 것 같을 거예요."

앤지가 더 심하게 울기 시작했다. 잭은 그녀를 달래려고 하지 않왔다. 분노와 실망을 충분히 쏟아내야 한다는 걸 알았기 때문이다. 잭은 그저 이렇게 공감의 말을 해주었다. "변호사와 엄마 노릇을 같이 하기가 정말 어려울 겁니다."

앤지는 "네…" 하고 조용히 대답했다. 그렇게 몇 분이 지나자 울음이 잦아들기 시작했다. 폭풍 같던 울음이 지나가자 앤지가 느꼈던 최악의 실패감과 무력감도 사라졌다. 잠시 후 앤지는 의자에서 일어나 잭에게 걸어와 그를 살짝 포옹하며 말했다. "고마워요. 당신은 좋은 상사고 좋은 사람이에요." 잭은 당황스런 미소를 지으며 대답했다. "앤지는 좋은 변호사고 좋은 엄마예요."

그제까지 앤지는 잭 역시 무자비한 회사의 일원이라고 생각했다. 직원들을 밀어붙이면서 그들의 고충 따위는 아랑곳하지 않는 유형으로 말이다. 잭이 앤지의 사무실을 나갈 때쯤 그녀는 완전히 다른 시각으로 그를 보게 되었다. 존중받고 있다는 느낌을 받은 그녀는 그 보답으로 존중과 헌신을 기꺼이 내어주었다.

잭은 점심을 주문하는 시간 정도의 짧은 대화를 통해 변화를 이끌어냈다. 그리고 그 변화는 그 후 몇 년간 직원들과 신뢰를 형성하는 바탕이 되었다. 마술적 패러독스의 비밀을 이해한 것이 비결이었다. 만약 누군가가 '기대하지 못했던 일'을 해주기를 원한다면 당신이 먼저 상대에게 그렇게 하라.

당신이 '상대방의 부정적인 감정'에 공감하는 말로 대화를 시작하면 '긍정의 대답'으로 대화를 마무리할 수 있을 것이다.

Action Step

협조를 거부하고 핑계만 대는 직원 몇 명을 고른다. 단, 그들은 실제 그 일을 해낼 능력이 있는데도 적극적이지 않은 사람만 해당된다.

1. 상대에게 이렇게 말한다. "자네는 내가 지시한 일을 해낼 방법이 마땅치 않아서 고민하고 있군. 그렇지?"

이야기가 제대로 먹혀들면 상대는 고개를 끄덕이면서 당신이 자기를 이해해 준다는 사실에 의아해하며 방어태세를 약간 풀 것이다.

2. 그 다음 이렇게 말한다. "그 일을 해내기 힘들다는 얘기를 하기가 어려워 망설이는 것 같은데, 그렇지 않나?"

상대는 동의하며 고개를 끄덕이거나 'Yes'라고 대답할 것이다.

3. 마지막으로 이렇게 말하라. "자네 생각에 혹시라도 그 일을 해낼 수 있는 방법이 있다면 무엇일 것 같나?"

4. 상대가 제시한 그 해결책을 실행에 옮긴다.

14
'감정이입 쇼크' 전략
방관자적인 상대를 '협조' 모드로

극심한 분노는 칼보다 더 파괴적이다.

– 인도 속담

~~~~~~~~~

정신과 의사로 일을 시작한 지 얼마 되지 않아 나는 서로에게 귀를 닫고 있는 회사 동료, 부부, 가족들의 하소연을 듣는 데 지치기 시작했다. "쟤는 늘 이렇게 저렇게 한다"라며 이르듯 싸우는 게 싫었고, 누구도 성숙하게 일을 풀어가려 하지 않는 태도에 진력이 났다. 그런 어린아이 같은 말싸움에서 내가 할 수 있는 일이란 잠시 싸움을 중지시키는 일뿐이었다. 마치 깊이 패어 피가 줄줄 흐르는 상처에 일회용 밴드를 붙여놓는 기분이었다.

나는 그런 상황을 초래하는 장본인을 '무식한 비난자'라고 불렀다. 이들은 대화를 피 튀기는 스포츠로 여기며 다른 사람의 잘못에 가차 없이 폭언을 하면서도 공격받은 사람이 어떤 느낌일지는 한순간도 생각하지 않는 사람들이다. 무식한 비난자는 무엇보다 뻔뻔스러웠다. 그들은 '진상을 밝혀내겠다'며 주제넘게 굴었다.

그들은 배우자, 동료, 자녀가 무슨 생각을 하는지는 조금도 궁금해하지 않았다. 무식한 비난자의 목표는 정보를 나누는 것이 아니라, 상대의 모든 단점을 낱낱이 까발려놓은 다음 물러앉아서 이렇게 말하는 것이다. "자, 여기 있어! 한번 해결해 보시지?"

그런 사람을 진정시키거나 그들이 남의 말을 듣게 만드는 노력은 무용지물이었다. 그러던 어느 날 갑자기 한 가지 중재안이 떠올랐다. 그리고 그 방법을 쓰자 그야말로 '모든 것'이 달라졌다.

나는 프랭클린 가족과 상담을 하고 있었다. 가족이 상담을 청한 표면적인 이유는 15살 난 아들 해리 때문이었다. 해리는 숙제도 안 하고 집안일도 돕지 않고 게임만 했다. 온갖 방법을 동원해 봤지만 효과가 없었고 점점 더 삐딱해졌다. 아버지보다는 어머니 쪽이 더 불만이 많았다.

상담실로 들어오자마자 어머니는 아들에 대한 불만을 늘어놓기 시작했다. 아버지는 아무 말 없이 앉아 있었지만, 아내가 말할 때의 태도로 봐서 아들이 삐뚤어지는 데는 이유가 있다고 생각하는 듯했다. 해리는 팔짱을 끼고 야구모자를 눌러쓴 채 그 자리에 있는 게 죽기보다 싫다는 감정을 온몸으로 발산하고 있었다.

나는 어머니를 소외시키지 않으면서도 아들과 아버지를 상담에 끌어들일 방법을 찾아야 했다. 그래서 새로운 시도를 해봤다.

나는 목소리에 적의나 실망감을 담지 않으려 노력하면서 단호하고 단정적으로 말했다. "어머니, 만약 제가 해리한테 왜 이 상담이 낭비라고 생각하느냐고 묻는다면 뭐라고 대답할 것 같습니까?"

"뭐라고요?" 아들에 대한 불평 목록을 미처 다 끝내지도 못한 어머니가 놀라서 되물었다.

나는 표현을 약간 바꿔 같은 질문을 반복했다. "어머님이 아드님 입장이라 치고, 왜 해리가 이 상담이 아무 성과도 없는 시간 낭비라고 생각하는지 말씀해보시겠어요?"

그 순간 흥미로운 일이 벌어졌다. 어머니는 입을 다물었고, 아버지의 표정에는 호기심이 생겨났으며, 아들 해리는 꽉 낀 팔짱을 약간 풀고 턱을 치켜들었다. 내 말이 관심을 끌었다는 의미였다.

어머니는 잠시 생각하더니 대답했다. "글쎄요. 아마 여기서도 엄마는 설교를 하고 아빠는 침묵만 하니, 집과 다를 바가 없다고 생각하겠죠."

"정말입니까?" 나는 공격적인 태도에서 이해하는 태도로 바뀐 어머니의 변화를 강조하기 위해 그렇게 물었다. 그리고 덧붙였다. "만약 제가 해리한테 집에서 그런 상황에 처할 때 어떤 느낌이 드냐고 물어보면 뭐라고 대답할까요?"

어머니가 대답했다. "참을 수 없다고 할 거예요."

나는 질문을 이어갔다. "제가 만약 해리한테 그럴 때면 어떻게 하고 싶은지 묻는다면 뭐라고 대답할까요?"

"다 귀찮고 도망치고 싶다고 말할걸요."

이쯤에 이르자, 아들과 아버지 모두 어머니와 나의 대화에 집중했다.

나는 아버지를 향해 말했다.

"아버님, 만약 제가 어머님에게 아들 문제에 대처하는 동안 남편에게 가장 실망한 점이 뭐냐고 물어보면 뭐라고 대답할까요?"

이 순간 어머니와 아들은 아버지가 대체 뭐라고 대답할지 관심을 기울였다.

아버지는 잠시 망설이다가 대답했다.

"아마 아내는 내가 겉으로만 자기 말에 동의하는 척하면서 실제로는 아들 편에서 자기를 방해한다고 말할 겁니다."

"만약 제가 어머님한테 그럴 때 어떤 기분이 드는지 여쭤보면 뭐라고 대답할까요?"

"가족 걱정을 하며 싸우는 건 자기 혼자뿐이라고 할 것 같아요."

그 순간 어머니가 울음을 터뜨리며 말했다. "나도 그런 나쁜 년이 되기 싫어요. 하지만 나라도 일일이 간섭하지 않으면 아들 녀석은 분명 잘못된 길로 빠질 거예요."

마침내 야구모자 아래로 해리의 눈을 볼 수 있었다. 해리는 자세를 바로잡고 똑바로 앉았다. 그런 해리에게 다시 물었다.

"해리, 만약 내가 네 부모님께 너에 대한 실망이 더 큰지, 아니면 너에 대한 걱정이 더 큰지 여쭤본다면 뭐라고 말씀하실까?"

해리는 망설이다가 약간 의외라는 듯 이렇게 대답했다. "두 분 모두 저를 걱정한다고 하실 것 같아요."

"뭐에 대해 걱정한다고 말씀하실까?"

"제가 형편없는 인생을 살까봐 걱정하신다고요. 하지만 너무 통제만 하려고 하니까 숨이 막혀요." 해리가 대답했다.

나는 다시 물었다. "그래, 부모님 방식이 좋지 않다는 건 알아. 하지만 네가 처음 했던 말을 기억해 보거라. 부모님이 네가 자라서 형편없는 인생을 살까봐 걱정하시는 이유가 뭘까?"

"그거야… 저를 사랑하시니까요."

해리는 마치 이 사실을 처음 깨달은 것처럼 대답했다.

문제는 해결되었다. 상담의 나머지 과정은 협조적인 분위기 속에서 진행되었다. 잔인한 공격과 은밀한 미움, 말로 표현하지 못한 분노 등은 사라졌다. 프랭클린 가족은 미친개처럼 서로를 물어뜯는 대신, 서로를 매우 사랑하는 사람들처럼 이야기를 나눴다.

그렇게 획기적인 성과를 거둔 후에 나는 이 기술을 의사소통이 안 되는 사람들 사이에 다리를 놓고 불화를 해결하는 데 사용하기 시작했다. 나는 이 접근 방식을 '공감 유도 대화'라고 부른다. 이 방법은 오직 반감과 노골적인 미움만 갖고 있던 사람들 사이에서 즉각적인 감정이입을 가능하게 해주기 때문이다. 이것이 바로 '감정이입 쇼크'다.

'감정이입 쇼크' 전략은 어떤 원리로 작동하는가?

감정이입이란 감각적 경험이다. 감정이입은 거울신경세포를 포함해 신경계의 감각적 영역을 '활성화'시킨다. 반면에 분노는 자동 반응이다. 대개 위협이나 공격을 감지하고 '반응'하는 일종의 패턴인 것이다. 그러니까 '감정이입 쇼크'란 화를 진정시키고 감정이입을 경험하도록 만듦으로써 자동적으로 반응하는 뇌의 지배를 받는 상태에서 벗어나 감각 영역을 담당하는 뇌의 지배를 받는 상태로 바꾸는 것이다.

달리 말하면 분노와 감정이입은 물질과 반물질처럼 동시에 같은 곳에 있을 수 없다. 하나가 들어오면 다른 하나는 나가야만 한다. 따라서 비난자를 공감하게 만들면 미친 듯이 흥분해 고함을 질러대던 영역은 완전히 진정된다.

그러면 공격을 받던 방어자는 어떻게 될까? 싸움이 시작되면 이 '인간 샌드백'은 매우 실망해 있는 상태다. 자신의 어떤 감정(미안해, 나도 잘 모르겠어, 두려워, 나한테도 이유가 있어)도 반영해 주지 않는 무식한 비난자가 전혀 보지도, 듣지도 않기 때문이다. 결국 방어자는 대개 겨우 분노를 억제하면서 조용히 참고 있을 뿐이다.

그런데 갑자기 비난자가 방어자의 슬프고, 분하고, 두렵고, 외로운 느낌을 이해해 주면서 자발적으로 동맹자로 변하는 예상치 못한 일이 벌어진다. 비난자가 자신을 이해하고 있다는 느낌, 둘이 같은 편이라는 느낌을 방어자가 받게 되면 맞서서 방어해야 할 대상이 사라진다. 방어자가 대항하기 위해 세웠던 벽과 말로 표현하지 못한 분노와 실망감도 소멸된다. 더 이상 비난자를 향해 '두려움과 증오'를 느끼지 않아도 된다는 안도감이 즉시 엄청난 감사로 이어지면서 방어자의 억눌린 분노는 기적처럼 용서와 해결을 위한 의지로 바뀐다.

'감정이입 쇼크' 전략은 당신 주변에 있는 두 명의 인물이 대화를 하지 못하고 싸움만 벌일 때 강력하게 개입할 수 있는 방법이기도 하다. 적어도 둘 중 한 사람이 지나치게 호전적일 때 사용할 수 있다. 충돌이 통제 불가의 상황에 이를 기미가 보이면 즉시 사용하라. 예를 들어보자.

팀장 다음 주에 출시돼야 할 제품에 문제가 있다고 하던데.

팀원1 네, 문제가 있습니다. 마감이 너무 촉박합니다. 2가 세운 목표가 애초에 너무 비현실적이었어요. 그 목표를 달성할 수 있는 사람은 아무도 없을 겁니다.

팀원2 (분노해서) 1이 제가 말하는 대로만 했어도 제때 할 수 있었을 거예요. 쓸데없는 걸로 꾸물대느라 3일이나 낭비했단 말입니다. 일이 이렇게 된 건 제 책임이 아닙니다.

팀장 좋아요. 일정에 대해 말하기 전에 먼저 이렇게 하죠. 두 사람 모두 각자 자기 분야에서 유능하다는 걸 잘 알고 있습니다. 사실 이제껏 일해본 직원들 중에서 가장 훌륭합니다. 그리고 한 프로젝트에 두 사람이 협조하며 일하는 게 힘들다는 것도 압니다. 상황을 개선할 여지가 있는지 확인하기 위해서 여러분 각자에게 질문을 하고 싶습니다.

팀원1, 2 (방어적인 태도로) 좋아요.

팀장 1, 만약 내가 2에게 당신과 일하는 데 제일 힘든 점이 뭐냐고 묻는다면 뭐라고 대답할 것 같습니까?

팀원1 (질문에 놀라며) 음… 글쎄요. 제가 자기 능력을 존중하지 않는다고 말할 것 같습니다. 아니면, 제가 품질보다는 마감 일정에 더 관심이 있다고 말하겠죠.

팀장 그러면 2는 어떤 기분일까요?

팀원1 그야 힘들겠죠. 왜냐하면 사실 저도 품질을 어느 정도 포기해야 한다는 게 속이 상하니까요. 하지만 회사란 그렇게 움직일 순 없는 거 아닙니까?

팀장 좋아요. 대답해 줘서 고마워요. 이제 똑같은 질문을 2에게 하고 싶군요. 2, 내가 만약 1에게 당신과 함께 일하는 데 가장 힘든 점이 뭐냐고 묻는다면 뭐라고 대답할까요?

팀원2 (1이 자신을 이해해 줬기 때문에 마음이 누그러져서) 글쎄요. 음…. 1은 윗선에서는 마감을 압박하는데 제가 현실적이지 못한 스펙을 추가하면서 일을 질질 끌고 있다고 말할 것 같습니다. 저도 정말 이해는 합니다. 하지만 전 품질을 포기할 수 없어요.

팀장 그러면 1은 어떤 기분일까요?

팀원2 이 일 때문에 문책을 당할까 걱정하겠죠. 자기 일을 망쳐놨으니 저한테 화가 날 수도 있고요.

팀장 솔직한 대답 감사합니다. 자, 지금으로서는 최대한 빨리 이번 출시를 가능하게 만드는 데 집중하고 싶습니다. 그러니까 계획을 새로 세우고 목표일까지 작업을 마칠 수 있을지 봅시다. 하지만 두 사람은 따로 만나서 품질과 마감일을 조화시킬 수 있는 방법이 있는지 찾아봐 주시겠습니까? 두 사람이 함께 좋은 해결책을 찾을 수 있을 거라고 확신합니다.

'감정이입 쇼크' 전략을 사용할 때는 진행 과정에 당신 자신의 의견을 개입하는 실수를 저지르지 않도록 유의해야 한다. 그 의견이 아무리 긍정적인 것이라도 안 된다. 당신의 목표는 두 사람이 서로를 받아들이게 하는 것인데, 둘 사이에 당신이 끼면 그게 불가능해진다. 그러니 분위기만 조성하고 끼어들지는 마라.

또한 눈앞의 문제를 지금 당장 해결하려는 게 아님을 명심하라.

당신은 사람들을 '스스로' 문제를 해결할 수 있는 위치로 옮겨놓을 뿐이다. 그러고 나면 자연히 다음 단계, 그다음 단계로 진행된다.

이 방법을 제대로 사용하면 해결해야 할 문제가 점점 줄어들 것이다. 감정이입 쇼크를 경험한 사람들은 서로를 물어뜯고 싶은 욕망이 줄어들고 서로에게 유리한 일을 하고 싶은 욕망이 증가하기 때문이다. 짧은 순간이지만 그들은 '서로'가 되어봤고 상대가 어떻게 느끼는지 알게 되었기 때문이다.

'감정이입 쇼크'를 스스로에게 사용하기

당신은 혹시 무식한 비난자가 아닌가? 사실 살다 보면 우리 모두 그렇게 되는 순간이 있다. 만약 당신이 분노와 비난을 무기처럼 휘두르며 잔혹한 언쟁을 자주 벌이는 사람이라면 당장 행동을 취하라. 자신의 감정이입 능력을 일깨우는 것이다. 방법은 다음과 같다.

1. 자주 당신을 실망시키고 화를 돋우고 상처 주고 좌절시키는 사람을 떠올려라. 가족일 수도 있고, 직장 동료, 친구일 수도 있다.
2. 그 사람이 당신을 실망시키는 어떤 일을 하고 있는 모습을 상상하라. 그 강도를 1~10까지 숫자로 나타냈을 때 적어도 8 정도 되는 행동을 선택하라. 그 장면을 마음속 가득 채우고 그걸 생각할 때 어떤 기분이 드는지 주의를 기울여라.
3. 이제 당신 자신을 그 사람의 입장에 놓아보자. 만약 내가 그 사람에게 '당신'에 대해 가장 화나고 상처받고 실망스러운 점이 무

엇인지 묻는다면 그 사람이 뭐라고 대답할지 상상하라. 당신이 그 사람이라고 상상하고 그 사람이 대답할 만한 것을 말하라. 당신이 지나치게 비판적이고, 남을 멋대로 판단하고, 항상 희생자인 양 행동하고, 남을 통제하려 한다는 등의 불만 말이다. 당신이 그 사람과의 관계에서 갖고 있는 부정적인 면에 솔직해지라.

4. 다음으로 내가 그 사람에게 당신 때문에 화나고 실망했을 때 얼마나 기분이 나쁜지 물었다고 상상하라. 다시 한 번 그 사람의 입장에서 말하라. "너무 기분이 나빠요."

5. 이제 내가 그 사람에게 "이 사람(당신)이 한 일 중에서 상처받은 일을 몇 가지 이야기해줄 수 있어요?"라고 물었다고 상상하라. 당신이 그 사람에게 상처 줬던 일을 생각해보고 그게 상대방에게 어떤 느낌을 주었을지 생각해보라. 그리고 당신이 그 사람이 된 것처럼 대답하라.

6. 마지막으로 강도를 나타내는 1~10까지 똑같은 숫자 중에서 상대방에 대한 실망의 강도가 얼마나 변했는지 다시 평가해 보라.

무슨 일이 일어났을까? 이 연습을 시작할 때 당신은 분명 화가 나 있었겠지만 다른 사람의 입장이 되어보고 나서는 분노가 줄어들었을 것이다. 이 실험을 청중에게 해보면 전형적으로 8이나 9에서 시작했다가 3이나 4로 끝난다. 당신이 다른 사람이 느끼는 것을 경험하는 동시에 그 사람에게 화를 낼 수는 없기 때문이다.

그러니 다음에 당신을 화나게 만드는 누군가를 맹렬히 공격하고 싶어지면 심호흡을 하면서 조용한 장소로 가서 먼저 이 연습을 해보라. 당신 자신과 상대방 모두가 분노와 슬픔을 면할 수 있을 것이다.

상대방에게 호기심을 느끼면서 동시에 상대방을 공격할 수는 없다.

Action Step

좀 더 자연스럽게 감정을 이입하기 위해 매일 감정이입 쇼크를 경험할 기회를 가져라. 이를테면 당신이 별로 좋아하지 않는 직장 동료가 까다로운 고객과 통화 중이라면 잘 관찰하면서 이렇게 자문해 보라.

"지금 내가 저 사람 입장이라면 어떤 기분일까? 저 통화를 하다보면 화가 날까? 당황스러울까? 아니면 불행할까?"

혹은 만약 당신 상사가 평소보다 더 퉁명스럽게 군다면 스스로 이렇게 질문해 보라.

"만약 내가 저 사람이 가진 모든 책임과 걱정을 오늘 당장 떠맡게 된다면 어떤 기분일까?"

이렇게 하면 할수록 당신은 주변 사람에게서 스트레스와 실망을 덜 느끼게 될 것이고, 그들의 마음을 더 잘 움직일 수 있게 될 것이다.

15
'역방향 플레이' 전략
무능력한 상대를 '의욕' 모드로

겸손은 가장 확실한 힘의 표시이다.

– 토머스 머튼Thomas Merton

~~~~~~~~

빈스는 게으름뱅이다. 능력은 있는데 일을 대충 처리한다. 일 처리를 엉성하게 해놓거나 프로젝트를 다른 직원들에게 떠맡기는 일도 잦다. 동료들이 마감을 맞추기 위해 밤늦게까지 일할 때도 혼자만 일찍 퇴근한다. 진짜 인재를 들였다고 생각했는데 알고 보니 골칫덩이를 들여온 것이었다. 경영진은 실망했다.

어느 날 상사가 그를 자기 방으로 부른다. 빈스는 걱정이 된다.

내가 농땡이 치고 있다는 걸 상사가 알아차렸나? 방어 본능과 두려움, 분노가 뒤섞인 느낌이다.

빈스의 상사는 자기 방 문 앞까지 나와 그를 맞이하더니 자리에 앉히고 커피를 한 잔 대접한다. 그러고는 그를 깜짝 놀라게 만든다. 상사는 내가 가르쳐준 대로 말한다.

"미안하군, 내가 자네를 굉장히 실망시킨 일이 있어 거기에 대해 사과하고 싶어서 불렀네. 내 생각에 내가 자네를 실망시켰던 일은…."

30분 후 빈스는 자기 자리로 돌아온다. 그리고 입사 이래 가장 열심히 일하기 시작한다. 그것도 기쁜 마음으로 말이다.

상사가 무슨 말을 했기에 단 30분 만에 골칫덩어리 직원이 열성적인 직원으로 변했을까? 그가 사용한 방법은 '역방향 플레이' 전략이라 불리는 방법으로, 사람들이 기대하는 것과 정반대의 행동을 하는 전략이다. 이 방법은 앞 장에서 소개했던 '감정이입 쇼크' 전략을 좀 더 노골적이고 대담하게 적용하는 것이다.

만약 업무에서 자신의 능력을 100% 발휘하지 않는 사람을 상대해야 한다면 역방향 플레이를 적극 추천하고 싶다. 방법은 이렇다.

첫째, 상대에게 10분 정도 대화를 나누고 싶다고 청하라. 상대가 완전히 집중할 수 있는 시간으로 약속을 잡아라. 만약 상대가 당장 만나고 싶다고 하면 정중하게 거절하라. "아니요, 하던 일을 먼저 하세요. 그리 심각한 얘기도 아닙니다."

둘째, 상대와의 만남을 기다리면서 상대가 당신에게 실망하거나 좌절했을 만한 적당하고 구체적인 예를 세 가지 정도 생각하라.

예를 들어 '상사는 나한테 재미없는 일만 줘', '늘 예산이 부족해 업무가 원활하지 않아', '전임자가 실수한 것까지 나한테 문책했어' 등등. 얼마나 깊이 실망하고 좌절했는지는 중요하지 않다. 당신이 고민하는 문제는 모두 옆으로 치워두고 상대방의 입장에서 생각하라.

셋째, 만날 시간이 다가올수록 상대는 당신이 자기를 비판하거나 서로 대치하게 될 거라고 예상할 것이다. 그러니 이렇게 말하라. "아마 평소처럼 내가 불만을 잔뜩 늘어놓을 거라고 생각할 겁니다. 하지만 난 당신이 나한테 실망했을 만한 일을 생각하고 있어요. 내게 직접 그런 고충을 말하기는 어려울 거예요. 내 생각에 당신이 실망했을 만한 일들은…" 그러고 나서 앞서 생각해두었던 세 가지를 이야기하라.

넷째, 다음과 같은 말로 마무리하라. "내 말이 맞나요? 혹시 아니라면 당신이 나에 대해 가장 실망한 일은 뭐죠?" 그리고 상대가 뭐라고 말하든 경청한 다음 잠시 기다렸다가 이렇게 말하라. "그런 일들 때문에 마음이 많이 상했나요?"

다섯째, 상대가 망설이다가 대답을 하고 나면 진심을 담아 이렇게 대답하라. "그랬군요. 난 정말 몰랐어요. 게다가 관심도 갖지 않았어요. 정말 미안합니다. 앞으로는 더 나아지도록 노력할게요."

여섯째, 거기서 멈춘다. 만약 상대가 "다른 하실 말씀은 없습니까?"라고 묻는다면 진심으로 이렇게 말하라. "아니요, 하고 싶은 말은 그게 전부입니다. 용기를 내어 말해줘서 고맙습니다." 만약 상대가 왜 이런 대화를 시작했는지 끈질기게 묻는다면 이런 말로 대답하라. "내가 실수를 한다는 것, 그리고 사람들이 그걸 지적하기를 망설인다는 걸 알고 있거든요. 내 잘못을 알게만 된다면 일을 더 잘할 수 있고, 업무 환경도 개선할 수 있을 것 같아서요."

왜 이렇게 하기 싫은 일을 해야만 할까? 다른 방법은 몰라도 이 방법은 확실히 효과가 있기 때문이다. 게으름뱅이를 내버려두면 문제는 점점 더 커질 것이다. 게으름뱅이와 맞서 싸우며 사과와 개선의 약속을 받아내려 한다면 상대는 은밀한 태업으로 당신에게 대항할 것이다.

하지만 당신이 스스로의 행동에 대해 사과하면 전혀 다른 결과가 따라온다. 상대를 즉시 방어 모드에서 끌어내 당신의 겸손과 관심을 반영하게 할 수 있는 것이다. 자신의 행동에 책임을 지고 앞으로 잘못을 고치겠다고 약속하는 당신의 태도는 친절과 관용, 평정심을 드러내면서 당신을 존경할 만한 인물로 변화시킨다.

결과적으로, 늘 당신을 함정에 빠뜨리고 무시하고 비난하던 바로 그 사람이 극적으로 방향을 전환하게 된다. 당신은 그 사람이 당신을 존경하고 숭배하도록 만들고 결국 그 사람은 당신을 실망시킬까 봐 걱정하게 될 것이다. 그래서 태도와 업무 처리 면에서 즉각적인 변화를 보이는 경우도 많다.

이 기술은 친구와 가족, 특히 자녀에게 아주 효과적이다.

'역방향 플레이' 전략은 고집 센 부하직원이나 친구의 마음을 누그러뜨리고 그들에게 다시 동기를 부여하는 데 사용할 수 있을 뿐더러, 당신 스스로가 망쳐놓은 관계를 회복하는 데에도 사용할 수 있다. 하지만 이 방법을 사용할 때는 상대를 제대로 선택해야 함을 기억해야 한다.

이 접근 방법은 '변화가 가능한' 사람들에게만 효과가 있다. 즉 약간의 자극만으로도 태도를 개선할 수 있는 사람들 말이다. 11장에서 소개한 얌체나 나르시시스트에게는 효과가 없다. 그들은 상호작용을 할 줄 모르기 때문이다.

거꾸로 만약 당신이 어떤 관계를 지속해야 할지 아닐지 확신이 서지 않을 때 역방향 플레이를 진단 테스트로 활용해 볼 수 있다. 역방향 플레이를 사용했을 때 자신의 행동을 개선하고 당신의 존경을 얻기 위해 노력하는 반응을 보이는 사람과는 관계를 계속 유지해도 된다. 당신의 겸손에 화답하는 대신 계속 실망시키는 사람에 대해서는 더 이상 분통을 터뜨리거나 맞받아칠 필요가 없다. 그냥 '잘 가'라고 말하라.

> **한 번의 사과는 열 번 화내고 백 번 못되게 구는 것만큼의 효과가 있다.**

Action Step

계속 실망만 안겨주는 사람을 한 명 골라 점심이나 저녁 식사에 초대하라. 식사 자리에 가기 전에 그 사람에 대한 실망의 정도를 1(가벼운 실망)~5(지독한 실망) 중 선택하라. 식사를 하면서 역방향 플레이를 사용하여 당신이 상대를 속상하고 화나고 불쾌하게 했을 뭔가에 대해 사과하라.

식사 후 상대의 행동이 어떻게 달라졌는지 한 달 동안 생각해보고 상대에 대한 실망의 정도를 다시 평가하라. 수치가 확실히 낮아졌는가? 그러면 당신의 접근 방식이 성공한 것이다. 똑같거나 더 높아졌는가? 만약 그렇다면 그 사람을 당신 인생에서 떠나보낼 각오를 하라. 앞으로 당신에게 문젯거리 밖에 줄 게 없는 나르시시스트를 만나고 있는 것이다.

16
'정말?' 전략
과도하게 흥분한 상대를 '진정' 모드로

과장은 화가 난 진심이다.

– 칼릴 지브란Kahlil Gibran

~~~~~~~~~~

이번에 소개할 재밌는 기술은 내 친구 스코트 레그버그Scott Regberg에게서 배운 것이다. 그는 기획 회사를 운영하며 대통령 후보 TV 토론부터 대규모 전국 콘퍼런스에 이르기까지 세간의 이목을 끄는 행사들을 개최한다. 당신이 만약 그런 종류의 행사 기획에 참여해 본 적이 있다면 그런 행사를 준비하는 데 얼마나 강한 담력과 조직력이 필요한지 알고 있을 것이다.

하지만 스코트의 말에 따르면 큰 행사를 문제없이 잘 치러내는 데 가장 중요한 것은 '효과적인 의사소통 능력'과 '사람들을 침착하게 유지시키는 능력'이다. 고객, 기획자, 디자이너, 미술가를 포함한 수백 명의 관계자들을 말이다.

모든 사람이 제자리에서 자기 역할을 하도록 하는 데 그가 뛰어난 부분은 바로 사소한 일에 당황해 소란을 피우는 사람들을 진정시키는 것이다. 결혼식에서 주례가 좀 늦거나 성년식에 장식할 꽃 하나가 시든 것 같은 상황에서 사람들을 진정시키는 일 말이다. 누군가 달려와서 마치 세상이 끝나기라도 한 것처럼 야단법석을 떨기 시작하면 스코트는 차분하게 이렇게 묻는다.

"'정말' 그렇게 생각하십니까?"

이 질문은 굉장히 효과적이다. 차분하게 이 질문을 던지면 과장하며 허풍을 떨던 대부분의 사람들이 말을 바꾸기 때문이다. 대개 이런 말을 하면서 한발 뒤로 물러선다. "뭐, 정말 그런 건 아니지만 당황스러워서요." 그러면 이렇게 대답한다. "이해는 합니다만, 저는 사실을 알아야겠어요. 만약 당신 말이 전부 사실이라면 우리한테 심각한 문제가 생긴 거고 그럼 꼭 해결을 해야만 하니까요."

이때쯤이면 상대는 후퇴하고 주도권은 당신에게 넘어온다.

이 기술의 핵심은 질문을 할 때 적대적이고 무시하는 태도가 아니라 차분하고 솔직한 태도를 취해야 한다는 것이다. 당신이 원하는 바는 상대에 맞서는 것이 아니라 상대를 진정시키는 것이다. 속사포 같은 말을 멈추고 자신이 별것도 아닌 일을 침소봉대하고 있다는 사실을 알아차리게 하는 것 말이다.

대개의 경우 마법의 문장인 "'정말' 그렇게 생각하세요?"와 한두 가지 후속 질문 정도면 충분하다.

아내 우리 재정 문제가 정말 심각해. 그런데도 당신은 뭘 걱정하냐면서 오히려 매번 뭔가를 사들고 들어오지. 내가 짠순이라서가 아니라, 이러다가 정말 우리 파산할 것 같아.

남편 '정말' 그렇게 생각해? 당신은 돈 걱정을 하는데 나는 그때마다 매번 뭘 사들고 온다고, 이러다가 정말 파산할 것 같다고?

아내 아니, 그게 그러니까… 당신이 꼭 그렇다는 게 아니라 그럴 것 같다는 거지.

남편 당신 말이 무슨 뜻인지 대강 알겠어. 하지만 당신은 내가 우리 집 재정 문제에 아무 관심이 없고 정말 우리 집이 망하기를 원한다고 생각하는 건지 알아야겠어. 정말 그렇다면 우리 사이에 심각한 오해가 있는 거니까.

아내 (이제 약간 누그러져) 아니, 내 말은 그런 뜻이 아니야. 그래, 내가 과장했어. 집안 문제로 대화를 하려고 할 때마다 당신이 무시하고 나가버리니까 화가 나서 그렇게 말한 거야.

남편 '매번' 그렇다고 하니까 깜짝 놀랐잖아.

아내 (웃으며) 그래, 그래. 늘 그런 건 아니야. 그래도 자주 그러니까 그게 불만이라고.

이쯤에서 두 사람의 대화는 서로 일방적으로 공격하고 앙갚음하는 논쟁에서 서로 이야기를 주고받는 대화로 바뀌고 있음을 알 수 있다. 만약 당신이 상대하는 사람이 만성적인 불평꾼이고, 당신이 권력자의 위치에 있어서 직업이나 관계가 위험에 빠질 걱정을 하지 않아도 된다면 이 '정말?' 전략의 스테로이드 버전을 시도해 볼 수 있다. 혈기왕성한 영업 사원이 예고 없이 팀장의 사무실로 들이닥친 상황이다.

사원 빌어먹을 주문서에 결재를 받으려면 도대체 어떻게 해야 합니까? 여기 있는 인간들은 지들이 뭘 해야 하는지도 모른다니까! 몽땅 능력도 없는 머저리들뿐이니!

팀장 '정말' 그렇게 생각합니까?

사원 (허를 찔린 데다 너무 열을 내느라 자기가 무슨 말을 했는지도 기억이 안 나서) 뭘 어떻게 생각해요?

팀장 (신중하고 단호하고 차분한 목소리로) 정말 여기서 일하는 사람들이 전부 다 뭘 하고 있는지도 모르고, 몽땅 능력 없는 머저리라고 생각해요? 여기서 일하는 사람 중에 자기가 뭘 하는지 알고 있는 사람이 단 한 명도 없다는 뜻입니까?

사원 (과장은 아직 그대로지만 조금 당황해서) 전부 다는 아니겠지만… 필요할 때 일 처리가 제대로 안 된단 말입니다.

팀장 (질문을 계속하며) 아니, 당신을 추궁하는 게 아니에요. 진실을 알고 싶어서 그러는 겁니다. 만약 여기서 일하는 사람이 전부 다 능력이 없다면 그건 큰 문제고, 그걸 해결하려면 당신 도움이 꼭 필요하니까요.

사원 (약간 진정되어) 아닙니다. 아시겠지만, 제가 그냥 너무 열을 받아서 그랬던 거예요. 모든 직원이 다 무능력한 건 아닙니다.

팀장 화가 난 건 이해합니다만, 이 문제를 해결하려면 꼭 도움이 필요해요. 언제 시간 좀 내줄 수 있습니까?

사원 아니요, 그럴 시간 없습니다. 너무 바빠서요. 그냥 불만이 있어서 쏟아놓았을 뿐입니다.

팀장 아, 그렇다면 다행이군요. 그래도 우리가 고쳐야 할 점이 무엇인지 정확하게 말해주세요. 당신이 다시 그렇게 실망하는 모습을 보고 싶지는 않으니까요.

사원 (차분하게 몇 가지 도움을 요청하기 시작하며) 우선 필요한 건….

직원이 얼마나 빨리 누그러지는지 보라. 게다가 그는 다음에 또 다시 폭발할 것 같은 상황이 되면 이 만남을 기억할 확률이 높다. 그리고 그 기억이 떠오르면 성질을 부리고 싶은 욕구가 강하게 진정될 것이다.

물론 몇 년에 한 번 정도 당신이 "정말 그렇게 생각하세요?"라고 질문했을 때 누군가 아주 단호하게 'Yes'라고 대답해서 당신에게 충격을 줄지도 모른다. 만약 그런 경우라면 마음을 열고 그 사람이 하는 말을 잘 들을 필요가 있다. 그 질문에 'Yes'라고 대답하고 그 대답을 고수할 정도로 용감한 사람이라면 아마 정당한 문제가 있는 것일 테고, 당신이 그 문제를 해결한다면 상대는 훨씬 더 기쁘게 일 잘하는 사람이 될 것이다. 그러니 'Yes'든 'No'든 어떤 대답을 듣더라도 이 간단한 질문으로 큰 문제를 해결하게 될 것이다.

누군가의 문제를 해결해 줄 걱정을 하기 전에 '정말' 문제가 있는지부터 알아내라.

Action Step

주변에서 요점을 지적하기 위해 종종 과장법을 사용하는 사람, 연극 같은 행동으로 당신을 피곤하게 하는 드라마 퀸, 만날 때마다 당신을 멀리 도망치고 싶게 만드는 사람을 떠올려라.

　　다음에 그 사람이 다시 그렇게 지나치게 흥분해서 덤벼들기 시작하면 그냥 한 귀로 흘려버려라. 그리고 5까지 천천히 숫자를 센 다음 이렇게 말하라. "정말 그렇게 생각하십니까?" 상대가 물러서는 게 보이면 실제로 문제가 뭔지 자세히 지적해 달라고 강하게 요구하라.

17
'음…' 전략

적대감을 품은 상대를 '이해' 모드로

당신에게 가장 불만이 많은 고객에게 가장 배울 점이 많다.

– 빌 게이츠Bill Gates

~~~~~~~~

당신이 영업 사원이라고 가정하자. 수익 감소로 고전 중인 당신의 회사는 나에게 설득 기술을 활용해 판매를 증진할 수 있는 방법을 직원들에게 교육해 달라고 요청했다. 당신은 그게 마음에 들지 않는다. 핵심을 못 잡고 변죽만 울리는 것 같아 지금 매우 화가 나 있다.

점심 식사를 하면서 당신은 나에게 말한다.

"사람을 설득하는 이런 자질구레한 기술을 왜 배워야 하는지 도무지 모르겠어요. 내가 현장에서 배운 대로 하면 안 되는 겁니까? 그냥 고객에게 다가가서 뭘 찾는지, 예산이 얼마나 되는지 물어보고 계산대로 안내해 주면 그만인데 말입니다. 고상하신 심리학자 얘기를 배울 시간이 없단 말입니다."

당신은 내가 성질을 내거나 방어적이 되기를 잔뜩 기대하고 있다. 결국 당신이 말하는 '고상하신 심리학자'란 나를 의미하기 때문이다.

하지만 나는 당신의 기대대로 반응하지 않는다. 대신 조금 더 말해달라는 듯 이렇게 말한다.

"음…"

그래서 당신은 계속한다.

"판매를 위해 이런 걸 배우는 건 정말 질색이에요. 벌써 책도 몇 권이나 읽어봤어요. 그런데 현실에선 소용이 없더라고요. 결국 그냥 교과서 속 이야기일 뿐이에요."

"그렇군요." 내가 말한다.

내 반응이 마치 '당신의 말을 더 듣고 싶다'는 소리로 들려 당신은 흠칫 놀란다. 그리고 말을 계속한다. "그렇죠, 실망스러운 일입니다. 정말이지 이런 게 의사 선생한테는 당연히 효과가 있겠지만 나는 영업 사원이란 말입니다. 온갖 격무에 시달리면서 6개월 전에 읽은 책 내용까지 기억하기는 어려운 일이죠."

"그래요…." 나는 이해가 간다는 듯, 더 듣고 싶다는 듯, 하지만 대화의 진행은 온전히 당신에게 맡긴 채 대답한다.

당신은 계속한다. "글쎄요, 좋아요. 내가 불평꾼으로 보일지도 몰라요. 사실 어떤 건 정말 효과가 있기는 했어요. 결국 중요한 건 내 결정이겠죠. 만약 시도를 해봐서 진짜 효과가 있다면 꾸준히 계속할 수도 있을 겁니다. 그렇게 되면 반복해서 배우지 않아도 될 테니까요."

내가 대답한다. "오랫동안 이런 방법을 그냥 되는 대로 사용해 오셨군요. 그러다 보니 결과도 일관성이 없었던 겁니다. 하긴 결과가 바로 나타나지는 않았을 테니 실망하신 것도 이해가 되네요."

"네, 그래요. 하지만 결국 제 몫이겠죠. 불평꾼처럼 보이기는 싫습니다. 마음을 먹고 몸에 익을 때까지 매일 노력했어야 했어요."

내가 제안한다. "아시겠지만, 도움이 될 만한 걸 귀띔해드릴게요. 동일한 행동을 21일 동안 지속하면 습관이 되어 유지하기가 더 쉬워진답니다. 치실 사용하는 것하고 비슷해요."

당신은 잠시 생각한 후 고개를 끄덕인다.

"그럼 어떻게 하시고 싶습니까?" 내가 묻는다. 당신은 잠시 동안 스스로가 처한 상황을 생각해본다. 매출 감소, 사나운 고객들, 할당량을 채우지 못해 수당이 줄어들면 쌓일 청구서들…. 당신은 1분 정도 샐러드를 뒤적거린다. 그리고 이렇게 결론짓는다. "내가 하고 싶은 건 아니지만 꼭 필요한 거군요."

나는 커피를 마시며 잠시 기다린다. 그리고 묻는다. "그 일을 해야 할 때가 언제인지 알 수 있겠습니까?"

당신은 생각한다. 그리고 말한다. "지금 아니면 영영 못 할 것 같습니다."

"좋아요." 내가 말한다. 메인 요리가 나오기도 전에 우리는 함께 해보기로 의기투합한 동지가 되어 있다.

무슨 일이 일어났을까?

당신은 처음에 화가 났고, 실망했고, 방어적이었고, 상황이 더 나빠질 것이라 예상했다. 화가 나는 일을 하나씩 말할 때마다 잠시 멈추고 본능적으로 내가 당신에게 설교를 늘어놓거나 맞서거나 설득하길 기다렸다. 만약 내가 그렇게 했다면 당신은 아마 자기 입장을 고수하며 나와 싸우려 했을 것이다. 속으로는 내가 하는 말에 동의하더라도 말이다.

그래서 나는 정반대로 행동했다. 당신의 말을 막는 대신 나는 "음…", "그렇군요", "그래요" 등의 말을 사용하여 당신이 더 깊이 들어갈 수 있도록 부추겼다. 내가 그럴 때마다 당신은 조금씩 진정되었다. 결국 우리의 대화가 끝날 때쯤 당신은 '왜 실패했는지' 변명하기를 멈췄다. 오히려 '성공할 수도 있었다는 것'을 내게 납득시키려고 열심히 노력하고 있었다.

'음…' 전략은 상대가 화가 나고 방어적이고 나를 적대시할 때 사용하는 수단이다. 이 방법은 인질극의 위기에서 성난 고객을 응대하는 순간에 이르기까지, 다양한 상황에서 효과를 발휘한다. 언쟁으로 발전할 가능성이 있는 상황을 협조적인 대화로 바꿔주기 때문이다. 그 이유는 이렇다.

사람들은 대부분 속상하고 화가 난 사람과 마주했을 때 잘못된 대응을 한다. "괜찮아, 좀 진정해." 하는 식으로 상황을 반전시킬 말을 하거나 이성을 잃고 같이 화를 낸다. "그래? 좋아, 내 생각이 쓰레기 같다고 생각한단 말이지. 하지만 네가 틀렸어. 내가 증명해 주지."

이 두 가지 접근 방식은 대개 끔찍한 결과를 초래한다. 상대를 화나게 만들고 둘은 아귀다툼을 하게 된다. 상대에게 정중하게 '진정하라'고 요구하는 것은 상대에게 자칫 '너보다 내가 한 수 위'라는 메시지를 보내게 된다. '나는 제정신이고, 너는 열 받은 미친놈이야'라는 의미다. 어느 쪽이든 결국 상대방을 더욱더 '저항' 단계로 밀어붙이게 된다.

반면 '음…' 전략은 화를 단계적으로 진정시키는 효과가 있다.

상대를 입 다물게 하려는 게 아니다. 대신 상대에게 이렇게 말하는 것이다. "당신은 나에게 중요한 사람이고, 당신의 문제는 내게도 중요합니다." 여기서 다시 그 거울신경세포가 등장한다.

누군가가 공격적으로 나오는 것은 대개 그들이 제대로 대접받지 못했다고 느끼기 때문이다. 그들이 틀렸든 옳았든 관계없다. 특히 화가 나고 실망한 고객의 경우는 더욱 그렇다. 그런 사람들은 다른 영역에서도 상처를 입었을 가능성이 높다. 여기까지 오려고 운전을 하다가 화가 더 치밀어 올랐을 수도 있다. 그래서 자신에게 큰 위해를 가할 수 없는 누군가에게 그 분노를 폭발하고 있는 것이다. 개를 걷어차는 것과 비슷한 행위다.

그때 방어적으로 굴거나 맞서 싸우면 그들의 '나는 틀렸고 중요하지 않다'는 생각에 기름을 끼얹는 셈이다. '거울신경세포 수용체 결핍'이 심해져서 분노에 부채질을 하는 격이 된다. 그러나 당신이 전혀 예상치 못한 행동을 보이며 그들이 계속 말하도록 격려하면 그 반대의 결과가 나온다. 당신이 존중과 관심을 보내주면 그들은 똑같은 메시지로 보답하고 싶어진다.

나는 이 '음…' 전략을 '관계 강화 기술'이라고 부른다. 상대의 말이 중요하며 들을 가치가 있고 행동으로 옮길 가치가 있음을 표현하는 말이다. 하지만 사실 이 방법은 아무것도 해결해 주지 않는다. 대신, 진짜 문제가 무엇인지 파악하고 스스로 현실적인 해결책에 도달할 수 있도록 상대를 진정시키는 것이 유일한 목적이다.

손님 (공격적으로) 당신네 회사가 나한테 쓰레기 같은 물건을 팔았어! 당신네 제품은 후졌고 당신네 서비스는 더 형편없어. 당신들은 전부 거짓말쟁이야.

당신 (더 듣고 싶다는 듯이 격려하는 어조로) 음….

손님 (화가 나서) '음…'이라니, 무슨 반응이 그래?

당신 (단호하고 침착하게) 가능한 한 빨리 이 문제를 바로잡을 방법을 생각하고 있었습니다. 그렇지 않으면 더 심각해질 테니까요. 상황이 더 나빠지면 안 될 것 같은데요. 그렇지 않을까요?

손님 (물러서서 진정되기 시작하며) 어, 그야, 그렇지. 나를 도와주겠다니 놀랍군. 당신은 지금 내가 얼마나 골치가 아픈지 모를 거야.

당신 (더 듣고 싶다는 듯) 좀 더 말씀해주세요.

손님 정말? 시간 많으쇼? 그럼 좋소, 당신이 말해보라 했으니 말하지. 처음엔 당신네가 나한테 보내준 GPS가 작동을 안 했단 말이오. 수리해 달라고 보냈더니 다시 조립하느라 다 긁히고 고물처럼 변한 낡은 걸 나한테 다시 돌려보냈잖소.

당신 기분 상하실 만하네요. 또 다른 문제는 뭐가 있는지 말씀해주시겠습니까?

손님 (기분이 풀리며) 글쎄, 음… 다른 것들이야 사실 사소한 문제들이었고…. 내가 불평하니까 그 사람들이 그 거지 같은 걸 새것으로 교환해 줬소. 하지만 이번에 집사람 차에 달려고 새로 주문한 장치가 작동을 안 해요. 그 문제로 이메일을 보냈지만 그 사람들 말이야, 답장도 없었소.

당신 알겠습니다. 가능한 한 빨리 문제를 해결해 드리도록 하겠습니다. 제 생각엔 소프트웨어 업데이트 때문인 것 같은데 패치 파일을 다운로드하면 금방 해결될 겁니다. 그래도 제대로 작동하지 않을 경우를 대비해 제 전화번호를 드릴 테니 전화 주세요. 다른 해결 방법을 찾아보겠습니다. 그 전에 우리 회사 제품을 사용해 보신 소감 좀 부탁드려도 되겠습니까?

손님 음… 당신네 회사의 고객 서비스가 별로라는 점은 말해야겠소. 이번 경우는 제외해야겠지만 말이오. 앞으로 나아지겠지…. 그리고 이봐요, 당신한테 소리 지른 건 미안하오. 당신 잘못이 아니라는 건 나도 알고 있소.

당신 아니요, 괜찮습니다. 그럴 만한 일을 겪으셨어요. 자, 이제 새 장치의 문제가 무엇인지 알아보기로 하죠.

이 대화를 다시 잘 읽어보면 흥미로운 점을 발견할 수 있다. 처음에 고객이 던지는 비난의 화살은 바로 '당신'을 겨누고 있었다. '당신' 제품은 후졌고, '당신' 서비스는 형편없고, '당신'은 거짓말쟁이다. '당신'은 최악이다. 하지만 몇 분이 지나자 뭔가 미묘하게 달라지기 시작한다. 어느 시점인가부터 고객은 '그 사람들' 혹은 '당신네 회사'에 대해 화를 내기 시작한다. 왜? 이제 그 손님은 당신이 자신과 '같은 편'이라고 생각하기 때문에 당신에게 상처를 주기가 싫은 것이다. 일단 그런 변화가 일어나면 당신은 더 이상 숨기 위해 움츠릴 필요 없이 바로 문제 해결을 위해 노력할 수 있다.

'음…' 전략은 상대를 빠른 시간에 적에서 동맹으로 바꿀 수 있기 때문에 일상생활에서도 효과를 발휘할 수 있다. 특히 한마디만 잘못 던져도 큰 싸움으로 번질 수 있는 일촉즉발의 상황에서 더욱 그렇다. 하지만 한 가지 주의할 점이 있다. 당신은 가족들의 분노에 대해 낯선 사람의 분노보다 훨씬 감정적으로 대응할 확률이 높다. 그러니 입을 열기 전에 먼저 정신을 똑바로 차려라. 일단 내가 3장에서 소개한 '젠장'에서 'OK'로 빨리 이동하는 훈련을 한 다음, 확실히 자제할 수 있다는 확신이 들 때 대화를 시작하라.

당신의 목표는 당면한 문제를 해결하는 게 아니다. 그보다는 상대의 말을 들어보지도 않고 쏘아붙이거나 일방적으로 내 말만 하는 대신 대화를 하자는 게 목표다. 그렇게 되면 당신은 서로를 무섭게 공격하기보다 상대와 함께 동료로서 문제를 해결할 수 있게 된다.

"음…"은 격해지는 대화를 재빨리 진정시킬 수 있는 여러 가지 말들 중 하나다. 다른 말로는 "정말이요?", "그러니까…", "조금 더 말씀해주세요", "그래서 어떻게 됐습니까?", "달리 하실 말씀 있으십니까?" 등이 있다. 그중 내가 가장 선호하는 것은 "음…"이다. 이 말이 상대의 경계를 허물어주기 때문이다. 경계를 푸는 것은 폭발을 막는 데 효과가 좋은 방법이다. 상대를 적대적인 상태에서 약간 당황스러운 상태로 바꿔놓아라. 그러면 올바른 방향으로 한 걸음 내디딘 것이다.

하지만 중요한 것은 정확히 어떤 단어나 구절을 선택하는지의 문제가 아니다. 핵심은 그 말을 '어떻게' 사용하는가에 있다. 싸우거나 방어하거나 변명하지 말고 이렇게 말하라. "당신은 중요한 사람입니다. 당신이 제기한 것은 중요한 문제입니다. 제가 잘 듣고 있습니다." 이런 메시지를 전달하면 문제는 이미 반 이상 해결된 것이나 다름없다.

방어적이 되지 말고 더욱 깊이 들어가라.

Action Step

상대가 고민과 불만을 모두 쏟아내도록 유도하는 것만으로도 진짜 문제를 발견할 수 있는 첫 단추를 채운 셈이다.

18

'합의문' 전략

감추고 싶은 약점을 '장점' 모드로

한 가지 단점을 숨기면 세상은 최악을 상상한다.
– 마르쿠스 발레리우스 마르티알리스Marcus Valerius Martialis

~~~~~~~~~~

당신이 법정 용어에 익숙하다면 미국 변호사들이 소위 '합의문 stipulation'을 둔다는 사실을 알고 있을 것이다. 뭔가에 '미리' 동의한 다는 의미다.

예를 들어 피고 측 변호사가 피해자를 죽인 총에 피고의 지문이 찍혀 있다는 점을 합의문으로 제시하면, 원고와 피고 측 모두 그 사실을 전제로 재판에 임한다. 원고 측 변호사는 동일한 사실을 증명 하기 위해 전문가의 증언을 요청할 필요가 없다. 그러면 피고 측 변호사는 다음 단계, 즉 총기 사용을 정당화하기 위한 변론으로 넘어 갈 수 있다.

'합의문' 전략이 왜 현명한 기술일까? 왜냐하면 스스로 문제를 밝 히고 나면 당신은 그 문제를 해결하기 위한 최선의 노력을 기울이기만 하면 되기 때문이다. 더욱이 그 문제를 강력한 자산으로 바꿀 수 있는 경우도 종종 있다.

대다수의 우리는 '누구라도 알아챌 만한 약점'을 감추기 위해 굉장한 에너지를 소비한다. 그 결과 주변 사람들이 피곤해진다. 주변 사람들은 억지로 그 문제를 못 본 체하며 그것을 언급하지 않으려고 신경을 써야 하기 때문이다. 주변 사람을 피곤하게 하면 그들의 거울신경세포가 감정적 연결을 만들어낼 수 없다. 적극적으로 우리와의 연결을 피하는 중이기 때문이다. 그들의 마음은 '이 사람에게 다가가라'고 말하는 대신 '조심해. 이 사람을 믿지 마. 이 정도도 감춘다면 아마 더 큰 것도 숨기고 있을 거야'라고 경고한다.

그럼 해결책은 무엇일까? 사람들이 다가서는 데 방해가 되는 크고 분명한 문제가 있다면 그 문제에 대해 미리 합의문을 제시하는 것이다.

최근 나는 〈LA 타임스〉에 실리는 내 칼럼을 즐겨 읽는다는 한 젊은이의 편지를 받았다. 그 편지의 내용은 이랬다.

"저는 26살 된 청년인데 '말-을- 더-듬-는' 문제가 있습니다. 심각한 것은 언제 그 증상이 갑자기 나타날지 모른다는 점입니다. 그걸 모르기 때문에 더 스트레스를 받게 되고 그러다 보면 더 말을 더듬게 됩니다."

그는 자기 분야에 특출난 능력이 있었지만 직업을 구할 수 없었다. 그는 그 이유가 '말을 더듬는 것' 때문임을 잘 알고 있었다.

나는 다른 내담자 조에게 알려주었던 방법을 그에게도 동일하게 알려주었다. 조도 이 젊은이와 같은 처지에 있었다. 그는 계속 면접을 봤지만 말을 더듬어서 취직하기가 어려웠다.

나는 조에게 의도적으로 말을 더듬지 않으려고 노력하지 말라고 말했다. 그래 봐야 효과도 없었다. 대신, 면접을 시작할 때 면접관에게 이렇게 말하라고 알려주었다.

"저는 말을 더듬는 문제가 있습니다. 최악의 문제는 언제 말을 더듬게 될지 모른다는 점입니다. 제가 말을 더듬으면 사람들은 깜짝 놀라 저를 불쌍해하면서 어쩔 줄 몰라 당황합니다. 만약 면접 중에 그런 일이 벌어지면 최선의 방법은 그냥 참아주시는 겁니다. 애써 모른 척하실 필요도 없습니다. 운이 좋으면 금방 괜찮아지기도 합니다. 이 문제로 불편을 끼쳐드려 미리 사과드립니다."

말을 더듬는다는 자신의 단점을 미리 이야기함으로써 조는 상대가 당황할 수 있는 요소를 미리 제거했고, 그러고 나자 훨씬 차분하게 스스로를 통제할 수 있다는 안정감이 들었다. 더욱이 그의 평정심, 상대의 불편을 배려하는 자세, 친절함 등으로 상대의 인정과 존경까지 얻어냈다.

몇 년이 지난 후 말을 더듬는 문제가 거의 해결되고 나서 조는 나에게 이렇게 말했다.

"저는 아직도 사람들에게 제가 말을 많이 더듬었던 적이 있다고 밝히고 혹시라도 그런 일이 일어나면 어떻게 해야 하는지 알려줍니다. 그것이 가장 빨리 사람들의 존중을 얻으면서 동시에 그들의 응원을 끌어내는 효과적인 방법이란 걸 알았기 때문이죠."

'합의문' 전략은 다른 종류의 문제들을 무효화하는 데도 도움이 된다. 정신과 의사로서 기업을 대상으로 일하다 보면, 내 직업을 밝히자마자 좌중이 썰렁해지는 일이 종종 있다. 사람들이 눈을 굴리며 회의적인 반응을 보이는 게 곧바로 느껴진다. 그럴 때면 나는 조에게 조언했던 것을 내 방식으로 변형해 사용한다.

"저는 MBA나 정식 비즈니스 교육을 받은 적이 없는 일개 정신과 의사입니다. 정신과 의사라고 하면 일단 의심의 눈길부터 보내는 분들이 많다는 걸 잘 압니다. 하지만 저는 이 직업을 통해 배운 게 몇 가지 있습니다. 저는 뇌사상태에 빠진 아들의 장기를 기증하도록 부모를 설득했습니다. 몇 년간 같은 침대를 쓰지 않던 부부가 다시 섹스를 하게 만들기도 했습니다. 거의 주먹이 오가기 직전의 동료들을 대화하게도 만들었고, 파산한 헤지펀드 설립자가 자살로 생을 마감하려는 걸 말리기도 했습니다. 저는 사람을 설득하는 일에 대해 뭔가를 압니다. 그리고 그것이 바로 여러분들이 매일 필요로 하는 것이라고 생각합니다."

너무 장황한 서론인 것 같지만 이렇게 말하고 나면 효과가 있다. 단 2분 만에 적대적이거나 방관하고 있던 청중이 집중하는 청중으로 변하는 것이다. 그들은 이렇게 생각하게 된다. '와, 뭔가 정말 중요한 말을 하려는 것 같은데?'

당신도 이 방법을 사용한다면 효과를 볼 수 있을 것이다. 물론 제대로 했을 때 그렇다. 이 방법을 제대로 사용하기 위해 중요한 세 가지 핵심은 이것이다. '시작한다(쭈뼛대거나 머뭇거리지 않고 단도직입적으로)', '문제를 무효화한다(문제를 명쾌히 밝히고 대처 방법을 분명히)', '끝낸다(과도한 세부 설명을 달지 않고 간결하게)'. 예를 들어보자.

면접관 자, 본인의 학력과 경력에 대해 말씀해주십시오.

당신 아마 채용을 고려하고 있는 지원자들 중에서 이 분야에 학위가 없는 사람은 제가 유일하지 않을까 생각합니다. 그건 제가 어느 정도 '타고난' 사람이기 때문입니다. 저는 아홉 살 때 처음 프로그램을 팠습니다. 부모님 모두 프로그래머셨기 때문에 저는 태어날 때부터 그쪽으로 괴짜였던 것 같습니다. 제가 16살 때 이웃 한 분이 제가 DB 설계를 할 수 있다는 걸 아시고는 그 자리에서 채용하시는 바람에 첫 직업을 갖게 되었습니다. 그분은 은퇴하셨지만 제 추천인이 되어 주셨고, 그분 매장에서는 아직도 제가 만든 코드를 사용하고 있습니다.

면접관 '와~'

당신 또 제가 한 일에 대해 기꺼이 증언해 주실 만한 다른 고객들도 많습니다.

당신이 잠재적인 문제점이나 단점을 미리 밝혀 동의를 구할 때는 남의 눈에 신경 쓰지 않는 자신감 있는 태도가 필수적이다. 당신이 여유를 가질수록 상대도 느긋해질 것이다. 그리고 당신이 전하는 메시지에 더욱 집중할 수 있을 것이다.

'합의문' 전략을 사용하는 데는 용기가 필요하지만 그 보상은 크다. 이 기술을 사용하면 당신은 결함을 자산으로 바꾸고, 상대가 당신을 문젯거리가 아닌 존중할 만한 인간으로 보도록 만들 수 있다.

더욱이 그동안 당신을 좌절하게 하던 문제가 앞으로 나아가게 하는 열쇠로 변해 있음을 발견하고 깜짝 놀라게 될 것이다.

돌아온 탕자가 성실한 첫째 아들보다 더 사랑받는 이유

몇 년 전 나는 재무 분야 전문가들을 상대로 자기 계발에 관한 강연을 했다. 나는 나름대로 훌륭한 강연이었다고 자부했지만, 청중의 생각은 그렇지 않은 듯했다. 별로 좋지 않은 피드백을 듣고 나는 의기소침해졌다.

문제는 이틀 후에 이들보다 더 까다로운 회계사들을 대상으로 한 강연이 예정돼 있었다는 것이다. 겁이 났지만 곧 마음을 다잡고 상황을 분석했다. 그 결과 강연 자체보다 강연이 배치된 상황이 문제였다는 것을 깨달을 수 있었다. 청중은 하루 종일 실무 관련 강연을 들었고, 그와 비슷한 내용을 기대했지만 내가 너무 추상적이고 근본적인 이야기들을 해버렸던 것이다. 그래서 두 번째 강연은 아예 이렇게 시작했다.

"실은 고백할 게 있습니다. 이틀 전 여러분보다 훨씬 덜 뻑뻑한 청중을 대상으로 강연을 했는데 아주 끔찍한 평가를 받았습니다."

이 말에 약간 놀란 듯 비아냥대는 웃음이 터져 나오긴 했지만, 청중은 곧 흥미를 갖고 귀를 기울이게 되었다. 나는 계속해서 말했다.

"문제는 제 강연이 아니라 상황이었다는 것을 깨달았습니다. 그래서 이번에는 여러분께서 제 강의에 실망하는 대신 뭔가 가치 있는 것을 배울 수 있도록 색다른 시도를 해보려고 합니다."

나는 그들이 오전 내내 들었던 실무 관련 강연에서 벗어나 내 강의로 이입할 수 있도록 '인생이 뒤바뀐 순간'을 떠올리도록 유도했다. 나는 예를 들면서 9.11 테러가 일어났던 주말 오랜만에 예배당을 찾아 울며 기도했던 순간이나 몸이 약해 병원 신세를 벗어나지 못했던 큰애가 대학 졸업식에서 학사모를 쓰던 순간 같은 것을 떠올려보라고 했다.

청중의 마음이 '꼭 알아둬야 하는 세법' 따위에서 '내 인생에서 정말 중요한 것은?' 쪽으로 옮겨가고 있음을 느낄 수 있었다. 강연장을 둘러보니 수백 명의 회계사들이 내가 다음에 무슨 말을 할지 기대에 찬 시선으로 집중하고 있는 모습이 보였다.

며칠 후 행사 기획자가 이메일을 보내왔다. 당일 여러 강연 중에서 단연 내 강연이 최고의 평가를 받았다는 것이었다. 내 강연이 이제껏 들었던 강연 중에서 최고였다고 말한 사람들도 있었다고 했다. 청중에게 약점을 공개함으로써 나는 청중에게서 내가 전하는 메시지를 이해하고 인정하게 해주는 감정이입을 이끌어냈다. 그리고 내 실수를 찾아내 극복함으로써 더 경쟁력 있는 강사가 되는 데 필요한 몇 가지 핵심 기술을 배울 수 있었다.

> **사람들이 당신에게 품고 있는 불안감을 수면 위로**
> **드러냄으로써 당신의 평정심을 보여라. 그러면 사람들의**

긍정적이고 온전한 집중을 얻어낼 확률이 높아진다.

Action Step

당신에게 남들을 불편하게 만드는 점이 있다면 그 문제가 무엇인지 그리고 상대가 그 문제에 어떻게 반응하면 좋을지 설명하는 연습을 해보라. 대중 앞에서 숨 쉬듯 편안하게 말할 수 있을 때까지 거울 앞에서 연습하라.

19
'변화 중심 화법'
일차원적 관계를 이해와 공감의 '친밀' 모드로

이들은 하늘을 보지 않는구나!
– 맨해튼 거리를 처음 걸어본 아프리카 원주민

~~~~~~~~~~

월가의 한 금융 회사로 면접을 보러 갈 준비를 하고 있던 딸이 나에게 물었다.

"여러 지원자들 중 저를 돋보이게 하려면 어떤 질문을 해야 할까요, 아빠?"

한 시간 반 후, 딸은 회의 중인 내게 급히 전화를 걸어 흥분된 목소리로 말했다.

"아빠, 면접관에게 아빠가 알려주신 질문을 했더니 딱 아빠가 말해준 반응을 보였어요. 잠시 천장을 올려다보시더니 이렇게 말했죠. '훌륭한 질문인데 뭐라 답을 해야 할지 모르겠군요. 그 질문에 대한 답을 꼭 준비해야겠네요.' 그 후로는 저랑 면접관이랑 뭔가 통하는 느낌이 들었어요."

딸애가 면접관의 흥미를 끌기 위해 한 질문은 이것이었다.

"앞으로 1년 후, 면접관님과 윗분들께서 이번에 채용한 직원들을 평가하는 자리에 계신다고 상상해 보세요. 제가 지원한 직책에 대해 평가하시면서 CEO께서 '이런 사람을 10명만 더 채용합시다. 오랜만에 정말 최고의 인재를 뽑았네요'라고 말씀하시는 거예요. 그런 격찬을 받으려면 그 직책에 있는 사람이 어떻게 해야 되는지 말씀해주실 수 있을까요?"

그 질문이 효과가 있을 거라는 건 알고 있었다. 또한 딸아이에게 그 질문이 효과가 있는지 확인할 수 있는 방법도 알려주었다. 면접관의 눈을 잘 보면 된다. 면접관이 위를 쳐다보면 '거래 중심 화법'에서 '변화 중심 화법'으로 바뀌었다는 것을 알 수 있기 때문이다.

협상이나 거래를 하지 말고 '진짜 대화'를 나눠라!

요즘엔 대화를 하기보다 주로 '거래'를 한다. 연인이나 부부는 저녁 식사를 하면서 휴가 계획에서 섹스에 이르기까지 모든 것에 대해 협상을 한다. 부모는 학교생활과 숙제를 놓고 자녀들과 협상을 한다. 관리자는 명령할 때를 제외하면 대개 협상을 한다. 모두들 '그래서 나한테 뭘 해줄 건데?'와 '그 대가로 나는 뭘 하면 되는데?'에만 관심이 있다.

정보 교환이나 계약과 협상이 목표라면 '거래'도 괜찮은 방법이다. 하지만 거기엔 치명적인 결함이 하나 있다. 거래는 상대방의 마음을 열지 못한다. 거래에서 사용하는 의사소통은 ATM 기계를 다루는 것과 비슷하다. 돈이 계좌에서 나와 손에 들어오면 모든 게 끝난다. 하지만 돈을 받고 나서 '고맙다'는 기분 따위는 들지 않는다.

'거래 중심 화법'은 피상적이고 비인격적이어서 그런 관계에서는 끌리는 매력을 발산하지 못한다. 그런 상호 교류가 꼭 사람들을 밀어내는 것은 아니지만 더욱 가깝게 끌어당기지는 못한다. ATM 거래와 마찬가지로 그런 식의 상호작용은 인생을 바꿔놓을 만한 사건이 되는 경우가 거의 없다. '회사나 모두의 이익'을 위한 대화가 아니라 그저 '이해당사자' 간의 대화가 되고 만다.

누군가의 인생을 바꿀 만한 사건을 일으키려면 거래에서 벗어나 대화를 해야 한다. 어떻게 해야 할까? 상대가 다음과 같은 대답을 할 수 있도록 질문을 던지는 것이다. "나는 이렇게 생각합니다", "나는 이런 사람입니다", "내가 추구하는 것은 이런 것입니다", "제 인생에 관심이 있으시다면 이렇게 해주시면 됩니다."

내가 만나는 CEO나 관리자들은 대부분 똑똑할 뿐 아니라 현명하다. 하지만 그 지혜를 발휘할 기회가 별로 없다. 그들은 비즈니스의 여러 문제를 해결하느라 깊이 있고 창조적인 생각을 할 기회나 자기가 가진 뛰어난 지적 능력을 최고로 발휘할 기회가 거의 없다. 비록 의식하지 못하고 있다 해도 이는 실망스러운 일임에 틀림없다.

그들에게 마음을 열고 지성을 발휘할 수 있는 질문을 던지자 특이한 현상이 발생했다. '시간'을 최고로 여기는 바쁜 경영자들이 자발적으로 나와 좀 더 시간을 보낼 수 있기를 간절히 바라게 된 것이다. 거의 세 번에 한 번 꼴로 상담 시간에 비서에게 전화를 연결하지 말라고 지시하고, 나와 약속된 시간을 초과해 가며 심지어 조금이라도 더 같이 있으려고 일부러 회사 로비까지 나와 배웅하기도 했다.

"이 정도론 모자라요. 마크, 비서한테 말해서 시간을 좀 더 길게 잡아줘요. 아님 식사라도 하면서 느긋하게 얘길 좀 합시다."

내가 이런 반응을 이끌어내는 이유는 아주 간단하다. 2장에서 소개했듯이 상대방의 '거울신경세포 수용체 결핍'을 채워주기 때문이다. 이 사람들은 열과 성을 다해 열심히 일한다. 그리고 이 세상이 자신들의 지성과 가치, 창의성을 인정해 주기를 원한다. 그런데 보통 그들이 듣는 이야기들은 이런 유형이다. "이 정도 숫자로는 이 사회가 마음에 들어 하지 않을 겁니다", "손익분석표는 어디에 있죠?", "왜 아직 보고서가 안 온 겁니까?" 이런 말은 그들 스스로를 기계의 작은 톱니바퀴처럼 느끼게 만든다.

나는 그 사람들을 만날 때마다 그들에게서 회사의 일부인 톱니바퀴로서의 매력이 아닌, 인간으로서의 진정한 매력을 느낀다. 그리고 질문 하나만으로 그 사실을 그들에게 알려줄 수 있다. 결과는 대개 내 말을 적극적으로 고려하는 것이나 즉각적인 '바이 인'으로 나타난다.

얼마 전에 만났던 소프트웨어 회사 부사장 빌을 예로 들어보자. 우리는 만남의 표면적 이유였던 회사의 인사 문제에 대해 오랫동안 이야기를 나누었다. 빌은 매우 지적이고 흥미진진한 사람이었다. 그리고 상당 시간 동안 확실하게 '거래' 모드를 유지했다. "언제 시간이 나십니까?", "얼마나 걸릴까요?", "비용은 얼마 정도 들까요?" 그런 식으로 한 시간 반 정도가 지나고 나서 나는 빌에게 말했다.

"제가 도움이 될 수 있는지, 있다면 어떻게 하면 좋을지 알고 싶습니다. 그걸 알기 위해 이 회사, 특히 부사장님이 성취하고자 하는 가장 중요한 목표가 뭔지, 또 그런 목표를 세운 이유가 무엇인지 얘기해주시면 좋겠습니다."

빌은 잠시 망설이며 몇 분 동안 천장을 응시하다가 대답했다.

"아주 좋은 질문이네요. 조금 더 생각해봐야겠습니다."

그 순간, 우리 관계가 한 단계 도약하는 느낌이 들었다. 말 그대로 빌은 '하늘을 쳐다봤다'. 그는 거래와 전략과 '주는 대로 받는' 작은 세상에서 걸어 나와 자신과 회사의 미래를 위한 큰 그림을 그려보았다. 그에게 그런 기회를 줌으로써 나는 그와 긴밀한 관계를 맺게 되었고, 우리의 눈이 다시 마주쳤을 때 우리가 나눈 말은 더 이상 협상이 아니었다. 진짜 대화였다.

변화를 불러오는 질문의 열쇠는 간단하다. 자문해 보라. "내가 이 사람의 생각이나 관심사, 미래나 인생에 관심이 있다는 것을 단번에 보여줄 수 있는 질문은 무엇일까?" 그리고 그 질문을 던지는 것이다. 예를 들면 다음과 같다.

- 회사가 나아가는 방향 중에서 당신이 딱 한 가지를 바꿀 수 있다면 무엇을 바꾸고 싶습니까?
- 당신이 목표를 향해 더 빨리 나아가는 데 제가 도움이 될 만한 일이 한 가지 있다면 무엇일까요?
- 가장 자랑스러울 만한 성취를 하나 꼽는다면 무엇일까요?

이런 질문이 '거래 중심 화법'보다 더 강력한 힘을 발휘하는 이유를 알아보기 위해 다음의 두 가지 시나리오를 살펴보자. 새 직장에 첫 출근한 에이미와 상사의 이야기다. 첫 번째 시나리오는 이렇다.

상사 안녕하세요, 에이미. 일은 어때요?

에이미 좋아요. 도와주실 직원을 붙여주셔서 감사합니다. 첫날은 늘 정신이 좀 없는데 점점 익숙해지고 있습니다.

상사 잘됐네요. 궁금한 게 있으면 그 직원한테 물어보면 돼요.

에이미 알겠습니다. 감사합니다. 아, 혹시 스테이플러가 어디에 있는지 아세요?

상사 그럼요. 비품 창고에서 찾아보세요. 그리고 존슨 파일은 오늘 저녁 전까지 가져다주세요.

잘못된 건 없다. 하지만 에이미는 상사에게 전혀 강한 인상을 남기지 못하고 있다. 나중에 상사가 에이미에 대해 기억하는 건 스테이플러뿐일 것이다.

자, 이번 시나리오에서는 에이미가 어떤 인상을 남기는지 살펴보자.

상사 안녕하세요, 에이미. 일은 어때요?

에이미 좋아요. 감사합니다. 도와주실 직원을 붙여주셔서 감사합니다. 아, 가시기 전에 제가 간단한 질문 두 개만 드려도 될까요?

상사 음, 물론이죠. 뭔가요?

에이미 처음부터 제대로 하고 싶어서 그러는데요. 제가 항상 유념해서 지켜야 할 것 세 가지랑 절대 하지 말아야 할 것 세 가지가 있다면 말씀해주시겠어요?

상사 음…. (눈을 들어 천장을 보며) 재밌는 질문이네요. 생각 좀 해봐야겠는데요. 지금 막 머리에 떠오르는 건, 문제가 생겼을 때 절대 숨기지 말라는 것! 나중에 내가 갑자기 당황하지 않도록 문제가 생기면 바로 얘기해주세요. 그리고 (웃으며) 내가 통화 중이더라도 우리 집사람 전화는 꼭 연결해 주세요. 안 그러면 내가 집에 가서 한 소리 듣거든요. 아, 그리고 톰 알죠? 브래들리 보고서 작성을 함께할 직원 말입니다. 연배가 좀 많긴 하지만 우리 팀에서 제일 유능한 직원이에요. 그러니까 톰이 하는 말을 유념하도록 하세요.

두 번째 시나리오에서 에이미가 상사에게 한 질문은 간단하다. "인생철학이 뭔가요?"나 "회사가 어떤 방향으로 나아가길 바라십니까?" 같은 질문보다 훨씬 간단하다는 뜻이다. 하지만 이런 질문들의 목표는 다 비슷하다. '거래 중심 화법'을 좀 더 높은 차원으로 옮겨놓는다는 것이다.

에이미의 질문을 들은 상사는 잠시 생각할 것이다. 그리고 그가 다시 에이미와 눈이 마주쳤을 때는 그녀를 다른 시각에서 보게 될 것이다. 그 순간부터 그녀는 동료가 되는 것이다. 스테이플러가 필요한 누군가가 아니고.

'변화 중심 화법'을 세일즈에도 활용할 수 있을까?

나는 제약 회사 마케터들과 이야기를 나눌 기회가 종종 있다. 내가 정신과 의사라는 자리에 있기 때문에 그들이 '영업을 하러' 나를 찾아오는 것이다. 나는 기회가 되면 그들을 기꺼이 도우려 한다. 공짜 샘플을 얻는 재미가 쏠쏠하기 때문이다. (농담이다!)

그들은 내가 알려주는 설득 방법을 활용해 다른 의사들을 설득하는 데 성공한다. 나는 우선 그들에게 의사를 이해하라고 조언한다. 의사들은 오랜 시간 돈을 투자해 공부했다. 그래서 더 짧은 기간 안에 빨리 돈을 벌어야 재정적으로 안정될 거라는 불안감에 시달린다. 또 대부분의 의사들이 주위 사람들(부양해야 하는 가족들, 직원들)에게 착취(?)를 당한다고 느끼는 반면, 자기를 챙겨주는 사람은 아무도 없다는 느낌을 갖는다. 강조해 말하지 않더라도 분명, '거울 신경세포 수용체 결핍'의 전형이다.

또 병원 업무의 특성상 의사들은 거의 완벽할 정도로 '거래' 중심이다. "증상을 말씀해보세요. 일단 진찰을 한 다음, 몇 가지 검사를 진행하겠습니다. 그러고 나서 진단을 내리고 처방을 하도록 하죠. … 다음 분!"

그래서 만약 영업 사원이 좀 더 기억에 남을 만한 '변화 중심' 화법을 쓰고 싶다면, 나는 제품 프레젠테이션이 끝난 다음에 이런 말을 덧붙이라고 알려준다.

"죄송합니다만 박사님, 잠깐 다른 질문을 하나 해도 되겠습니까?"

대부분의 의사들은 영업 사원이 공짜로 의학적인 자문을 구하려고 귀찮게 구는가 싶어서 짜증을 낼 것이다. 하지만 예의 바르게 행동하느라 내키지 않는 어투로 이렇게 말할 것이다. "그러세요."

그러면 이렇게 묻는 것이다. "얘길 들어보니까 의사 분들이 예전만큼 재미를 못보고 있고, 현상 유지만 하는 데도 오랜 시간 열심히 일해야 한다고 하시던데요. 그런데도 아직 의사로 일하는 게 즐거우신지 알고 싶어요."

나에게 그 질문의 효과를 증언해 준 영업 사원들의 말에 따르면, 이 질문을 받은 대부분의 의사들은 경계심을 풀고 마음이 누그러져서 천장을 올려다보며 곰곰이 생각에 잠겼다가 이렇게 말한다고 한다.

"아시다시피 요즘은 의사 노릇하기가 더 힘들어졌죠. 애들한테 의사라는 직업을 추천하고 싶은지도 확신이 없어요. 하지만 아직 재미있어요. 환자들의 삶에 변화를 주고 누군가에게 위안을 줄 수 있을 때는 여전히 흥분되거든요."

때때로 '이해해 줘서 고맙다'는 말까지 건네는 의사도 있는데 그럴 때는 그 영업 사원의 존재가 확실히 기억에 남게 된다. 만약 영업 사원이 소개한 제품의 품질만 보장된다면 의사들은 기꺼이 그 영업 사원의 제품을 사용해 볼 것이다.

그러니 만약 당신이 세일즈 분야 종사자라면 꼭 기억해 둘 공식이 있다. '배려=더 많은 주문'이라는 점이다. 가성비 좋은 투자 대비 효과다.

당신의 눈을 하늘로 향하게 하는 질문은 무엇인가?

'두 눈을 하늘로 향하게' 만드는 기술이 대단한 이유는 가장 까다로운 대상조차 설득할 수 있다는 것이다. 바로 당신 자신 말이다. 내면의 대화 역시 얼마나 거래 중심적인지 잠시라도 생각해본 적이 있는가? 평범한 사람이라면 당신의 독백은 아마 이런 식일 것이다.

'이걸 먹으면 살이 찔 텐데. 그럼 운동을 더 해야 하나? 이런, 늦었네. 친구가 또 짜증을 내겠군. 할 수 없지. 지난번엔 자기가 늦었잖아. 아, 장부 정리를 해야 하는구나. 오늘도 일찍 자긴 틀렸네.'

내면의 독백이 이렇듯 거래 중심적이고 다람쥐가 쳇바퀴를 도는 듯한 느낌이 들면 다른 시도를 해보라. 하던 일을 멈추고 자리에 앉아 심호흡을 하는 것이다. 그리고 스스로에게 말한다. "내년 이맘때쯤엔 무슨 일을 하고 있으면 좋을까?", "지금 내 인생에서 더해야 할 것과 빼야 할 것은 무엇일까?", "앞으로 20년 후에 내 아이들이 나를 본다면 나의 어떤 점을 자랑스럽게 생각할까?"

스스로에게 제대로 된 질문을 던지면 당신의 두 눈이 하늘을 향할 것이다. 새로운 가능성을 향해 마음이 열리고 있다는 분명한 표시다. 그리고 당신이 던진 질문에 답하라. '가족들과 더 많은 시간을 보내고 싶다', '의미 없는 만남에 시간 낭비하는 일을 줄여야겠다', '편안히 안주하는 대신 기회를 놓치지 않았다는 사실을 아이들이 자랑스러워하면 좋겠다'….

그리고 당신 인생에서 가장 중요한 사람과 더욱 깊은 관계를 맺어라. 거울 속에 보이는 바로 그 사람과 말이다.

사람들이 천장을 올려다보며 당신의 질문에 대해 곰곰이 생각해보게 만들어라. 그들이 다시 눈을 돌려 당신을 바라볼 때 둘 사이의 대화는 이전과 완전히 다를 것이다.

Action Step

당신이 누군가와 판에 박힌 '거래' 중심적인 대화에서 벗어나지 못하고 있다면 말을 멈추고 미소 지으며 이렇게 말하라. "제가 당신과 앞으로 5년 내에 꼭 해야만 하는 재미있고 중요한 일이 무엇일까요?" 그리고 나서 누가 쓰레기를 버리러 갈 차례인지 따지는 것에서 벗어나, 훨씬 더 의미 있고 새로운 인생 계획 쪽으로 얼마나 빨리 옮겨갈 수 있는가를 보기 바란다.

20
'나란히' 전략

지시와 명령에 지친 상대를 '적극' 모드로

설교하는 자리는 진정한 만남의 장소가 아니다.

– 테레사 수녀Mother Teresa

~~~~~~~~

주말을 맞아 윌은 15살 난 아들 에반을 태우고 스포츠용품점으로 가고 있다. 아들에게 운동화를 사주려던 참이다.

십 대답게 도통 말이 없는 에반은 휴대폰에서 흘러나오는 음악에 발장단을 맞추고 있다. 운전을 하면서 윌은 한가롭게 집안일과 직장 일을 이야기한다. 조만간 가족이 함께 떠날 휴가에 대한 의견도 던져보고, 집에 돌아가면 스테이크를 구워야 한다는 혼잣말도 중얼거리고, 모든 사람을 괴롭히며 문제만 일으키는 회사 동료에 대해서도 이야기한다.

윌은 그 동료가 늘 눈엣가시 같은 짓만 한다고, 모두들 그 친구가 조만간 큰 사고를 칠 거라고 생각한다는 것도 말해준다. 그러고 나서 편안하게 말한다.

"에반, 네 친구들 중에도 큰 문제를 일으킬 것 같은 애가 있니?"

"네?" 에반이 깜짝 놀라 되묻는다. 질문에 답하기가 겁이 나서가 아니라 그것이 평소에 던지던 질문과는 사뭇 다른 것인 데다 마음에 들기까지 하기 때문이다.

"그러니까, 네 친구 중에서 조만간 심각한 문제를 일으킬 것 같은 애가 있는지 궁금해서 그래."

아버지가 자기에게 의견을 구한다는 사실에 깜짝 놀란 에반은 질문을 잘 생각해본다. 그러고는 평소와 달리 협조적인 분위기로 대답한다.

"잭이요. 그 녀석 한번 광분하면 아무도 못 말리는 데다가 벌써 몇 번 난리를 친 적이 있거든요."

"정말?" 윌은 아들에게 충고나 조언을 하고 싶은 유혹을 억누르며 대화를 계속 이어나간다.

"네, 잭은 외출 금지도 몇 번 당했어요. 부모님하고 사이가 별로 좋지 않은 것 같아요."

"음, 네 예상이 맞는지 한번 두고 보는 것도 재밌겠구나. 그건 그렇고 잭한테 문제가 생기면 너는 어떻게 할 것 같니?" 윌이 묻는다.

"글쎄요, 잘 모르겠어요." 에반이 대답한 다음 잠시 생각에 잠긴다.

"친구니까 어떻게든 잘 해결될 수 있도록 도와주려고 애를 쓸 테고, 잭이 다시는 그런 행동을 하지 못하게 노력할 것 같아요."

"너 같은 친구가 있다니 잭은 운이 좋구나."

윌이 대화를 마무리한다.

"맞아요, 그런 문제에 대해서는 저도 꽤 잘 대처하는 편이죠." 에반 역시 기쁜 마음으로 대화를 마무리한다.

이 대화의 요점은 무엇일까? 윌은 내가 '나란히' 전략이라고 부르는 기술을 사용해서 아들의 마음을 열었다. 이 기술은 다음 세 가지 사실에 기초를 두고 있다.

첫째, 상대와 마주 앉아 설교를 늘어놓는 것은 상대를 방어적으로 만들기 때문에 거의 효과가 없다. 방어적이 되면 진실을 숨기려고 한다. 하지만 상대와 나란히 걷거나 앉는 등 나란히 무언가를 하게 되면 상대방은 경계를 풀고 마음을 연다.

둘째, 그냥 말을 하는 것보다 질문을 하는 편이 마음을 여는 데 훨씬 효과가 있다. 그래서 윌은 에반에게 "나쁜 친구를 사귀지 마라"라는 식으로 충고를 하지 않은 것이다. 대신 에반이 스스로 '문제를 일으킬 만한 친구가 누구이고, 그 상황에서 나는 어떻게 대처할 것인가'에 대해 생각하게 만드는 질문을 던졌다. 다시 말해서, 윌은 아들에게 훈계하거나 대놓고 직접적으로 지시하지 않았다. 두 사람은 물리적으로도 감정적으로도 나란히 커뮤니케이션했다.

셋째, 한 가지 사실이 밝혀졌을 때 중간에 끊지 말고 계속 이어가게 두면 더 많은 것을 알게 된다. 그래서 윌은 미끼 상품으로 비싼 물건을 팔아먹는 상술처럼 결국은 훈계로 끝날 대화로 에반을 유인하지 않았다. 대신, 더욱 깊이 생각하게 해주는 추임새나 질문을 택했다.

'나란히' 전략은 제대로 된 의사소통만큼이나 강력한 효과가 있다. 사실 이 방법은 '소크라테스' 대화법의 핵심을 이룬다. 소크라테스는 절대 누군가에게 무언가를 설교하지 않았다. 그는 마을을 돌아다니면서 사람들이 스스로 대답을 찾아낼 때까지 질문을 던졌고,

그 과정을 통해 서구 문명이 탄생하는 데 일조했다.

이 방법은 수십 년간 성공적인 경영 기법으로 사용된 MBWA Managing By Wandering Around의 바탕이기도 하다. 리더가 직접 현장을 돌아다니며 직원들과 어깨를 나란히 하고 고충이나 제안을 듣는 것이다. 이 방법은 두 가지 목표를 달성하는 데 뛰어난 효과를 거둔다. 첫째, 현장에서 실제로 무슨 일이 벌어지고 있는지 알아낼 수 있고 둘째, 그 과정에서 직원들과 친근감을 조성할 수 있다.

이 방법을 적용할 때 주의할 점은 과거에 저지른 잘못에 집중하지 않는다는 것이다. 윌이 에반에게 '친구에게 문제가 생기면' 어떻게 할 거냐고 질문한 데 주목하라. 상대가 과거에 실수한 일을 파고들지 말고, 상대가 미래에 범할지도 모를 실수를 피하도록 기회를 주는 것이다.

이 '나란히' 전략은 간단하다. 다른 사람을 어떤 활동(구체적인 활동이 아니라도 식사 따위)으로 끌어들여 상대의 행동, 생각, 느낌에 대한 통찰을 얻을 수 있는 질문을 던진다. 예를 들어보자.

상사 와, 서류 작업이 엄청나네. 몇 개만 줘봐요. 시간이 좀 나니까 같이 도울게요.

직원 고맙습니다. 그렇게 해주시면 좋죠.

상사 (얼마간 돕다가) 고객용으로 제작한 이 자료집 어떤 것 같아요?

직원 저, 사실 별로 많이 생각해보진 않았는데요. 지금 물어보시니까 떠오른 건데 고객들이 읽기엔 분량이 좀 많은 것 같아요.

상사 이런 내용이 고객들에게 도움이 될까요?

직원 글쎄요. 고객들이 전화로 문의하는 건 대개 '이 시스템이 배우기 쉬운가' 하는 거예요. 고객들이 이 모든 복잡한 기술을 전부 알고 싶어 하지는 않는 것 같아요.

상사 고객들이 또 어떤 생각을 하는 것 같아요?

직원 고객들이 우리 매뉴얼을 좀 어려워하는 것 같아요. 좀 더 쉽게 만들 필요가 있지 않을까 싶고 또….

'나란히' 전략은 사용하기 쉽다. 하지만 주의할 점이 세 가지 있다. 가장 중요한 것은 '상대방이 경계심을 풀었을 때 보여준 신뢰를 악용해서는 안 된다'는 것이다. 이 기술을 사용해서 부정적인 정보를 캐고 다니지 말라는 것이다. 그런다면 상대방은 당신이 뭔가를 배우려 한다고 느끼기보다 자기들을 염탐하거나 함정에 빠뜨리려 한다고 느낄 것이다. 부정적인 정보가 나온다면 순순히 받아들이되 일부러 밝혀내려 하지 마라.

또, 대화를 나누고 있는 상대와 다투어선 안 된다. 만약 상대가 하는 말에 동의하지 않는다 해도 설명하고 싶은 욕구를 억눌러라. 대신 다른 질문을 던져 대화를 더욱 깊이 있게 끌고 나가라. 또 하나의 예를 들어보자.

관리자 아, 새로운 사보가 거의 다 되어가는 것 같네요. 와, 멋진데요. 훌륭해요. 교정보는 걸 좀 도와줄까요?

직원 네. 마음에 드신다니 다행이네요. 하지만 제 마음엔 쏙 들지는 않아요. 새 본사 건물을 꼭 머리기사로 다룰 필요는 없었을 것 같거든요.

관리자 그 기사의 어느 부분이 마음에 안 들어요?

직원 지루해요. 사장님 말고는 아무도 안 좋아할걸요. 그걸 머리기사로 고집하신 분도 사장님이셨죠, 아마.

관리자 다음 호에서는 어떤 기사를 다루고 싶어요?

직원 사장님 말고 직원들이 관심 갖는 내용이요.

관리자 직원들은 뭐에 관심이 있을 것 같아요?

직원 연차 규정에서 바뀐 부분 같은 거요. 오늘만 해도 세 명이나 저한테 그걸 물어봤어요. 몇몇은 왜 그렇게 바뀌었는지 의아해하기도 했고요.

직원이 사장의 의견을 비판할 때 관리자는 "그래도 사장님이잖아요. 결정을 내릴 권한이 있죠." 하는 식으로 완전히 대화의 맥을 끊는 말을 할 수도 있었다. 하지만 그러지 않았다. 논쟁을 벌임으로써 직원이 거리감을 느끼게 하지도 않았다. 대신 관리자는 직원과의 대화를 더욱 깊은 수준으로 끌어들인다. 그리고 그 과정에서 관리자는 직원들의 사기에 영향을 미치는 심각한 문제를 파악하게 된다.

여기서 세 번째 주의 사항이 나온다. 사람들에게 질문을 던질 때 그들이 내놓는 대답을 '존중'하라는 것이다. 그들의 제안이 좋으면 그것을 실행한다. 그리고 그 결과를 상대에게 알려준다. 비록 그들의 제안이 완전히 잘못된 것이라 해도 "생각해볼 만하네요" 혹은 "아, 그런 식으로는 생각을 못 해봤어요" 하는 식으로 그들을 인정해 주라. 만약 상황이 허락한다면 "당신 같은 직원이 우리 팀에 있어서 정말 든든하네요. 그런 창의적인 생각을 하는 사람들이 필요해요" 하는 식으로 격려하라.

만약 당신이 관리자나 CEO라면 '나란히' 전략을 정기적으로 사용하라. 다양한 결과를 보게 될 것이다. 유해한 루머를 미연에 방지할 수도 있다. 낯선 사람처럼 당신과 대화를 시작했던 직원들이 당신을 더 좋아하게 될 수도 있다. 그리고 주위 사람들의 더욱 깊은 이해를 얻게 됨으로써 당신의 일을 더욱 빠르고 쉽게, 더 잘하게 될 것이다.

상대의 의견을 물으면
제아무리 뻣뻣한 사람도 넘어온다!

내가 UCLA 대학병원 신경정신과 레지던트 2년차였을 때 종양학과 간호사에게 이런 질문을 한 적이 있다.

"프랭클린 부인은 MRI 결과 유방암이 재발했다는 걸 알게 된 후에 어떤 반응을 보이고 있습니까?"

간호사가 대답했다. "계속 울고만 계셔서 가족들이랑 주치의가 완치 가능성이 있다고 계속 설득 중이에요."

내가 물었다. "그동안의 경험으로 봤을 때 이런 상황에서 어떻게 하는 게 제일 효과적입니까?"

프랭클린 부인의 수간호사였던 제인이 우리 대화에 끼어들어 이렇게 제안했다. "환자들이 실컷 자기 감정을 표출하면서 슬퍼하거나 화를 내고 나면 더 빨리 진정이 되죠. 아직 경험이 많지 않은 젊은 종양학과 의사들은 환자의 감정에 신경을 많이 쓰는데, 그렇게 의사가 불안해하면 치료에도 방해가 됩니다.”

'그런 것쯤은 나도 다 안다'고 어깨의 힘을 주기 쉬운 초보 의사의 실수를 범하는 대신 나는 다시 겸손하게 물었다. “간호사님은 확실히 이쪽 일에 경험이 많으신 것 같네요. 환자들이 나쁜 소식을 좀 더 쉽게 극복할 수 있는 방법에 관해서 의사들에게 조언해 주실 말씀이 있으신가요?”

그분은 잠시 생각하더니 흔쾌히 대답해 주었다.

“음… 의사들이 환자를 걱정하는 건 알지만, 일단 환자가 안 좋은 소식을 접하고 나서 강렬한 첫 반응을 보이고 나면 오히려 일이 더 수월해질 수도 있다고 말해주고 싶어요. 환자들에게 이렇게 말해주면 도움이 되죠. '많이 속상하신 건 압니다. 지금 궁금하신 게 있습니까? 없으시면 잠시 적응하실 시간을 드린 다음 몇 시간 후에 다시 돌아와 상황을 보고 조금 더 이야기를 하는 걸로 하겠습니다.'”

“그거 참 좋은 생각이네요.” 나는 감사를 담아 말했다. “간호사님! 정말 여기 사정도 잘 아시고 환자와 의사들에 대해서도 진심으로 관심을 기울여주시는군요. 제가 내일 다시 오면 프랭클린 부인이 어떻게 되셨는지 자세히 알려주세요.”

이렇게 '나란히' 전략으로 내가 다뤄야 할 어려운 문제를 해결했을 뿐 아니라 레지던트들이 정말 하기 싫어하는 상담 보고서 쓰는 일도 쉽게 풀어갈 수 있었다. 간호사들이나 환자와 나란히 걸으며 상담한 결과, 나는 레지던트들 중에서 최고의 성적을 올리게 되었다.

마주 앉아 설득이 불가능하다면 '나란히' 서서 해보라.

Action Step

당신이 관리자라면 '나란히' 전략을 활용하여 가장 생산성
이 높은 직원이 어떻게 일하고 있는지 알아보고, 그 사람이
일에서 더욱 만족을 느끼게 할 방법을 찾아보라. 그리고 돌아
서서 가장 생산성이 낮은 직원에게도 같은 방법을 사용해 보
고, 그 직원이 왜 효과적으로 업무를 수행하지 못하는지에 대
한 작은 단서라도 찾아보라.

21
'빈칸 채우기' 전략

강요가 먹히지 않는 상대를 '회유' 모드로

잘 듣는 것은 잘 말하는 것만큼이나
강력한 영향력을 미치는 의사 전달 수단이다.
– 존 마샬John Marshall, 전 미연방 대법원장

~~~~~~~

케이트는 다른 회사와의 동업 관계가 험악하게 끝장난 여파로 회사 내 스타플레이어들이 집단 사직을 하자 문제를 해결하기 위해 나를 찾아왔다. 하지만 케이트는 나를 믿을 수 있을지 확신이 없었고, 자기 회사의 문제점을 낯선 외부인에게 공개할 준비가 되어 있지 않았다.

통성명을 하고 나자 케이트는 팔짱을 낀 채 내가 뻔한 질문을 하길 기다렸다. "어떤 결과를 원하십니까?", "시간은 어느 정도 있습니까?", "비용은 얼마나 예상하십니까?"

하지만 나는 그런 질문을 던지지 않았다. 대신 이렇게 말했다. "저 같은 사람을 고용하려고 생각하신 건 원하시는 바가 _____ _____." 말을 멈추고 손짓으로 상대의 대답을 요구한다. 그러고 나서 조용히 앉아 듣는다. 그리고 기다린다.

잠시 망설이다 케이트는 팔짱을 풀고 몸을 앞으로 기울이며 말한다.

"우리 회사를 다시 일하기 좋은 곳으로 만들고 싶어요. 직원들이 의무감 때문이 아니라 정말 원해서 일할 수 있으면 좋겠고요."

바로 그 순간 나는 케이트를 도울 수 있다는 확신이 든다. 그리고 또한 그녀가 나를 고용하리라는 것도 분명히 안다. 왜냐하면 내가 내 의견을 강요하기보다는 케이트를 내 쪽으로 '끌어당겼기' 때문이다.

당신이 잠재 고객을 처음 만날 때 둘 사이의 경쟁 관계는 균형을 이룬다. 그러나 당신이 상대에게 뭔가를 팔려 하거나 뭔가를 납득시키려 하는 순간, 힘의 균형은 고객 쪽으로 기울고 만다. 가장 중요한 열쇠는 고객이 시작부터 당신에게 끌려오게 만드는 것이다.

비결은 상대를 방어적으로 만드는 질문을 던지는 대신 상대를 대화 안으로 '이끄는' 것이다. 바로 이 지점에서 '빈칸 채우기' 전략이 사용된다.

당신은 진실한 관심을 나누길 원하면서 직접적인 질문을 던졌다. 하지만 당신의 질문을 듣는 사람은 '도전 받는 느낌', 즉 선생님에게 추궁당하는 학생 같은 느낌이 든다. 적절한 순간에 던지는 민감한 질문은 강력한 관계 변화의 수단이 될 수 있지만, "어떤 걸 원하십니까?", "우리 제품이 얼마나 뛰어난지 보여드려도 될까요?"와 같은 '거래' 중심적인 질문을 잠재 고객에게 던지는 것은 즉각적인 저항을 불러일으킬 수 있다.

'빈칸 채우기' 전략은 정반대의 효과를 노린다. 이 방법은 상대를 내 쪽으로 끌어온다. 당신의 말이 선생님의 말처럼 들리는 게 아니라 믿음이 가는 삼촌이나 이모가 "자, 이 문제를 함께 의논하고 해결책을 찾아보자"라고 말하는 것처럼 들리게 한다.

이 방법을 스스로 시험해 보고 두 기술 사이의 차이점을 느껴보라.

첫째, 내가 당신 앞에 앉아서 이렇게 말하는 모습을 상상해 보라. "이 책에서 무엇을 얻고 싶으십니까?" 약간 위협적이지 않은가?

둘째, 이제 내가 격려하는 듯한 어조로 이렇게 말한다고 상상해 보라. "당신이 이 책을 읽으면서 배우고 싶은 것은 _____? 지금 그걸 배우는 게 당신에게 중요한 이유는 _____? 그리고 지금 그걸 배워서 실천에 옮긴다면 당신에게 유익한 점은 _____?"

당신이 평범한 사람이라면 경계를 풀고 생각을 함께하고 싶은 마음, 어쩌면 약간의 열망까지도 생길 것이다.

사람들에게 빈칸을 채워달라고 하면 부조화의 위험도 사라진다. 상대의 필요나 동기에 대해 억측을 하게 되면, 예를 들어 나는 상대가 '단순하고 저렴한 것'을 찾고 있다고 생각하는데 실제로는 '비싸도 빠른 것'을 필요로 한다면 당신은 고객을 놓칠 수도 있다. 그러므로 고객에게 빈칸을 채우게 하라. 그러면 정확한 대답을 얻을 수 있다. '빈칸 채우기' 전략은 특히 판매에 효과적이다. 사람들은 늘 강매에 대비한다. 그러므로 쉽게 경계심을 품는다. 그때 이 방법을 통해 사람들의 경계심을 풀 수 있다. 생각지도 못한 색다른 방식으로 상대를 놀라게 하면 높은 방어벽이 재빨리 허물어지는 경우가 많다. 이 접근 방식은 상대를 무장 해제시킨다. 당신이 말과 더불어 상대의 대답을 유도하는 손짓을 사용하면 사람들은 대개 팔짱을 풀고 마음을 열게 되기 때문이다. 그 예를 살펴보자.

직원 안녕하세요. 시간 내어 만나주셔서 감사합니다.

고객 천만에요. 하지만 너무 바빠서 얼마나 길게 설명을 들을 수 있을지 모르겠네요. 빨리 진행할 수 있을까요?

직원 그럼요. 그렇게 바쁘신데 제게 시간을 내주셔서 감사합니다. 제가 만난 직원분 말로는 급히 마무리해야 하는 일이 있다고 하던데요.

고객 사실 마감 때문에 거의 죽기 살기로 매달리고 있습니다. 15분 정도밖에 안 남았어요.

직원 알겠습니다. 꼭 시간 내에 끝내도록 하겠습니다. 우선 알고 싶은 정보가 있는데요. 우리 소프트웨어나 그와 비슷한 다른 제품을 구매하려고 생각하시는 이유가 _____. (대답을 유도하는 손짓을 한다)

고객 그건… 지금 사용하는 소프트웨어가 너무 느리고 고장이 잦아서 그래요. 실은 지금 마감을 맞추느라 이렇게 바쁜 이유도 바로 그 소프트웨어 때문이거든요.

직원 그럼 저희 제품이나 다른 회사 제품으로 바꾼다면 원하시는 점은 _____?

고객 그야 일 처리 능력이 향상되는 거죠! 더 짧은 시간에 더 많은 일을 해야 되니까요. 이렇게 일주일에 한두 번씩 시스템에 문제가 생겨서는 불가능해요. 정말이지 더는 못 참겠어요.

보라! 즉시 상대방을 끌어들였다. 사실 고객은 영업을 하는 직원이 해야 할 설명의 상당 부분을 대신 해주고 있다. 만약 직원이 판매하려 하는 제품이 정말 기능이 좋다면 판매를 성공시킬 가능성이 높아 보인다. 정작 직원은 자기 제품에 대해 한 마디도 하지 않았는데도 말이다.

직원이 처음 던진 말에는 우리가 꼭 배워둬야 하는 '현명한 기술'이 두 가지 포함되어 있다.

첫째, '구매하려고 생각하는 이유는…'이다. 그 말이 너무 열심히 애쓰는 것처럼 들리는 '당신이 찾고 있는 것은…'이나 상대가 낮은 지위라는 것을 암시하는 '당신이 필요한 것은…'보다 훨씬 긍정적이기 때문이다. '구매하려고 생각하는'이라는 말은 상대가 이 상황을 통제하고 있으며 긍정적인 대안과 선택권이 있다는 믿음을 강화해 준다.

둘째, 직원은 그냥 '우리 제품'이라고 말하는 대신 '우리 제품이나 다른 회사 제품'이라고 언급했다. 상대가 우리 것이 아닌 다른 제품도 선택할 수 있다는 것을 인정해 주면 고객은 강매를 당하거나 코너에 몰려 있다는 느낌을 덜 받게 된다.

'빈칸 채우기' 전략의 진정한 힘은, 당신은 상대가 원하는 바에 대해 말을 할 필요도, 상대에게 뭘 원하는지 물을 필요도 없다는 점이다. 대신 상대방 스스로가 원하는 바를 당신에게 말하게 만든다. 사람들은 즉시 이렇게 생각하게 된다. "맞습니다, 맞아요. 내가 지금 당신을 만나고 있는 이유가 바로 그겁니다." 결국 당신은 문 안으로 발을 들여놓을 필요가 없다. 대신 고객이나 손님이 문을 활짝 열고 당신을 안으로 맞아들일 것이다.

재발 방지를 위한 도구로 '빈칸 채우기' 전략을 활용하라!

빈칸 채우기 전략을 색다르게 사용할 수도 있다. 스스로를 설득하는 데 사용하는 것이다. 나를 포함해 우리 대부분은 스스로 생각해도 어이없을 정도로 바보스러운 짓을 하는 경우가 종종 있다. 안심할 것은 똑같은 실수를 계속 반복하지만 않는다면 심각한 일은 아니라는 점이다.

만약 반복적으로 자멸적인 행동에 빠져 있다면 빈칸 채우기 전략을 약간 변형한, 내가 '재발 방지 도구'라고 부르는 방법으로 그 악순환의 고리를 끊을 수 있다. 이 방법은 자신의 방어 수준을 낮춰 앞으로 발생할 수 있는 수많은 문제를 미연에 방지할 내적 대화를 시작하는 훌륭한 방법이다.

왜 그런지 이해하기 위해 자신의 경력에 해를 끼칠 충동적이거나 바보스러운 짓을 저지른 후, 혹은 사랑하는 사람들을 분노하게 만든 후 당신이 보이는 전형적인 반응을 떠올려보라. 대개 혼자 중얼거릴 것이다. '진짜 멍청해! 완전 얼간이잖아! 이렇게 멍청하다니 믿을 수가 없네. 바보, 바보, 바보 멍청이. 이보다 더 멍청할 수가 있을까?' 혹은 이렇게 말할 것이다. '아니야, 이건 내 잘못이 아니야.

고객(상사, 가족…) 때문이야. 내가 어쩌겠어.'

이런 반응은 당신에게 전혀 득이 되지 않는다. 이런 자동적 반응에서 재빨리 벗어나지 못하면 당신은 정말로 자신이 계속 일을 망치기만 하는 바보라고 믿게 되거나 주위 사람들이 당신을 그렇게 몰고 가기 때문에 나는 아무것도 할 수 없다고 확신함으로써 결국 미래의 실패를 당연하게 받아들이게 될 것이다.

앞으로의 재앙에 기반을 마련하는 대신, 다음에 실수를 저지르게 되면 다른 방법을 시도해 보라. 다음 말을 쓴 후 빈칸에 답을 채우는 것이다.

1. 만약 그 일을 다시 하게 된다면 다르게 할 부분은 _____.

2. 내가 다르게 하려는 이유는 _____.

3. 다음에는 새롭게 이 일을 처리 _____. (하지 못할 것이다, 할 수 있을지도 모른다, 할 것이다)

4. 내가 이 일을 할 수 있도록 이끌어줄 수 있는 적당한 사람은 _____.

이 방법이 강력한 효과를 발휘하는 이유는 당신이 자책감에 빠지지도 않고, 다른 사람에게 책임을 돌리지도 않을 수 있기 때문이다. 이 두 함정은 당신이 실제로 일어난 일과 그 일이 일어난 이유를 있는 그대로 볼 수 없게 만든다. 당신은 함정에 빠지는 대신 긍정적인 행동을 유도하는 쪽으로 경험을 재구성하게 될 것이다.

연습하면서 마지막 빈칸은 당신을 정직하게 만들어줄 만한 멘토의 이름으로 채워라. 당신이 큰 실수를 반복하기 직전, 멈춰서 생각하게 만드는 훌륭한 방법이다.

> **직접적인 질문은 당신이 상대에게 일방적으로 말하고 있다는 느낌을 준다. 상대에게 빈칸을 채우게 하면 상대는 당신과 이야기를 나누고 있다는 느낌을 받을 것이다.**

Action Step

많은 관리자들(특히 여성)의 큰 문제 중 하나는 어떤 요구에 대해서도 'No'라고 대답하기 힘들어한다는 것이다. 할 일이 넘치도록 많은 순간에도 말이다. 그들이 책임감 있는 문제 해결사이고, 원래 도움을 주고 싶어 하는 사람들이기 때문이다. 그럴 때 '재발 방지 도구'를 활용해 빈칸을 채워보면 좋을 것이다.

문제는 너무 자주 'Yes'라는 대답을 하다 보면 탈진하게 되고 당신이 너무 많이 벌여놓은 일들로 인해 사람들이 불행해진다는 것이다. "미안해요. 이번 일은 못 할 것 같아요"라고 말해야 할 때도 계속 'Yes'라고 대답하고 있다면 '재발 방지 도구'를 당신 자신에게 사용해 보라.

22
'No' 유도 전략
요지부동의 상대를 '솔깃' 모드로

삶은 일련의 판매 상황이다.
당신이 요구하지 않으면 대답은 항상 'No'다.

– 패트리샤 프립Patricia Fripp

~~~~~~~~~

월터 던Walter Dunn은 40년 동안 코카콜라의 최고 경영진으로 일해왔다. 던은 디즈니를 비롯한 고객사에 콜라를 납품하는 책임을 맡고 있었다.

월터는 몇 년 전 코카콜라를 한 대형 극장 체인에 납품하려 시도했던 이야기를 들려주었다. 극장 대표와 잠시 이야기를 나눈 후 그가 들은 대답은 이것이었다. "미안합니다, 월터. 우리 대답은 'NO'예요. 펩시로 결정했거든요."

때를 놓치지 않고 월터가 물었다. "제가 제안하지 않은 것 중에서 만약 그걸 했더라면 긍정적인 대답을 듣게 해줄 만한 게 있습니까?"

극장 체인 대표가 대답했다. "펩시는 우리가 로비를 수리할 계획이 있다는 걸 알고 수리 비용을 상당액 부담해 주겠다고 제안했습니다."

"그거라면 우리도 할 수 있습니다." 월터가 말했다.

"좋아요. 그럼 당신 회사와 거래하도록 하죠." 극장 대표가 대답했다.

관리자나 영업 사원에게 "이제까지 당신이 저지른 가장 큰 실수가 무엇인가요?"라고 물어보라. 아마도 '너무 많은 것을 요구한 것'이라고 대답하는 사람이 많을 것이다.

하지만 실상은 그렇지 않다. 사실 당신이 저지른 가장 큰 실수는 '너무 적게' 요구한 것이다. 실적을 맞추거나 상대가 받아들일 수 있는 수준까지만 시도하다 보면 결국 늘 누군가의 채근에 쫓기게 되고 만다.

더 나은 방법은 'No'라는 대답을 들을 때까지 당신이 원하는 바를 밀어붙이는 것이다. 'No'라는 대답은 상대로부터 얻어낼 수 있는 최대치에 거의 도달했음을 알려주는 신호다. 무엇보다 이 방법은 평정심을 보여주면서 판매나 계약을 마무리할 수 있는 최고의 기회가 될 것이다.

대부분의 사람들은 'No'가 진짜 'No'를 의미한다고 생각한다. 그래서 이 접근 방법을 시험하길 꺼린다. 데이트라면 그 생각이 맞다. 하지만 비즈니스에선 놀랍게도 그렇지 않은 경우가 많다. 하지만 'No'에서 'Yes'로 가기 위해서는 제대로 해야 한다.

당신이 고객에게 제품을 팔려고 노력 중이라고 하자. 그런데 당신이 희망하는 거래 내용을 제시하자 상대가 'No'라고 대답한다.

그러나 상대는 이미 'No'라는 답을 하면서 당신이 실망하거나 마음이 상했을까 봐 조금은 방어적이 되어 안절부절못하는 상태가 된다. 어쩌면 당신이 제품을 계속 강요하면서 자기를 힘들게 할 거라고 두려워할지도 모른다. 당신이 만약 그런 기대에 부응하는 행동을 한다면 고객을 설득할 수 없다. 대신 심호흡을 하고 가능한 한 진실하게 이렇게 말하라.

"제가 너무 심하게 부담을 드렸거나 아니면 뭔가 중요한 문제를 말씀드리지 않고 지나갔나 봅니다. 제가 혹시 그랬나요?"

당신이 자기 잘못을 인정하고 겸손히 대처하는 모습을 보고 고객은 잠시 충격을 받는다. 그리고 이내 동의한다는 의미로 고개를 끄덕이거나 어색한 미소를 지으며 이렇게 말할 수도 있다. "맞아요. 그랬습니다." 바로 그 순간, 당신이 유리한 입장에 서게 된다. 왜? 고객은 정신적으로 당신에게 동의했고 심리적으로 당신과 같은 편에 서있기 때문이다. 다시 말하면 자기도 깨닫지 못한 사이에 고객은 사실 'Yes'라고 말하기 시작한 것이다.

일단 당신이 상대의 동의를 얻고 나면, 그 순간을 기회로 21장에서 배운 '빈칸 채우기' 전략을 사용할 차례다. 이렇게 말하라.

"제가 너무 과도하게 제안 드렸던 부분이 _____. 제가 언급하지 않고 지나친 중요한 사항이 _____."

만약 고객이 평범한 사람이라면 그 질문에 정직하게 대답할 것이다. 지적할 부분을 상세히 설명하는 동안 고객은 다음 두 가지를 하게 된다. 첫째, 당신에게서 느낀 실망감을 극복한다. 그리고 둘째, 당신이 필요로 하는 정보를 알려준다. 이 두 가지를 통해 당신은 상대를 'No'에서 'Yes'로 움직일 힘을 갖게 된다.

이 기술이 어떻게 작용하는지 잘 보여주는 좋은 예가 있다. 홍보 회사에 근무하는 팀장의 이야기다. 그는 굉장히 공격적인 목표를 세우고 있다. 그는 한 대기업 CEO를 설득해서 기존 홍보 회사와의 오랜 관계를 끊고 중요한 광고를 자신의 회사에 맡기게 하고자 한다.

CEO 죄송합니다. 저희는 기존에 거래하는 업체에 상당히 만족하고 있는 데다 당신 회사는 저희와 잘 맞지 않는 것 같습니다. 어쨌든 시간 내주셔서 감사합니다.

팀장 저야말로 시간 내주셔서 감사합니다. 한 가지만 여쭤봐도 되겠습니까?

CEO (약간 방어적이 되어) 물론이죠. 하지만 이미 내린 결정에 대해 논쟁을 하고 싶지는 않은데요.

팀장 아니요. 그런 건 절대 아닙니다. 다만 한 가지만 제게 말씀을 좀 해주시면 좋겠습니다. 혹시 제가 제대로 했다면 훨씬 좋은 인상을 드릴 수 있었을 텐데, 여쭙지 않은 질문이나 다루지 않은 문제가 있다면 _____.

CEO 글쎄요. 사실, 제가 기존 대행사가 더 낫다고 생각한 이유는 그쪽에는 우리 쪽 업계에서 일해본 유경험자가 있다는 점입니다. 당신의 회사에는 그런 직원이 없는 것 같았거든요.

팀장 아, 그걸 미리 말씀드렸어야 했군요. 저희는 고객사의 광고를 맡게 되면 그쪽에 경험이 많은 컨설턴트들을 여럿 영입합니다. 작년에 C사에서도 그런 요구가 있어서 그렇게 했습니다. 중요한 프로젝트였기 때문에 농업 분야에서 40년 이상 경력을 쌓은 컨설턴트 두 명을 팀에 영입해서 함께 작업했습니다.

CEO 정말입니까?

팀장 물론이죠. C사는 저희가 만든 광고를 아주 마음에 들어 했고, 올해 수익이 급증한 것도 저희 덕분이라고 평가해 주었습니다. 전문가 컨설턴트를 영입해 일을 처리한 경우는 그 외에도 많습니다. 그래서 고객의 기대치를 넘어서는 훌륭한 결과를 얻어오고 있습니다. 저희 강점이 무엇인지 알고 있고, 다른 영역의 전문가가 필요하면 그쪽으로 뛰어난 외부인을 활용합니다. 그렇게 해서 고객들에게 항상 최고의 결과를 제공합니다. 귀사의 경우에도 저희 회사 최고의 리쿠르트 팀에서 이쪽 업계에 경험이 풍부한 적당한 인재를 빨리 찾아 최고의 결과를 이끌어낼 수 있도록 해줄 겁니다. 저희 회사의 명성 덕택에 어떤 분야에서든 최고의 인재들을 끌어모을 수 있습니다.

CEO ('No'에서 'Yes'로 움직이기 시작하며) 비용이 많이 증가하지 않을까요?

팀장 현재 귀사를 담당하고 있는 업체의 직원보다 훨씬 경험이 풍부한 전문가 컨설턴트를 영입한다 해도 더 저렴한 비용을 유지할 수 있습니다. 저희 회사가 자체 제작 능력을 갖추고 있기 때문에 그쪽에서 비용을 절약할 수 있기 때문이죠. 그리고 훌륭한 결과를 내는 뛰어난 인재들만 쓰기 때문에 광고 시안 채택률이 높아서 시간과 비용상의 낭비도 줄일 수 있을 겁니다.

CEO 음….

이 전략이 뛰어난 이유는 고객에게 계속해서 주도권을 잡고 있다는 느낌을 준다는 것이다. 당신은 상대를 조르거나 어르거나 제압하려고 할 필요가 없다. 대신 당신이 힘을 발휘하는 데 필요한 정보를 상대가 자유롭게 제공하도록 내버려둘 뿐이다.

하지만 이 기술은 약간 위험할 수도 있고, 당신이 경험이 풍부하지 않다면 시도하지 않는 편이 나을 수도 있다. 만약 당신이 안전하고 크게 문제없는 수준의 거래에 만족해야 할 경력이라면 피해야 할 기술이다. 하지만 자신감이 있고 안전지대 밖으로 나가볼 의지가 있다면 한번 시도해 보라. 해보지 않고는 당신이 큰 거래를 성사시키는 데 얼마나 큰 능력을 발휘할 수 있는지 절대 알 수 없기 때문이다.

> **누군가 당신에게 'No'라고 말하기 전에는 당신은 충분히 요구한 것이 아니다.**

Action Step

당신이 영업이나 경영 분야에 있다면 가장 최근의 거래나 판매를 떠올려보라. 이제 종이를 한 장 꺼내 다음 질문에 대한 답을 적어보라.

"만약 'No'라는 질문을 두려워하지 않았다면 나는 무엇을 더 요구해서 얻어낼 수 있었을까?"

23
'파워감사' 전략
나에게 협조적인 상대를 '충성' 모드로

지혜의 90%는 감사다.

– 데일 도튼Dale Dauten

~~~~~~~~

나는 신경정신과 수련의 과정을 통해서보다 아이들을 키우면서 인생에 대해 더 많이 배웠다. 특히 다른 사람의 마음을 움직이는 문제에 관해서는 더욱 그렇다. 예를 들어 나는 딸 로렌에게서 단순한 행동 하나가 상대의 마음을 아주 오랫동안 훈훈하게 만들어 줄 수 있다는 것을 배웠다. 로렌이 23살 때 내게 보낸 이메일 한 통이 그것이었다. 거기엔 이렇게 쓰여 있었다.

안녕, 아빠.

지난밤도 평소처럼 친구들과 맨해튼 거리를 산책하면서 우리가 미래에 대해 느끼는 혼란한 감정에 대해 이야기를 나눴어요. 그리고 제가 말했죠.

"우리 아빠가 그러시는데…" 그러자 언제나처럼 우리 대화가 휠씬 풍성해졌어요. 친구들 중에 자기 아빠에 대해 저처럼 말할 수 있는 사람이 얼마나 될지 모르겠어요. 아빠처럼 현명한 분을 아빠로 둔 저는 정말 행운아예요. 지금은 서로 5,000km나 떨어져 있지만요. 몇 주 후에 뵐게요. 사랑해요.

딸 로렌 올림

누가 백만 달러를 준대도 이 이메일은 팔지 않을 것이다. 그리고 내가 형편없는 하루를 보냈든 사람들이 나에게 무례하고 짜증 나게 굴었든 주변이 온통 우울함으로 가득 차 있든 관계 없이, 나는 내가 중요한 존재라는 걸 안다. 내 지갑 속에 내가 중요한 존재라고 말해주는 편지가 있으니까.

단순한 감사와 '파워감사'는 어떻게 다른가?

훌륭한 우리 아이들은 내가 자기들을 위해 뭔가를 해주면 감사를 표현하는 데도 뛰어나다. 하지만 로렌의 편지는 단순한 감사가 아니기에 더욱 특별하다. 그것은 '파워감사'다.

누군가에게 도움을 받고 그저 "고마워요"라고 말한다 해도 전혀 잘못은 아니다. 사실 대개의 경우 그렇게 해도 된다. 하지만 거기서 멈춘다면 당신의 말은 단순한 '거래' 중심적 대화가 된다. 상대가 나에게 잘해줬으니 나도 상대에게 예의 바른 말을 한 것이다. 그런 말은 상대를 감동시키지도 못하고 관계를 깊게 만들어주지도 못한다.

그렇기 때문에 누군가 당신에게 특별한 호의를 베풀었을 때 깊은 감사를 표하고 싶다면 단순히 "고마워요"라는 말을 넘어서 파워감사를 사용해 그 깊은 감정을 표현해야 한다. 파워감사를 사용하면 상대에게 강렬한 감사와 존경, 친근감을 표현할 수 있다.

내가 가장 좋아하는 '파워감사' 전략을 소개하겠다. 이 방법은 영화감독 하이디 월Heidi Wall에게 영감을 얻어 만든 것으로 모두 3단계로 구성된다.

1단계 상대가 당신에게 해준 특별한 뭔가에 대해 감사한다.
2단계 나를 돕기 위해 상대가 한 노력을 인정하며 이렇게 말한다. "당신이 굳이 _____할 필요는 없었다는 거 알아요" 혹은 "당신이 일부러 _____하느라 애쓰신 거 알아요."
3단계 상대가 한 행동이 당신에게 개인적으로 어떤 다른 결과를 가져왔는지 말하라.

파워감사를 실제로 어떻게 하는지 예화를 살펴보자.

팀장 잠깐 얘기 좀 할 수 있을까요?
팀원 물론이죠. 무슨 일 있습니까?
팀장 아니요. 지난번 내가 응급 수술 때문에 사무실을 비웠을 때 갑작스런 업무를 대신 잘 처리해 준 데 대해 감사하고 싶어서요.
팀원 아닙니다. 제가 좋아서 한 일인걸요.
팀장 사실, 그 일 때문에 큰애 축구 게임에 가지 못했다는 거 알고 있어요. 직원들 말로는 그뿐 아니라 주말 내내 사무실에 나와 있었다던데요. 그렇게 기꺼이 자기 스케줄을 조정해 줄 사람이 많지는 않죠. 그리고 당신만큼 그 일을 훌륭히 해낼 만한 사람은 드물어요.

팀원 아, 감사합니다. 그 건 때문에 약간 걱정했었는데 '우리'가 잘해내서 저도 기쁩니다.

팀장 그런 말씀 마세요. '당신'이 잘해낸 거죠. 우리 둘 모두의 체면을 세웠고 부서 전체를 위해서도 큰 역할을 했어요. 정말 감사드려요. 다른 팀원들도 나와 같은 의견입니다.

이 상황에서 팀장은 간단히 "고마워요"라고 말할 수도 있었다. 사실 대부분의 관리자들은 그렇게 했을 것이다. 하지만 만약 팀장이 그렇게 간단히 말했다면 팀원이 아무리 착한 사람이라 해도 약간 배신감을 느꼈을 것이다. 왜일까? 만약 상대가 특별히 친절한 행동을 하거나 도움을 주었는데 당신이 그저 "고마워요"라고만 말한다면, 감정적으로 당신이 받은 만큼 돌려주지 못한 것이 되기 때문에 거울신경세포 수용체의 격차가 생긴다. 물론 아무 말 안 하는 것보다는 "고마워요"라도 하는 게 낫지만 충분하지는 않다.

하지만 팀장의 '파워감사'는 팀원으로 하여금 온전히 거울처럼 반영된 느낌을 들게 만들었다. 팀장은 그저 감사를 표현한 것이 아니다. 팀장은 팀원의 친절과 지성, 헌신, 기꺼이 자신을 희생하는 의지도 인정했다. 결과적으로 팀장은 팀원과의 유대감을 강화했고 어려운 상황이 닥쳐도 극복할 수 있는 강력한 인센티브를 주었다.

'파워감사' 전략이 다른 사람만 훌륭한 사람으로 보이게 하는 게 아니라는 점에 주목하라. 그것은 또한 당신이 공감 능력과 겸손을 가지고 있으며 남에게 관심을 기울인다는 점을 보여줌으로써 관련된 모든 사람에게 '당신'도 좋은 사람으로 보이게 만든다. 또한 당신이 필요할 때 믿을 수 있는 사람이라는 점도 보여준다. 요즘의 삭막한 기업 환경에서 당신은 중요한 동맹군을 얻게 되는 것이다.

이 방법을 더욱 효과적으로 활용하기 위해 가능하면 많은 사람이 있을 때 '파워감사'를 하라. 당신의 말을 듣는 청중이 많을수록 더욱 강력한 효과를 발휘한다.

당신이 좀 더 자주 진심을 담아 감사를 표한다면, 혹여 더 적은 보수를 받으며 더 열악한 환경에서 일해야 하는 직원들이라도 기꺼이 당신을 위해 일하고 싶을 것이다.

첫째, 지난 한 달 동안 당신에게 가장 큰 도움을 준 사람을 떠올려라. 둘째, 지난 한 해 동안 당신에게 가장 큰 도움을 준 사람을 떠올려라. 셋째, 평생 동안 당신에게 가장 큰 도움을 준 사람을 떠올려라. 각 사람에게 직접 만나서 전하든 편지나 이메일을 보내든 파워감사를 전달하라.

진정 원하기만 한다면 파워감사를 하기에 너무 늦은 때란 결코 없다.

4부

7가지 난감한 상황을
재빨리 돌파하는 기술

지금까지 배운 12가지 기술은 무술에서 사용하는 기술과
비슷하다. 각각으로도 강한 기술이지만 조합해서 사용하면
더욱 강력해진다.
4부에서는 이제까지 배운 기술들을 잘 조합하고 약간의
보너스 기술을 더하여 대처하기 힘든 상황을 해결해 나가는
방법을 소개하고자 한다.

24
지옥에서 온 팀
최악의 팀원들에게서 협력 끌어내기

훌륭한 경영이란 평범한 사람들을 데리고
탁월한 일을 해내는 능력이다.
– 존 록펠러John D. Rockefeller

~~~~~~~~~~

"좋은 소식은 사장님이 저에게 처음으로 중요한 프로젝트를 맡겼다는 겁니다. 그런데 나쁜 소식은 제가 데리고 일할 팀원들이 그야말로 어처구니없는 사람들이라는 점입니다. A는 제법 똑똑하고 일도 똑 부러지게 해서 믿고 일을 맡길 수 있을 것 같습니다. 하지만 B는 정년퇴직이 2년밖에 남지 않은 데다 조금도 새로운 일에 열의를 보이지 않습니다. 가능한 최소량의 일만 하고 싶어 합니다. 가장 높은 직급인 C는 근무 시간의 절반을 남 험담하는 데 씁니다. D는 설상가상 제 선임이었던 사람이라 내가 팀장으로 온 것에 대해 가장 불만을 갖고 있을 겁니다. 경험도 없는 신임 관리자로서 어디서부터 뭘 어찌해야 할지 모르겠습니다."

오늘날 수많은 관리자들이 다루는 문제는 대개 '사일로Silo(곡식 저장고라는 뜻, 경영학에서는 조직 간 장벽과 부서 이기주의를 의미한다. - 옮긴이)'와 관련이 있다.

오로지 자기 일에만 관심이 있고 자기 생각만 하며 협력하기 때문에 일하는 능력이 점점 퇴화된 사람들 말이다. 만약 당신의 회사가 합병과 정리해고 등으로 인해 조직과 사람 간의 신뢰가 깨진 조직이라면 더욱 그렇다.

팀원들이 '사일로' 안에 머물러 있는 한 일이 잘될 터이 없다. 결국 정보를 공유하지 못해 실수를 저지르거나 누군가가 공든 탑을 무너뜨리기 십상이다. 전문지식을 나누길 거부하고 서로의 일을 더 어렵게 만든다. 일이 꼬이면 서로 비난하거나 노골적으로 방해하는 지경에까지 이를 수도 있다.

따라서 당신이 맨 처음 해야 할 일은 이 '사일로'를 허무는 일이다. 그러기 위해서는 모든 사일로가 공유하고 있는 것을 건드려야 한다. 즉 하늘(비전)과 땅(가치) 말이다.

이 과정의 첫 단계는 팀 전체와 회의를 여는 것이다. 회의의 목표는 팀원이 이번 프로젝트에 열정과 열의, 자긍심을 느낄 수 있도록 격려하는 것이다. 9장에서 간단히 설명했던 'PEP 전략'을 다양하게 변형하여 사용하라. 예를 들면 이런 식으로 시작하는 것이다.

"여러분은 모두 뛰어난 전문가들이고 자신의 업무에 아주 능숙한 분들입니다. 그런 여러분과 한 팀에서 일하게 된 것은 정말 행운이라고 생각합니다.

우리가 협력과 시너지를 발휘하면서 외부와의 경쟁에서 이기려면 우리는 프로리그 팀처럼 움직여야 합니다. 각자의 역량을 발휘하면서도 최종 목표는 팀의 우승입니다. 거꾸로 팀이 우승하면 각각의 선수들 역시 최상의 보상을 받을 수 있습니다. 외부의 경쟁에 초점을 맞추려면 내부끼리 경쟁하는 불상사는 줄여야겠지요.

회사와 저는 여러분이 이기는 팀으로서 함께 일해주길 원합니다. 그래서 우리는 우리 각자가 세운 장벽, 혹은 우리 각자가 갇혀 있는 사일로를 넘어서는 일을 하려 합니다. 사일로들이 공유하고 있는 것은 바로 머리 위의 하늘, 즉 우리 모두가 믿고 열정적으로 참여할 수 있는 비전입니다. 또 하나는 발 밑의 땅, 즉 우리 모두가 따르고 싶은 가치입니다.

자, 이제 우리도 시간을 갖고 우리 모두가 원하는 비전과 가치를 분명히 해보는 것이…."

이어지는 토론을 통해 PEP 전략의 핵심 요소에 집중한다. 팀원들 각자가 열정을 느끼는 비전, 그리고 이번 프로젝트가 그 비전을 성취하는 데 어떤 역할을 할지 발언하게 한다. 팀에서 열정을 느끼는 일이 무엇인지, 회사에 대해 자랑스러운(혹은 자랑스럽지 않은) 점이 무엇인지 말하게 한다. 현재 담당하고 있는 업무에서 열정과 열의, 자긍심을 더 많이 느끼려면 어떤 변화가 필요한지에 대한 응답을 끌어낸다. 그 과정을 통해 팀원들의 무관심이나 적대감을 점차 흥분과 에너지로 변화시킨다. 물론 이것은 첫 단계일 뿐이다. 한껏 고무되어 회의실을 떠난다 해도 이미 존재했던 개성과 문제들은 그대로일 것이기 때문이다. 이 문제들을 무시하면 열정적인 격려는 조금씩 희석되고 모두들 또다시 자신의 사일로 안에 웅크리게 될 것이다.

이 문제를 피하기 위해 당신이 알아야 할 것은 다음과 같다. 팀원 각자가 나는 이 프로젝트에 관심이 있고 최선을 다하고 싶다고 느끼게 만들어야 한다는 것이다. 팀원 각각의 상황에 맞게, 그렇게 유도할 수 있는 몇 가지 방법이 있다.

첫째, 성과를 내는 A는 계속 기분 좋게 만들어 준다. A는 이미 스스로 동기부여가 되어 있는 사람이니 감독할 필요가 없다. 방해하지 말고 적절한 시점에 '파워감사' 기술을 활용해 그의 가치를 인정해 준다. 예를 들자면 상사들이 참석한 회의에서 'A의 업적'을 공개적으로 칭찬하는 것이다. A처럼 재능 있고 동기부여된 직원을 위해 리더가 할 수 있는 최선의 조력은 '장애물(사람을 포함해)'을 제거해 주는 것이다. A를 불평꾼 C와 짝지어주지 마라.

둘째, 의욕이 부족한 B는 당신이 '의지하고 있는 사람'이라고 느끼게 해준다. 아무리 퇴직을 앞두고 있다 해도 아직 열정은 남아 있다. 그럴 기회가 없었을 뿐이다. B에게 스스로가 가치 있는 사람이라는 것을 느끼게 해줄 필요가 있다. 연배가 많은 직원이 자기보다 어린 관리자 밑에서 일하다 보면 자신이 제대로 평가받지 못하고 한쪽으로 밀려나 있다고 느끼기 쉽다. 그러니 '풍부한 경험을 바탕으로 젊은 팀원에게 멘토 역할을 해줄 것'을 요청한다. 역할이 주어지면 누구보다 열의를 발휘할 것이다. B의 의견을 자주 물음으로써 그가 흥미 있고 지적인 사람이라고 생각한다는 것을 표현한다. "오랜 경험을 통해 보셨을 때, 우리 부서가 회사에 기여하기 위해 해야 할 중요한 일이 무엇이라고 생각하십니까?"

만약 B가 계속 성과를 내지 못한다면 식사를 함께하며 '빈칸 채우기 기술'을 활용해 보라. "이따금 담당하신 업무가 만족스럽지 않아 하시는 것 같던데 그 이유가 _____." 하는 식으로 말이다. 함께 해결할 수 있는 문제점을 발견할 수 있을 것이다.

셋째, 불평꾼 C에게는 '중요한 사람'이라는 느낌을 준다. 짜증을 내는 사람이 스스로를 가치 있는 사람이라고 느끼게 만드는 방법에 대해 앞에서 소개한 바 있다. 바로 C에게 그 방법을 사용하면 된다. C의 주요 업무 외에 당신이 아주 중요하다고 생각하는 임무를 한 가지 더 맡기는 것이다. 단, 그 업무가 나머지 팀원을 방해하는 것이어서는 안 된다. 가능하다면 C에게 팀 전체에게 '유익한' 임무를 맡겨 그 임무의 성공을 위해 C가 더 많은 것을 투자하게 만드는 것이 좋다.

예를 들어 이렇게 말하는 것이다. "C, 스케줄이 빡빡해서 일의 빠른 진행을 위해 필요한 모든 자원이 팀원들에게 잘 공급되고 있는지 꼭 알아야 합니다. 당신은 굉장히 체계적인 사람이니까 그 일을 좀 맡아주면 좋겠어요. 매주 금요일마다 각 팀원에게 이메일을 보내 간단히 상황을 체크한 다음, 오후 3시에 10분 정도 나와 미팅을 하면서 팀원 중에 장비나 지원이 필요한 사람이 있는지 보고해 주세요. 이건 정말 중요한 일이니까 모든 팀원이 금요일에 요구사항

목록을 C에게 이메일로 꼭 보내셔야 합니다."

C가 취합한 정보를 들고 당신에게 보고하러 오면 이런 식으로 말한다. "좋아요, 즉시 처리하죠. 고마워요. 당신이 기존 업무 외에도 따로 시간을 내서 팀원들의 요구사항을 체크해야 한다는 거 알고 있어요. 그러니까 당신만 괜찮다면 혜택을 입고 있는 다른 팀원들에게 당신이 손해 본 시간을 좀 보상해 주라고 요청해 볼게요. 당신이 우리 팀이 잘 돌아가도록 계속 애써주면 좋겠어요." C는 팀 전체의 성공에 기여하고 싶은 의욕이 생길 것이다.

만약 C가 달라지지 않고 계속 쓸데없이 흠이나 잡으며 불평을 한다면 C의 불만을 잠재우기 위해 "정말 그렇게 생각하십니까?" 기술을 사용해 보는 것도 좋다. 아니면 '감정이입 쇼크'를 시도해 보라. 이를테면 이렇게 묻는 것이다. "당신이 B에게 느림보라고 하면 B가 어떤 기분일 것 같아요?"

넷째, D의 비밀을 공개한다.

윗선에서 이 프로젝트를 D가 아닌 당신에게 맡겼을 때는 뭔가 그럴 만한 이유가 있었을 것이다. 그러니까 그 문제에 대해 자신감을 잃고 불안해할 필요가 없다. 하지만 두 사람 모두 D가 선배고 지금 당신의 자리를 기대했다는 것을 알고 있기 때문에 '합의문' 전략을 사용하면 분위기를 개선하는 데 도움이 될 수 있다.

예를 들어 이렇게 말하는 것이다. "이 프로젝트를 위해 열심히 일해줘서 정말 고맙습니다. 제가 후배인 데다 경험도 부족한 거 알고 있어요. 제가 그런 입장이었다면 억울했을 텐데 정말 협조를 잘해

주셨어요. 선배를 보면서 많이 배우고 있습니다. 제가 더 나은 관리자가 되는 데 정말 도움이 됩니다." 합의문 전략과 파워감사가 합쳐진 방법이다.

당신이 D의 말 못할 속내를 인정하고 감사와 겸손으로 그 생각을 달래주면 D는 자신의 사일로를 떠나 당신의 팀에 참여하고 싶은 의욕이 훨씬 강해질 것이다.

아, 마지막으로 한 가지 충고가 더 있다. 신입에다 경험이 없다는 점에 대해 너무 초조해하지 말고 당신의 능력이 뛰어나기 때문에 일을 맡게 되었다는 점을 인정할 필요가 있다. 확신을 발산하면 다른 사람의 확신을 고취시킬 수 있다. 불안을 발산하면 모든 사람이 그걸 느낀다. 그러니 당신이 회사 역사상 최고의 관리자인 척해라.

그리고 가서 그 사실을 증명하라.

가능한 한 최고의 팀을 모아라. 그리고 팀원들 모두가 그 팀을 이끌어주길 원하는 사람이 돼라.

Action Step

당신이 지금 사업팀을 관리하고 있다면 팀원의 이름을 종이에 적어보라. 목록을 훑어내려가면서 두 가지 종류의 '사일로'를 찾아내라. 첫째는 '곡물 사일로', 즉 하루 여덟 시간을 조용히 혼자 보내는 유형이다. 둘째는 '미사일 사일로', 즉 높은 벽 뒤에 숨어서 누구든 공격하려 하면 바로 미사일을 쏠 태세가 된 유형이다. 이런 사람들에게는 각각 접근해야 한다. 모두를 모아놓고 훈계하지 마라. 각자에게 공감과 겸손, 그들을 이해하려는 진실한 의지를 전달하면 벽은 낮아질 것이다.

25
출세라는 사다리
짧은 시간 안에 강한 인상 심기

출세의 비결은 '시작'하는 데 있다.

– 애거사 크리스티Agatha Christie

~~~~~~~~~

"다국적 기업에서 중간관리자로 일하고 있습니다. 이 회사에서 상급자로 출세를 하고 싶습니다. 그런데 사람들에게 어떻게 저를 알려야 할지 잘 모르겠습니다. 곧 다른 부서로 옮길 예정인데요. 새로운 상사에게 좋은 인상을 줄 방법이 있을까요?"

부서를 옮긴 첫날, 19장에서 소개한 질문을 던져라.

"제가 이 일을 하면서 항상 유념해서 지켜야 할 것 세 가지와 절대 하지 말아야 할 것 세 가지가 있다면 말씀해주시겠습니까?" 이렇게 질문을 한다면 당신은 즉시 다른 사람들과 달라 보일 것이다.

그리고 당신의 성공은 '아랫사람들이 일을 잘하게 만드는 능력'에 달려 있음을 깨달아라. 그것은 당신이 아랫사람들과 성공적으로 의사소통을 할 수 있을 때에만 가능하다. 그들에게 당신은 새로 들어온 낯선 인물이므로 첫 몇 달 동안은 자유롭게 '나란히' 전략(20장)을 사용하라. 이 방법은 부하직원들이 뭘 하고 있는지, 얼마나 잘하고 있는지, 문제가 될 가능성이 있는 부분은 무엇인지 등을 파악할 수 있는 가장 빠른 방법이다. 문제를 감지하면 3부에서 배운 적당한 기술을 사용하여 재빨리 문제를 완화시켜라.

당신의 상사는 '이 사람이 과연 관리자가 감당해야 하는 중압감을 이겨낼 수 있을까?' 하는 점을 알고 싶어 한다. 위기가 왔을 때 당황하지 않고 대처한다면 지도자감으로 보일 것이다. 그러니까 3장에서 소개한 '젠장'에서 'OK'로 빨리 옮겨가는 훈련을 열심히 하라. 만약 다른 사람들이 전부 당황할 때 당신이 정신을 차리고 상황을 통제한다면 윗사람들의 존중과 신뢰를 얻을 수 있을 것이다.

연례보고를 할 때 당신이 자신의 성공을 위해 노력할 뿐만 아니라 '회사'와 '상사'의 성공을 위해서도 애쓰고 있음을 분명히 밝혀라. 예를 들어 만약 상사가 질문이 있냐고 물으면 이런 식으로 답하는 것이다. "내년 연례보고에서 사장님이 제게 이렇게 말씀하시는 상상을 해봅니다. '자네는 실적이나 업무 태도 면에서 기대 이상의 성과를 냈고 회사에 크게 기여했네.' 이 상상을 현실로 만들려면 제가 어떻게 해야 할까요?"

기회가 된다면 상사와 당신의 관계를 돈독하게 만들어줄 '변화' 중심적인 질문을 하라. 예를 들어 "기술 발전의 결과로 회사에 어떤 변화가 있을 거라고 생각하십니까?" 혹은 "우리 회사에서 가장 중요한 목표와 장애물은 무엇이라고 생각하십니까?" 이런 질문은 당신이 상사를 당신보다 월급이나 더 챙겨가는 사람 정도로 여기지 않음을 보여줄 것이다.

또한 상사가 '공감을 얻고 있다'는 느낌을 받을 수 있는 기회를 만들어라. 상위 관리자일수록 스트레스는 더 많고 공감은 더 적게 받는다. 직급이 낮은 직원들이 서로 주고받는 말, 즉 "피곤해 보이네요", "괜찮아요?" 같은 말을 듣는 일이 거의 없다. 조직의 꼭대기에 앉아 있는 것은 무척이나 외로운 일이다. 그러므로 지나치게 허물없는 척하지는 말되, 가끔 이런 말을 던질 필요가 있다. "이틀 동안 회의가 여섯 건이나 되다니, 어떻게 그걸 다 해내시죠?" 혹은 상사가 피곤하고 슬퍼 보이면 "오늘 기분 괜찮으세요?" 하고 묻는다. 그런 약간의 공감이 강렬한 감사의 감정을 불러일으킨다.

만약 당신이 정말 간절하게 출세하고 싶다면 한 가지 더 알려줄 것이 있다. 직속상관을 넘어서서 더 넓고 더 멀리 보라는 것이다. 회사 내부든 외부든 당신이 회사의 출세 사다리를 올라가는 데 도움이 될만한 다른 사람들이 있게 마련이다. 만약 있다면 나의 조언대로 그들에게 잘 보여야 한다. 부정적인 의미의 아부가 아니라 긍정적인 의미로 잘 보이라는 뜻이다. 그런 사람들은 똑똑할 뿐 아니라 당신을 지도해 주고 가능성을 열어줄 역량이 있다. 그리고 그들 중 상당수는 멘토 역할 하는 것을 좋아한다. 경력을 쌓아가는 초기에 당신이 가장 열정을 느끼는 분야 혹은 기업에서 가장 강력하고 존경받고 성공적인 동시에 성격이 신중한 사람이 누구인지 찾아내라. 30장에서 이런 거물급 실세를 만나기 위한 몇 가지 좋은 아이디어를 소개할 것이다. 그들과 관계를 발전시키기 위해 이렇게 말해보

라. "당신이 아는 걸 전부 배우고 싶습니다. 그러기 위해서는 무엇을 어떻게 하는 게 가장 좋을까요?" 그러고 나서 그들이 요구하거나 말하는 건 무엇이든 하고, 그들이 아는 것을 전부 배우고, 어떻게 하면 그들에게 신뢰받는 꼭 필요한 존재가 될 수 있을지 알아내라. 옛 말에도 있듯이 '높은 자리에 친구가 있는 건 좋은 일'이기 때문이다.

원하는 일을 하고 있는 자신의 모습을 그려보라. 그리고 그 모습을 실현하기 위한 적극적인 계획을 세우라.

당신 회사에서 가장 존경스러운 인물 10명의 목록을 만들어라. 그중 한 명과 더욱 가까워져 그 사람을 멘토로 삼을 수 있는 방법을 생각해보라.

26
나르시시스트 고객

골치 아픈 고객 효과적으로 응대하기

고객도 틀릴 때가 있다.
– 허브 켈러허Herb Kelleher, 전 사우스웨스트 항공 CEO

~~~~~~~~~~

"저는 제품 디자인과 개발을 하는 회사에서 일하고 있습니다. 고객 하나가 욕실용품 패키지 세트 개발을 의뢰했는데 그 일이 점점 악몽이 되어가고 있어요. 이 고객은 작업 의뢰 첫 주에 샴푸 용기 디자인이 제일 먼저 필요하다고 했습니다. 그런데 그 다음 주에는 '바스오일' 용기 디자인이 더 빨리 필요하다는 거예요. 그래서 우리는 샴푸 용기는 미뤄놓고 바스오일 용기 디자인에 돌입했습니다. 그랬더니 또 그 다음 주에는 비누 용기가 제일 급하답니다. 거기에 샴푸 용기와 바스오일 용기도 당장 필요하답니다. 매번 마음을 바꾸는 바람에 뭐 하나도 제대로 끝내지를 못하고 있습니다. 사장님은 '고객은 늘 옳다'는 원칙만 반복하고 있어서 전혀 도움이 안 됩니다. 제 생각에 이 고객은 옳지도 않고, 회사 이익만 축내고 있습니다. 이 고객 때문에 작업 능률도 떨어지고 시간도 너무 많이 걸

립니다. 해결할 방법이 있을까요?"

당신의 고객은 어디서나 찾아볼 수 있는 전형적 나르시시스트다. 그는 당신 인생이나 당신 회사의 수익이나 내부 문제에 전혀 관심이 없다. 그저 자신이 원하는 바를 원할 뿐이다. 그것도 지금 당장! 늘 '당장! 당장!'이라고 외친다.

나르시시스트는 비즈니스 세계에서 매우 흔한 존재다. 많은 수의 리더와 CEO들 역시 나르시시스트들이다. 물론 평범한 직책에 있는 나르시시스트들도 있다. 그들은 자신의 행동이 '성공의 표식'이라고 믿기 때문에 그렇게 행동한다. 그러니까 어디서든 '진짜 나르시시스트'와 '유사pseudo 나르시시스트'들을 만날 예상을 하고 대처할 준비를 갖춰야 한다.

당신이 지금 처해 있는 상황에서 사장이 해결책을 내기를 기대하는 건 무모해 보인다. 사실 당신의 고충에 무관심한 것으로 미루어 보건대, 사장 자신도 나르시시스트일 가능성이 있다. 혹은 너무 무기력한 유형이거나. 따라서 당신이 해결하는 수밖에 없다. 11장에서 설명했듯이 나르시시스트는 바꿀 수 없다. 하지만 이따금 길들일 수 있는 경우도 있다. 당신이 만약 그 고객과 대화를 해야 한다면 이렇게 하길 바란다.

다음에 그 고객이 "자, 모두 하던 일 멈추고 내 말을 들으세요!" 하는 식으로 끼어들면서 또 다른 요구사항을 늘어놓길 기다려라. 조용히 그가 자신의 새 요구사항을 펼쳐놓게 하라. 그 순간 매우 차분하고 우호적인 태도로 이렇게 말하라. "죄송합니다만, 일을 진행하기 전에 고객님이 아셔야 할 것이 있습니다. 만약 저희가 고객님 말씀을 듣고 지금 하던 일을 멈추게 되면 지난주에 고객님께서 굉장히 중요하다고 말씀하신 그 일을 끝내지 못하게 됩니다. 그래서 고객님께서 지금 어떤 일을 더 먼저 하길 원하시는지 분명히 해줘야 할 것 같습니다. 지난주에 가장 급하다고 생각하셨던 일이 먼저인지, 아니면 이번 주에 가장 급하다고 생각하시는 일이 먼저인지를 말입니다."

이 방법을 사용하면 나르시시스트 고객은 잠깐 망설일 것이다. 왜냐하면 이제 싸움은 더 이상 '당신' 대 '고객'의 문제가 아니기 때문이다. 대신 그 고객 내부의 '지난 주 자신' 대 '현재의 자신'이 대립하고 있는 것이다. 당신이 지고 고객이 이기는 승패의 상황을 만들어낼 수 없기 때문에 고객은 그 대신 실행 가능한 요구사항을 생각해내야 한다.

하지만 이 방법은 오직 까다롭고 요구사항이 많은 나르시시스트 고객에게만 주의해서 사용해야 한다. 문제가 발생하는 대부분은 비합리적인 나르시시스트 때문이 아니라 실제로 당신과 고객 사이에 오해가 있는 경우이기 때문이다. 그럴 때 최고의 방법은 17장에서 소개한 '음…' 기술을 사용해 문제 속으로 더 깊이 들어가는 것이다.

예를 들어 고객이 당신의 훌륭한 디자인을 보고 "이건 맘에 안 듭니다. 끔찍해요!" 라고 말한다면 과민 반응을 보일 필요가 없다. 대신 "음…" 이나 "조금 더 말씀해보세요"라고 말하라. 당신의 고객은 재빨리 진정되면서 당신이 "끔찍해요!" 라는 말을 극복하고 대개 그 정도로 심각하지 않았을 진짜 문제를 찾아내도록 안내해 줄 것이다.

회사의 규모가 작은데 매번 이런 나르시시스트 고객을 상대하느라 에너지를 낭비한다면 합의문 전략을 사용하는 것도 유용하다. 미리 고객에게 당신이 처리할 수 있는 일에는 현실적인 한계가 있음을 알려주는 것이다. "저희는 일은 확실히 처리하지만 규모가 작고 일정이 늘 촉박하기 때문에 사양을 미리 정해두시고 그것이 바뀌지 않아야만 더 효율적으로 일할 수 있습니다." 그러고 나서 고객이 원하는 내용과 우선순위를 적어둔다. 나중에 문제가 생기면 그런 문서를 증거 자료로 사용할 수 있다.

> **좋은 고객은 기대치를 높인다. 나쁜 고객은 기대치를 계속 당신 머리 바로 위에 두어 머리를 계속 부딪치게 만든다.**

Action Step

당신의 작업 스케줄을 분석하여 매달 까다로운 고객을 만족시키는 데 시간이 얼마나 더 드는지 찾아내라. 그리고 만약 그런 곤란한 고객들이 없다면 좋은 고객에게 얼마나 많은 서비스를 더 제공할 수 있을지 생각해보라. 그러면 나르시시스트 고객을 거절하는 데 필요한 용기를 낼 수 있을 것이다.

최고의 방법은 관대하고 감사할 줄 알고 요구사항이 까다롭지 않은 고객들로 최대한 주위를 채우려고 노력하는 것이다. 그렇게 하면 점점 더 당신 인생을 괴롭히는 나르시시스트들이 싫어질 것이다. 그리고 그들이 당신에게 입히는 손실을 차단할 용기를 낼 수 있을 것이다.

27
업계의 이방인
낯선 분야에서 인맥 만들기

성공적으로 인맥을 구축하는 사람은 다른 사람들로부터
엄청난 소개와 추천을 받고, 스스로에 대해 진심으로 만족하며,
자신의 필요보다는 늘 다른 사람의 필요를 우선시하는 사람이다.

– 밥 버그Bob Burg, 《성공 공식Success Formula》 저자

～～～～

"저는 인쇄 회사를 운영하고 있습니다. 업계에 진입한 초기 단계라 거래업체를 확보해야 합니다. 그런 이유로 상공회의소에도 가입했고 몇 개의 분과에서 활동하기도 했지만 새 고객이 많이 생기지 않고 있습니다. 인맥을 구축할 수 있는 더 좋은 방법이 있을까요?"

당신이 인쇄업을 시작한 이유는 인쇄 실력이 뛰어나기 때문이지 명함을 돌리거나 모르는 상대에게 영업을 하는 일에 능숙하기 때문은 아닐 것이다. 사실 자신을 알리려는 당신의 노력은 상당 부분 운에 좌우되는 듯 보일 테고 성공하는 일보다는 실패하는 경우가 훨씬 많을 것이다.

하지만 놀랍게도 실제로 인맥을 쌓는 일은 그리 복잡하지 않다. 이반 마이즈너Ivan Misner 박사는 세계적으로 유명한 비즈니스 네트

워킹 조직인 BNI(비즈니스 네트워크 인터내셔널)의 설립자다. 20년 이상 네트워킹에 대해 연구해 온 마이즈너 박사에 따르면, 효율적으로 인맥을 구축하는 사람들은 의식적으로든 무의식적으로든 그가 'VCP 프로세스'라고 부르는 방법을 사용한다. 바로 다음과 같은 방법이다.

첫째, 가시화Visibility 단계. 관계를 발전시키는 첫 단계다. PR과 광고 노력, 혹은 누군가 지인을 통해 새로운 사람을 알게 되는 단계이다. 인사를 나누고 나면 개인적으로 아는 사이가 될 수도 있고 바로 이름을 부를 정도로 편한 사이가 될 수도 있지만 아직 서로에 대해 아는 바는 거의 없다.

둘째, 신뢰 형성Credibility 단계. 일단 당신과 새로 알게 된 상대가 서로에게 기대를 품기 시작하고 그 기대가 충족되면 두 사람의 관계는 신뢰 단계로 진입한다. 양측 다 그 관계로부터 만족을 얻는다는 확신이 있으면 신뢰는 더 강화된다. 신뢰는 서로의 말이 지켜지고 약속이 시행되고 사실이 입증되고 서비스가 제공될 때 성장한다.

셋째, 수익 창출Profitability 단계. 서로 보상을 해주는 단계다. 양쪽 모두 관계에서 만족을 얻으며 양쪽 다 서로에게 이익을 제공하면서 관계가 유지되는지 여부에 달려 있다. 만약 관계가 일방적이어서 양쪽이 함께 이익을 얻지 못한다면 그런 관계는 오래 지속되기 힘들다.

가시화 단계 : 공감을 표현하라

이 단계에서 당신은 사람들에게 그저 당신이 누구인지만 말해서
는 안 된다. 그들이 당신을 좋아할 만한 이유와 그들이 당신의 친구
나 고객이 되고 싶어 할 만한 이유를 밝혀야 한다.

예를 들어 당신이 상공회의소 회의에 참석하고 있다면 이 중요한
규칙을 꼭 기억하라. 관심을 '끌려' 하지 말고 관심을 '기울이는' 것
말이다. 당신 사업보다는 다른 사람의 사업에 대해 이야기하라. 사
람들이 하는 일, 그 일을 하는 방법, 그들에게 효과가 있는 마케팅
방법 등에 관한 지혜로운 질문을 던져라. 사람들이 말하고 있을 때
절대로 말을 끊고 끼어들지 말라. 대신 그들이 더 말할 수 있게 동기
를 부여하는 질문을 하라.

다음으로 사람들에게 공감을 얻고 있다는 느낌을 주라. 만약 그들
이 문제를 제기하면 당신이 관심을 가지고 있음을 보여주라. 그 문
제가 당신에게는 아무 영향을 미치지 않는다 하더라도 말이다. 당
신의 일은 제쳐두고 다른 사람의 문제를 이해하고 해결하는 데 도
움을 주라. 그러면 당신의 관대함에 다들 깊은 인상을 받을 것이다.

또한 당신이 상대의 지성을 높이 평가한다는 것을 보여줄 수 있
는 '변화' 중심적인 질문을 던져 새로운 관계를 급진전시킬 수 있다.
이를테면 다른 사업가에게 이렇게 질문하는 것이다. "재개발 계획
이 앞으로 5년 후에 우리 사업에 어떤 영향을 미칠 거라고 생각하십
니까?" 혹은 "앞으로 10년 동안 이 도시의 경제가 어떻게 변할 거라
고 생각하십니까?"

마지막으로 또 하나 중요한 것은 상대의 선의를 끌어낼 수 있는 '파워감사'를 사용하는 것이다. 만약 다른 사업가가 당신 사업의 성공이나 인맥 구축에 기여할 만한 좋은 아이디어를 제공했다면 모임에서 그 사실을 공개적으로 알려라. 당신의 감사는 상대의 거울신경세포 공감을 유발해서 상대가 당신에게 보답하고 싶게 만들 것이다. 당신의 회사와 거래를 하거나 당신에게 다른 사람을 소개해 줄수도 있을 것이다.

신뢰 형성 단계 : 가치를 부여하라

이 단계에서 가장 중요한 것은 새로 맺은 관계에서 부조화를 유발하지 않는 것이다. 두 사람은 아직 서로를 알아가는 단계이고 상대가 당신에 대해 알게 되는 사실 하나하나가 굉장히 중요하다. 그러니까 스스로를 거짓 없이 정확하게 알리고, 상대가 원하거나 필요로 하는 바에 대해 잘못된 추측을 하지 말며, 지킬 수 없는 약속은 절대 하지 마라.

또한 다른 사람에게 가치 있는 사람이라는 느낌을 주라. 당신 일은 제쳐두고 상대를 도와주고 도움을 받았을 때는 감사를 하라. 가능하면 먼저 상대에게 소개해 주는 사람이 돼라. 그리고 상대가 당신에게 누군가를 소개해 주면 그 고객을 만족시키기 위해 각별한 노력을 하라.

요약하면 당신에게 이익이 되는 일에만 집중하지 말라는 것이다. 대신 당신의 새 친구에게 이익이 되는 일에 집중하라. 그리고 일을 망치지 않도록 매우 열심히 노력하라.

수익 창출 단계 : 서로 이익이 생겨나게 하라

이 단계에 이르면 당신의 새 인맥인 사람에게 가치 있고, 흥미로우며, 이해받고 있다는 느낌을 주는 데 계속 집중하라. 하지만 해로운 사람을 멀리하라는 11장의 충고도 항상 염두에 두라. 대개 당신의 새 인맥은 '주는 사람', '받기만 하는 얌체', '서로 주고받는 사람'이 세 가지 범주 안에 들어갈 것이다. 얌체는 애초에 뿌리를 뽑고 싶을 것이다. 그러니까 새로 사귄 사람들의 목록을 검토한 후 주는 사람과 주고받는 사람에게 집중하고 얌체는 제거하라. 새로 맺은 인연에게 관대하게 베풀고, 준 것을 계산적으로 기록하지는 마라. 하지만 기꺼이 돌려주려 하는 사람과의 관계를 더 우선시하라.

무엇보다 마음을 느긋하게 먹고 당신의 인맥이 여러 달, 여러 해를 지나면서 점점 자라나게 하라. 관계, 특히나 서로에게 이익이 되는 관계를 맺는 데는 시간이 필요하다. 따라서 조급하게 굴면 안 된다. 사실 당신이 그 과정의 속도를 높이려 애쓰다 보면 사람들은 등을 돌리게 될 것이다. 모든 관계가 성공적인 결과를 가져오지 않더라도 괜찮다는 점 역시 알아두라. 때로는 왕자 하나를 만나기 위해 수많은 두꺼비에게 키스를 해야만 한다. 혹은 두꺼비가 가진 인맥 전부에 키스를 해야 할지도 모른다.

'상대에게 이익이 되는 게 뭘까?'에 집중하라. 그러면
서로 주고받을 줄 아는 사람은 조만간 "당신에게 제가 뭘
해드릴 수 있을까요?"라고 물어올 것이다. 만약 '나에게
이익이 되는 게 뭘까?'에 집중한다면 상대는 이렇게 자문할
것이다. '이 사람에게서 어떻게 벗어나지?'

Action Step

인맥 만들기가 두렵다면 자신이 거기서 무엇을 얻을 수 있을지 자문해 보라. 적당히 대충 하고 싶은 마음을 떨쳐버리게 만드는 당신의 강력한 '비전'은 무엇인가? 성공적인 자기 사업을 하고 싶다는 목표일 수도 있고, 승진하고자 하는 계획일 수도 있다. 혹은 두려움을 극복하고 거기까지 나아간 자신을 자랑스러워 하고 싶은 욕망일 수도 있다. 그 비전을 당신 앞에 확고하게 세워라. 그러면 그 비전이 실행과 행동으로 바뀔 것이다.

28
폭주하는 인간

제어할 수 없는 상대 다루기

위기 상황에는 아주 작은 것도 모두 가치가 있다.

– 자와할랄 네루Jawaharlal Nehru, 인도 초대 총리

~~~~~~~~~~

"저는 하루에 수백만 달러를 다루며 극심한 스트레스에 시달리는 금융업계 종사자입니다. 압력밥솥 같은 사무실 분위기를 더 심각하게 만드는 것은 경영진이 국내 업무 중 상당 부분을 해외 자회사로 이전하고 있다는 점입니다. 직원들의 스트레스는 정말 심각한 수준이고 모두들 해고될까 두려워하고 있습니다. 조금만 건드려도 폭발할 것 같은 직원들도 많습니다. 자해를 하거나 다른 사람을 해치는 식으로 폭주하는 직원이 나올 수도 있습니다. 그렇게 된다면 어떻게 대처해야 할지 잘 모르겠습니다."

당신만 그런 게 아니다. 요즘 같은 때는 누구든 한계에 도달해 통제력을 상실할 수 있다.

두려운가? 당연히 그럴 것이다. 우리는 늘 그런 사람을 상대한다.

거짓말은 않겠다. 극도로 성난 혹은 폭력적으로 변한 사람을 늘 잘 다룰 수는 없다. 도망가거나 숨는 게 유일한 선택인 경우도 많다. 하지만 만약 그 사람이 즉시 위협을 가하지 않거나 전혀 도망갈 길이 없다면 제대로 된 말을 던지는 것만으로 상황을 통제할 수 있는 힘이 생기기도 한다. 어쩌면 한 목숨을 구할 수 있을지도 모른다.

꼭 알아둬야 할 핵심은 누군가 폭발하려 할 때 그 사람은 '공격' 모드에 사로잡혀 있기 때문에 '합리적이고 이성적이고 지적인 대화는 효과가 없다'는 점이다. 사장에게 컴퓨터를 집어던지거나 사방에 총질을 해대는 사람은 이성적인 목소리를 듣지 못한다. "이봐, 진정해. 이건 미친 짓이야"라고 스스로에게 말하는 바깥쪽 뇌가 작동을 멈췄기 때문이다.

2장에 설명했지만 간단히 반복해 설명하겠다. 위기의 순간이 닥치면 사람의 뇌는 주도권을 논리적인 바깥쪽 뇌(인간의 뇌)에 줄 것인지 원시적인 안쪽 뇌(뱀의 뇌)에 줄 것인지 결정한다. 만약 원시적인 뇌가 선택된다면 똑똑한 뇌는 차단된다.

미친 듯 행패 부리는 사람과 맞닥뜨릴 때 당신이 할 일은 그 '차단'을 푸는 일이다. 어떻게? 상대를 '누군가 내 손에 걸리기만 해'에서 '아, 정말 화가 나'로, 다시 '현명하게 해결해야 해'로 점차 올라올 수 있도록 말을 거는 것이다. 이 단계들은 각각 3개의 뇌와 관련이 있다. 즉 원시적인 파충류의 뇌, 감정적인 포유류의 뇌, 논리적인 영장류의 뇌 말이다.

통제 불능의 인간이 정신을 차리고 행동하게 만들려면, 상대가 이 3개의 뇌를 차례로 통과하게 만들어야 한다. 방법은 이렇다.

1단계 : 상대의 공포를 그대로 반영하라

이 단계에서 당신의 목표는 상대를 원시적인 파충류의 뇌에서 감정적인 포유류의 뇌로 이동시키는 것이다. 그러기 위해 다음과 같은 순서를 따르라.

1. "무슨 일이 있었는지 말해보세요."라고 말한다.

일단 울분을 터뜨리고 나면 상대는 맹목적으로 난폭하게 주먹을 휘두르는 상태(가장 원시적인 반응)에서 감정을 느끼는(조금 더 고차원적인 반응) 상태로 변하기 시작한다. 상대가 소리 지르고 고함치는 것이 불안하겠지만 신체적인 위해를 가하는 것보다는 훨씬 덜 위험하다. 그러니까 그냥 울분을 토하도록 내버려두라.

2. "당신 말을 내가 제대로 알아들었는지 확인을 해야 할 것 같습니다. 오해하지 않도록 하려고요. 제가 제대로 들었다면, 당신 말은 그러니까…"

그리고 나서 상대가 한 말을 분노나 냉소적인 분위기가 실리지 않은 차분한 목소리로 정확히 반복한다. 그리고 이렇게 말한다. "제 말이 맞습니까?" 이렇게 하면 상대를 거울처럼 반영하게 되는데 그것이 바로 2장에 소개했던 강력한 연결의 기술이다. 또한 상대를 화를 폭발하는 상태에서 듣는 상태로 이동하게 하여 뇌를 진정시키고 더욱 지적으로 사고할 수 있게 해준다.

3. 상대가 'Yes'라고 대답할 때까지 기다려라.

단순히 'Yes'라고 대답하는 행위만으로도 상대는 적의보다는 동의를 표현하는 쪽으로 움직이게 된다. 'Yes'는 또한 뭔가를 저지르려던 상태에서 한 발짝 물러서려 한다는 의미이다. 당신이 말한 내용을 상대가 어떤 식으로든 정정해 준다면 그 내용을 반복하라.

4. 이제 "그것이 당신을 화나게(실망하게/좌절하게/기분 상하게)한 겁니까? 아니면 정확히 어떤 것이…."

당신 생각에 상대의 감정을 가장 잘 설명한다고 판단되는 단어를 골라라. 만약 상대가 정정해 주면 상대에게 실제 느낌이 어떤지 물어보고 그대로 반복하여 다시 'Yes'라는 대답을 얻어내라. '누군가 감정에 이름을 붙여주면 흥분이 가라앉는다'는 것을 기억하라. 그것이 중요하다.

2단계 : 이성을 되찾도록 서서히 유도하라

이번 단계에서 당신은 더 이상 주먹을 휘두르며 덤벼들지는 않지만 여전히 욕설을 퍼붓거나 분통을 터뜨리고 있는 사람을 상대해야한다. 조금 나아지긴 했지만 여전히 문제다. 그러니까 당신의 다음목표는 상대를 감정적인 중간(포유류) 뇌에서 이성적인 바깥쪽(인간) 뇌로 이동시키는 것이다. 방법은 이렇다.

1. 상대에게 말한다. "'지금' 이 문제를 해결하거나 개선해야 하는것이 그렇게 중요한 이유는 _____." 이 빈칸 채우기 기술은 상

대가 대답을 생각하게 함으로써, 뇌의 이성적인(인간) 부분으로 향하는 문을 열게 한다. 중요한 조언 하나, 이 말을 할 때 '지금'이라는 단어를 강조해서 상대의 필요가 얼마나 긴급한지 당신이 이해하고 있다는 것을 보여주라.

2. 출구에 빛을 비춰준다.

상대가 "만약 상황이 바뀌지 않으면 나는 폭발해서 자해를 하거나 누군가에게 주먹을 날릴 것 같으니까요."라고 빈칸을 채운다면 이렇게 대답하라. "그렇군요. 제발 계속 말씀해주십시오. 제가 이 문제를 정말 잘 이해하고 있는지 분명히 하고 싶어요." 의심이나 냉소적인 분위기를 풍기지 말고, 당신이 정말 경청하고 있음을 강조하는 방식으로 말하라.

그리고 이렇게 말하라. "만약 그렇다면 당신이 정말 안 좋은 상황을 더 나쁘게 만들지 않도록 이 문제를 어떻게 벗어나야 할지 알아봅시다. 우리는 할 수 있을 겁니다. 당신은 전에도 이런 상황에 처했었지만 벗어났잖아요. 하는 김에 다시는 이런 처지가 되지 않도록 해결책을 찾아봅시다."

이 말을 통해 당신이 상대의 말을 들었고, 문제를 진지하게 받아들였으며, 상대의 기분이 얼마나 나쁜지 알고 있고, 현재의 위기를 해결하고 앞으로 유사한 문제의 발생을 막는 일을 돕기 위해 전념하고 있음을 보여줄 수 있다. 이 모든 것은 상대의 외로움을 덜어준다.

이때 상대는 당신을 밝은 출구로 인도하는 사람이라 생각할 것이고 위기는 해결책을 향해 움직일 수 있다. 위기 상황을 해결하는 훈련을 받은 전문가들의 도움이 있으면 더 좋다. 문제가 해결된 건 아니지만 이제 최악의 상황은 지나갔기 때문에 모든 사람이 해결을 '개시'할 수 있다.

사람들이 한순간 갑자기 폭발하는 이유는?

우리가 언론에서 접하는 거의 모든 폭력 사태는 분노, 좀 더 정확히 말하면 '무기력한 분노'에 의해 촉발된다. 무기력한 분노는 다른 사람들에 의해 거부당하거나 굴욕을 당한 사람이 거기에 대해 아무 대처 능력이 없다고 느낄 때 생긴다. 자신의 내부에 대항할 방법이 거의 없는 사람은 분노를 폭발시켜 세상을 공격한다.

당신이나 나도 분노와 무력감을 느낄 때가 있다. 하지만 대다수와 달리 폭력적인 사람들은 그 감정을 제대로 처리하지 못한다. 과학자들의 연구 결과에 따르면 폭력적인 사람의 상당수가 화학적·구조적으로 충동적인 분노가 강하고 자기 절제 능력이 낮다. 사회학자들은 폭력적인 사람이 대부분 어린 시절 학대당한 사람들이라고 해석하기도 한다. 심리학자와 정신과 의사들은 폭력적인 사람들은 '대상항상성 object constancy'이 부족하다고 분석한다.

대상항상성이란 상대에게 실망하고 상처받고 화가 나더라도 그 사람에 대한 긍정적인 애착을 유지하는 능력이다. 폭력적인 사람은 실망을 용납하는 능력이 극도로 부족하며 자신을 화나게 만든 사람에 대해서는 감정적·심리적 연관성을 완전히 상실한다. 인간 사이의 연결이 끊어지면, 마치 화가 나면 테니스 라켓을 내던지듯이 사람 역시 파괴해도 괜찮은 물건이 되어버린다.

폭력적인 사람을 상대할 때 이 점을 꼭 기억해야 하는 이유는 상대의 동정심에 호소하는 치명적일 수도 있는 실수("나를 정말 해치고 싶은 건 아니겠죠?")를 피할 수 있기 때문이다. 대신, 당신의 모든 노력을 상대의 이기심에 호소하는 데 집중하라.

> **만약 누군가 당신 말을 전혀 들으려 하지 않는다면,**
> **그 사람으로 하여금 자기 자신의 말을 듣도록 하라.**

Action Step

만약 당신 주변의 누군가가 일촉즉발의 상황에서 어느 때고 폭발할 것 같다면, 이번 장에서 소개한 3단계를 완전히 몸에 익을 때까지 연습해 가능한 위기에 대비하라. 가능하면 통제 불능 상태인 사람의 역할을 해줄 수 있는 다른 사람과 함께 연습하라. 이런 연습은 화가 나거나 감정적으로 격해진 사람을 대면하는 대응 능력을 높여줄 것이다. 준비가 되지 않은 상태로 그런 상황에 맞닥뜨리면 깜짝 놀라 당신 자신의 원시적인 본능을 깨우게 될 수도 있다.

29
작심삼일

실패하는 결심을 이행하기

잘못을 찾지 말고, 해결책을 찾아라.

– 헨리 포드Henry Ford

~~~~~~~~~

"매년 새해 첫날이면 지키지도 못할 계획들을 잔뜩 만듭니다. 매일 운동을 하겠다고 다짐합니다. 아이들이 제멋대로 굴 때 소리를 지르지 않겠다고 약속합니다. 대학원에 진학하겠다는 결심도 합니다. 거울 속 엉망이 된 내 몸매를 보면 역겹고, 회사에서도 집에서도 원하는 모습이 아니라는 생각에 죄책감이 들고, 지키지도 못할 약속들만 남발하는 저 자신이 실망스럽습니다. 하지만 일도 사생활도 제자리걸음이고, 계획과 목표를 이루어내기가 너무 어렵습니다. 어떻게 하면 좋을까요?"

물론 방법이 있다. 우선 당신 자신에게 '감정이입 쇼크'를 사용하라.

당신이 가장 친한 친구에게 이런 말을 한다고 상상해 보라.

"내가 너 정말 사랑하는 거 알지?… 하지만 네 몸매는 정말 완벽하고는 거리가 멀어. 보기 흉하게 축 늘어진 팔뚝 살 좀 봐! 마지막으로 운동한 게 언제니? 그리고 솔직히 말해서 지난번에 네가 아들한테 잔소리할 때 보니까 너 좀 심하더라. 그리고 말이 나온 김에 하는 소린데, 매번 결심만 하던 대학원 진학은 언제 할 거니? 뭐 하나제대로 하는 게 없구나."

사랑하는 누군가에게 이런 말을 할 턱이 있을까? 절대 아니다. 하지만 당신이 스스로에게 하는 말을 들어보라. 잔인하기 짝이 없다. 당신의 말에 가득 찬 자기 비하를 보라. 자기 자신에 대해 계속그런 식으로 말한다면 어떻게 되겠는가? '정말'로 실패하게 될 게자명하다.

성공하고 싶은가? 그렇다면 방법을 바꿔라. 다음에 조용한 시간이 생기면 이렇게 자문해 보라. "네 목표 달성에 방해가 되는 건 뭐야? 그것 때문에 얼마나 실망스럽니?" 스스로에게 말하는 게 낯간지럽다면 당신을 걱정해주는 누군가가 그런 말을 해준다고 상상하라. 그리고 자신의 대답에 귀를 기울이라.

정신적으로 이런 연습을 하다 보면 당신이 실패자가 아니라는 사실이 눈에 들어올 것이다. 당신은 다만 인간일 뿐이다. 수십 가지 책임과 씨름하면서, 주변에서 공감을 받지 못해 외로워하고 사랑이많고 베풀 줄 아는 사람이다 보니 타협을 하게 되는 것이다. 그러니까 스스로를 좀 봐줘라. 사실 당신이 '잘'해낸 일이 3,000가지쯤 될것이다.

빠르지만 강력한 '감정이입 쇼크'를 경험하고 나면 목표를 제대로 볼 수 없도록 눈을 가려왔던 '죄의식'에서 벗어날 수 있을 것이다. 4장에서 사람을 새롭게 보도록 당신의 뇌를 개조하는 방법을 기억하는가? 똑같은 방법을 '목표'에도 적용할 수 있다. 우리는 잘못된 이유 때문에 목표를 선택하는 경우가 많다. 다른 사람의 시선이나 비교 등이 그것이다. 무조건 남의 기준으로 목표를 세워놓고 그것을 재고하지 않는다. 정작 내 삶은 많이 달라졌는데 목표는 과거 그대로인 경우도 있다. 그럴 때는 두 가지를 일치시켜야 한다.

자신의 목표를 분석할 때는 '기대의 함정'에 빠지지 않도록 주의하라. 기대의 함정이란 '내가 성공하고 행복하려면 꼭 이걸 해야 한다'는 생각이다. MBA를 따지 못해 자신을 괴롭힌다고 하자. 성공하고 행복하기 위해 지금 당장 학위가 '꼭' 필요한가? 다른 길은 없는가?

그리고 또 한 가지 '타당한 것'과 '현실적인 것'을 혼동하지 말아야 한다. 타당한 것은 '말이 된다'는 의미다. 반면에 현실적이라는 것은 '일어날 수 있다'는 뜻이다. 예를 들어 1월 1일에 올해는 MBA 과정을 등록하고, 절대 애들에게 소리 지르지 않을 것이며, 마라톤을 시작하겠다는 계획을 세우는 것은 타당할 순 있다. 하지만 현실적이지는 않다. 달성 가능한 목표를 세우고 거기에 집중하는 편이 훨씬 현실적이다.

그런 목표를 마음에 품었으면 목표에 도달하기 위해 이런 방법을 사용하라.

- 목표를 구체적으로 세운다. 가능하면 단계별 계획표를 작성하는 것이 좋다. 이 방법을 사용하면 앞으로 따라가야 할 길을 시각화해 볼 수 있다.

- 목표를 글로 적어둔다. 성공하기 위해 '시작해야' 하는 것과 '그만둬야' 하는 것을 정확히 기록한다. 종이에 글로 남겨두면 목표 성취를 위한 의지가 더욱 강해진다.

- 누군가에게 목표를 공표한다. 존경하거나 좋아하는 사람에게 부탁해 당신의 목표를 설명하고, 2주에 한 번씩 전화나 이메일을 통해 당신이 어떻게 해나가고 있는지 체크해 달라고 부탁한다. 이 사람을 실망시키고 싶지 않은 욕구가 당신의 목표 실행에 강력한 동기가 될 것이다.

- 해로운 사람이 당신의 발전을 방해하지 못하게 한다. 11장을 다시 읽어보고 당신의 결의를 약화시키거나 확신을 흔들 만한 문제 인물을 찾아내라. 가능하다면 목표를 향한 길 위에서 그런 사람을 배제하라.

- 시간적으로 여유를 갖는다. 만약 당신이 비생산적인 습관을 극복하거나 좋은 습관을 기르고 있다면 이 규칙을 마음에 새기는 것이 좋다. 새로운 행동이 습관이 되는 데는 3~4개월 정도가 걸리고, 완전히 몸에 익는 데는 6개월 정도가 걸린다. 그러니 인내심을 가져라.

1장에서 언급했듯이 우리는 모두 독특한 개인들이다. 그러니까 자신을 설득하기 위해서 여러 가지 다른 방법들을 실험해 보아도 좋다. 예를 들어 '불가능 질문'도 사용해 볼 수 있다. 자신에게 이렇게 묻는 것이다. "이게 불가능하다는 데는 동의한다. 자, 어떻게 하면 가능해질까?" 해답을 찾아내면 실행에 들어간다.

무엇보다 당신이 목표와 씨름하면서 더욱 효율적인 습관을 들이려 애쓰는 동안 두 번째 유형의 '기대의 함정'을 피하라. 만약 당신이 뭔가를 '강하게 기대'하다가 이루어지지 않으면 당신은 망연자실하게 될 것이다. 만약 당신이 뭔가를 기대하다가 이루어지지 않으면 실패와 상실의 느낌이 더 강해진다. 그러므로 목표가 이루어지지 않거나 생각보다 조금 더 오래 걸리더라도, 그게 실패라고 생각하지 않는 게 중요하다.

종종 목표를 추구하는 과정에서 충동적 행동으로 중도 포기를 하기도 한다. 금연한 지 6일째 되는 날, 편의점으로 담배를 사러 달려가려 하는 찰나에 다음 6단계를 따라 해보자.

첫째, 신체 자각 훈련. 긴장감, 심장박동, 갈망, 멍한 머리 같은 감각을 알아차린다. 그런 감각을 정확히 인지하고 이름을 붙인다. 그러면 통제하는 데 도움이 된다.

둘째, 감정 자각 훈련. 당신이 느끼는 감각에 감정을 결부시킨다. 예를 들어 "아, 화가 나" 혹은 "절망적이야"라고 말하는 것이다. 감정에 이름을 붙이면 2장에서 설명한 편도체 납치를 방지하는 데 도움이 된다.

셋째, 충동 자각 훈련. "나는 이런 감정이 들면 _____하고 싶어져"라고 말한다. 충동을 알고 있는 것만으로도 이겨내는 데 도움이 된다.

넷째, 결과 자각 훈련. "만약 이 충동대로 행동한다면 무슨 일이 벌어질까?"라는 질문에 답한다.

다섯째, 해결 자각 훈련. 다음 문장을 완성해 보는 것이다. "지금 포기하는 것보다 더 나은 방법은 아마 ＿＿＿＿＿."

여섯째, 이득 자각 훈련. "만약 더 나은 방법을 사용한다면 얻을 수 있는 이득은 ＿＿＿＿＿."

이 여섯 단계를 거치고 나면 끔찍한 결과를 가져올 수 있는 폭발을 막고 흔들림 없는 상태를 유지하려면 어떻게 해야 하는지 알게 될 것이다. 그리고 자신의 충고에 귀를 기울일 만큼 충분히 진정될 것이다.

> **힘든 일을 겪는 동안 당신을 염려하는 사람들이 당신에게 할 만한 말을 스스로에게 건네라. 그리고 그것을 믿어라. 그렇게 하지 않으면 당신에 대한 그들의 사랑을 모욕하는 것이다.**

Action Step

스스로의 장점보다는 단점에만 주목하는 사람이 있다면 재미있는 시도를 하나 해보기 바란다. 누군가 다른 사람으로 하여금 당신을 칭찬하게 하는 것이다. 당신을 좋아하는 사람과 이야기를 나눌 때 상대에게 이런 질문을 한다. "그럼 정확히 제 어떤 점을 좋아하는 겁니까?" 상대가 대답을 하면 그 말을 잘 생각해보고 실컷 음미한다. 그러고 나서 잠시 후에 이렇게 대답한다. "감사합니다. (잠시 멈추고) 또 다른 장점은 없습니까?" 더 깊이 들어갈수록 당신은 더 많은 생기와 감사를 느낄 것이고, 당신의 목표와 씨름하러 돌아왔을 때 더욱 힘이 넘칠 것이다.

30
따뜻한 카리스마
다양한 인맥과 우호적 관계 맺기

직업적인 성공을 위해서는 당신이 무엇을 혹은 누구를 아는지보다
누가 당신을 정말로 잘 아는지 그리고 어떻게 아는지가 더 중요하다.

– 이반 마이즈너Ivan Misner, BNI 창립자

~~~~~~~~

"저는 마케팅 분야에서 일하고 있는데 큰 고객을 우리 회사로 유치하고 싶습니다. 그것이야말로 승진을 위한 가장 빠른 길이라고 생각하기 때문입니다. 하지만 부유하고 유명한 사람과 어떻게 연락을 취해야 할지 전혀 감이 잡히지 않습니다. 저같이 '별 볼 일 없는 놈'이 영향력 있는 사람들을 충충이 감싸고 있는 저 수많은 비서들을 통과할 수 있을까요?"

당신이 영업이나 마케팅 분야에 있다면 그건 참 어려운 일이라는 점에서 먼저 격려를 보내고 싶다. 생판 모르는 사람이 당신 말을 듣도록 만들어야 할 테니 말이다. 만약 문지기 역할을 하는 수십 명의 비서진에 둘러싸여 완벽한 보호를 받고 있는 영향력 있는 사람을 설득해야 한다면 일은 더욱 어려워진다.

모르는 상대에게 아웃바운드 전화를 거는 법, 낯선 사람을 설득하는 기술만으로도 책 한 권을 족히 쓸 수 있을 것이다. 여기 간단히 누군가와 연결되는 데 여섯 단계나 거칠 필요 없이 직접 해결할 수 있는 간단한 몇 가지 방법을 소개하려 한다.

일대일 상황을 조성하라

첫째, 내가 스테이플스 사의 CEO에게 나를 소개할 때 사용한 방법을 사용하라(6장 참조). 영향력 있는 사람들은 세미나와 공개 토론회에 자주 참석하고 자기 발표가 끝나고 나면 대개 질문을 받는다. 그러니까 그런 모임에 나가서 적절한 질문을 던져라. 질문 기회를 얻으면 당신이 할 일은 상대를 관심의 대상이 되도록 만드는 것과 상대가 대답하고 싶은 질문을 던지는 것임을 명심하라. 당신의 목표는 그 사람을 돋보이게 하는 것이니까. 자기 과시를 하려다가 기회를 날려버리지 마라.

성공 가능성을 높이기 위해 자선 행사, 저자 사인회, VIP와 직접 대면할 수 있는 기회가 있을 만한 여러 행사에 참석하라. 창의성만 발휘한다면 언제나 그런 사람에게 공감을 얻고 있다는 느낌을 줄 방법을 찾을 수 있고, 그것만 해낸다면 즉각 유대감을 형성하게 될 것이다.

언젠가 나는 기업성장협회Association of Corporate Growth의 연례 콘퍼런스에서 기조연설을 한 적이 있다. 콘퍼런스 전날 밤 연사들은 호텔에서 열린 칵테일파티에서 서로 만날 기회가 있었다. 연사들 중 가장 성공한 인물은 억만장자이자 NBA 멤피스 그리즐리의 구단주인 마이크 헤이슬리Mike Heisley였다. 분명히 모든 사람이 그의 주의를 끌고 싶어 했고 그와 인사를 나누기 위해 길게 줄을 서 있었다. 나는 그를 만났을 때 이렇게 물었다. "성공에 대해 아버지께 배운 것이 있다면 무엇입니까?"

마이크는 잠시 멈췄다가 다른 사람들과 말하기를 멈추고 의자 두 개를 빼더니 나에게 자기와 함께 앉자고 청했다. 그러고 나서 '자신의 이익만이 아니라 모든 사람에게 최고의 이익을 돌릴 수 있는 거래를 해야 한다'고 하신 아버지의 가르침에 대해 말해주었다.

리더들은 가치 있는 교훈을 부모님에게서 배우는 경우가 많다. 나는 마이크에게 아버지에 대해 느끼는 감사를 다시 경험할 기회를 제공했던 것이다. 그 훈훈한 느낌이 그로 하여금 콘퍼런스가 끝난 후에도 마음을 열고 내 말을 듣도록 해주었다.

온라인에서 가상 동맹을 만들어라

모임에 가야만 당신이 목표로 삼은 상대와 직접 만날 수 있는 것은 아니다. 인터넷 덕분에 당신은 온라인으로도 영향력 있고 유명한 사람과 접촉할 수 있다. 특히나 사람들은 모두 공감을 얻고 싶어 한다는 핵심 법칙을 기억한다면 일은 더욱 쉬워진다.

첫 책을 출간했을 때 나는 책을 쓴다는 게 아이를 낳는 일과 비슷하다는 걸 절감했다. 내 눈에는 예쁜 자식이지만 남들 눈엔 어떨지 모른다. 남들이 어떻게 평가하느라 보려고 블로그와 게시판을 샅샅이 뒤졌다. 악의적인 리뷰를 읽고 상처를 받기도 했다. 반면, 누군가 내 책의 진가를 이해해 줬을 때는 하늘을 날 것 같았다.

작가들이 이런 나르시시스트의 감정에 빠진다는 것을 직접 경험하고 나서 얼마지 않아 한 친구가 월터 앤더슨Walter Anderson이 쓴 책 한 권을 보내주었다. 너라면 아주 좋아할 거라면서 말이다. 그 말이 맞았다. 인터넷 서점 아마존에 들어가 보니 아직 호의적인 서평이 하나도 달려 있지 않았다. 그래서 나는 첫 리뷰를 썼다. 그냥 간단히 '마음에 들어요, 추천합니다'라고 대충 쓴 게 아니라 시간을 투자해 많은 생각을 리뷰에 담았다. 나는 월터의 책을 읽고서 그가 아버지와 친밀한 유대관계를 맺지 못하고 자랐다는 것을 알았다. 우리 아버지와 나와의 관계와 비슷한 점이 많았다. 나는 아버지의 사랑을 받아본 적도 없는 월터가 독자들에게 아버지 같은 배려를 베풀고 있다는 점을 존경한다고 썼다. 내 말은 마음 깊은 곳에서 우러나온 것이었고 그를 깊이 감동시켰다. 결국 월터와 나는 지금까지도 관계를 이어가고 있다.

사실상 모든 사람이(영향력이 있든 없든) 인터넷에서 자기 이름을 검색한다. 온라인에서는 당신과 그 사람 사이를 막아서는 문지기가 없다. 화려한 명사나 강력한 영향력을 가진 비즈니스 리더가 잠옷 차림으로 컴퓨터 앞에 앉아 구글 검색창에 자기 이름을 입력하리라고 상상하긴 어렵겠지만 나를 믿기 바란다. 그들도 정말 그렇게 한다.

문지기를 먼저 움직여라

만약 무턱대고 전화를 건다면 VIP와 쉽게 연결되지 않을 것이다. 문지기들이 당신을 봉쇄할 테니 말이다. 그래서 당신의 길을 막는 일이 직업인 사람들과 관계를 맺는 일이 중요한 것이다. 그 사람을 적이 아니라 동맹으로 만들어야 한다. 그러면 당신이 원하는 어느 때든 VIP와 접촉할 수 있다.

우선 다음을 명심하라.

첫째, 문지기는 VIP의 성공에 매우 중요한 존재이며 인정받을 만한 가치가 있다.

둘째, 문지기도 아마 VIP만큼이나 흥미진진한 사람일 테고, 당신이 그걸 인정해 주면 고마워할 것이다.

셋째, 문지기는 심각한 '거울신경세포 수용체 결핍'으로 고통 받고 있을 것이다. 상사를 보좌하는 업무를 수행한다는 이유(그렇다고 상사들은 별로 고마워하지도 않는다)로 하루 종일 불만에 가득 찬 사람들의 공격을 받아야 하기 때문이다.

이런 사실을 숙지한다면 이제 당신은 수많은 VIP의 요새에 들어갈 준비가 된 것이다. 내가 미국에서 가장 영향력 있는 CEO 한 명의 비서에게 무작정 전화를 걸어 2분간 통화했던 내용을 살펴보자. 당연히 이름과 신상 정보는 수정했다.

"여보세요, 조앤인가요?" 내가 물었다.

"뭐라고요?" 그녀가 되물었다. "조앤 넬슨 씨 맞습니까?"

"누구시죠?"

"테드 버크 씨가 그분의 베스트셀러에 이름까지 언급하며 감사를 표한 그 유명한 조앤 넬슨 씨가 맞으신지요?" 내가 계속 물었다.

"맞아요, 도대체 누구시죠?" 조앤은 짜증이 나면서도 재미있다는 듯 대답했다.

"저는 마크 고울스톤 박사라고 합니다, 정신과 의사이고 작가이 자…" 내가 소개를 시작하자 조앤이 내 말을 끊었다.

"이보세요! 그런 분은 여기서도 얼마든지 구할 수 있어요!" 그녀가 화를 냈다.

"진정하세요, 조앤. 괜찮을 거예요. 심호흡 한번 하시고요." 나는 환자를 대하는 듯한 말투로 대답했다.

"당신이나 진정하세요! 일주일 내내 미친 사람이나 상대해야 할 테니까요." 조앤은 이제 대화에 열중하기 시작했다.

"조앤, 괜찮을 겁니다. 당신은 한 명만 상대하면 되잖아요. 저는 매시간마다 새로운 미치광이를 만나야 하거든요. 개인 생활을 즐길 시간적 여유는 좀 있으세요?"

"개인 생활은 무슨? 개 한 마리 키울 시간도 없어요. 그래서 현관에 도자기로 만든 코커스패니얼을 한 마리 세워뒀죠."

"그 녀석, 말썽은 안 부리겠는데요." 내가 농담을 계속했다.

"이름을 알고 싶으세요?" 조앤이 바로 물었다.

"물론이죠."

"이름이 '싯 sit'이에요." 조앤의 대답에 둘 다 웃음을 터뜨렸다.

나는 대화를 계속하면서 '그녀의 상사가 좋아할 만한 기사를 한

편 썼는데 편집자가 나에게 전화번호를 알려줬다'고 설명했다. 전화 통화가 끝난 후 나는 버크 씨에게 다음과 같은 편지를 써서 내가 쓴 기사와 함께 보냈다. 조앤이 내 편지의 장황한 서문을 읽어볼 것을 확신하고 말이다.

존경하는 버크 씨,

언젠가 제가 부자가 된다면 제일 먼저 당신의 비서 조앤 같은 분을 고용해서 저 같은 사람으로부터 저를 보호해 달라고 요청하고 싶습니다. 조앤은 기꺼이 도움을 주는 재미있는 사람이지만, 당신에게 접근하려 하면 불독처럼 철저히 방어를 하더군요.

조앤 스스로도 당신에게 얼마나 가치 있는 존재인지 깨닫길 바랍니다. 그리고 버크 씨는 저와 같은 실수를 안 하시기를 바랍니다. 저는 제 삶을 편안하게 만들어주던 분들에게 제대로 감사 표현을 못 해서 지금은 저를 못 살게 구는 괴짜들을 직접 상대해야 하는 신세가 되었답니다.

다른 누구보다도 버크 씨는 그렇지 않으실 거라고 생각합니다.

4일 후 내 편지가 잘 도착했는지 알아보려고 전화를 걸었다.

"안녕하세요, 조앤. 고울스톤입니다. 며칠 전에 통화를 했었는데, 혹시 기억하실지 모르겠네요."

"기억하죠." 조앤이 다정하고 장난기 넘치는 목소리로 대답했다.

"제가 보내드린 기사랑 편지를 버크 씨가 받아보셨는지 궁금해서요."

"예, 고울스톤 박사님, 잘 받아서 제가 사장님이 휴가를 보내고 있는 곳으로 다시 보내드렸어요. 그 편지는 빼고요." 그녀가 대답했다.

약간 불안한 느낌이 들어서 내가 끼어들었다. "네?"

"예, 그 편지만 따로 빼내서 전화로 사장님께 '직접' 읽어드렸답니다!" 조앤이 의기양양하게 말했다.

내가 걸었던 전화와 보냈던 편지를 통해 조앤과 나는 좋은 친구가 되었고, 내가 테드에게 접근하고 싶을 때면 그녀는 기꺼이 나를 연결해 주었다.

자, 이제 당신은 설득이 불가능하다고 생각했던 사람을 설득하게 해주는 대단한 기술들을 배웠다. 이 방법들은 모두 간단하다. 그리고 전부 기본 법칙 세 가지에 의존하고 있다. 사람에게 '흥미로운 존재라는 느낌', '중요한 존재라는 느낌'을 주고 무엇보다도 '공감을 얻고 있다는 느낌'을 주어야 한다.

이 세 가지가 왜 효과를 발휘할까? 화려함과 돈, 권력을 모두 제하고 나면 세상에서 가장 유명하고 영향력 있는 사람이든 혹은 제아무리 한직의 말단이든 모두가 그저 '사람'일 뿐이기 때문이다. 하고자 하는 의지만 있다면 '누구든' 설득할 수 있다.

누군가 자신을 귀찮게 할까 경계하고 있는, 절대로
설득할 수 없을 것 같은 VIP도 속으로는 감동받기를
간절히 원하고 있다.

Action Step

당신이 가장 존경하고 가장 만나고 싶은 사람은 누구인가?
인터넷을 통해 그 사람이 강연하는 곳을 찾아보고 초대받을
수 있을지 알아보라. 만약 그 사람이 책을 냈다면 인터넷 서
점이나 다른 리뷰 사이트를 이용해 그 책에 대한 '파워 리뷰'
를 남겨라. 만약 당신이 블로그를 운영한다면 그 사람이 얼마
나 당신의 철학과 인생에 변화를 가져왔는지에 대한 생각을
글로 올려라. SNS를 적극적으로 활용하라.

◆ 에필로그 ◆

이제… 당신의 화술은 근본부터 달라졌다!

~~~~~~~

축하한다! 우선 이 책을 다 읽은 것을 축하하고, 커뮤니케이션의 새로운 경지에 오른 것을 축하한다. 당신은 이제부터 사람을 끌어당기고 상대방이 당신에게 오랫동안 호감을 갖도록 하는 마법을 사용하게 되었다.

책을 읽으면서 느꼈겠지만 내가 알려준 '설득의 공식'을 활용할 수 있는 곳은 무궁무진하다. 골치 아픈 부하직원과 이기적인 동료들, 흉포한(?) 상사들과의 전쟁터로만 보였던 직장에서 당신은 '탐욕스러워 보이지 않으면서' 실익을 챙기는 현명한 비즈니스맨이 될 수 있다.

당신이 만약 정치인이라면, 모두 다 검은색 일색으로 보이는 밋밋한 정치 현장에서 '인간적이며 매력적인 존재'로 부상할 수 있다. 가장 중요한 용도 중 하나인 세일즈 현장에서라면, 상대에게 내 제품이나 서비스의 강점을 웅변하거나 억지로 밀어붙인다는 불쾌한 감정이 들지 않게 하면서도 자연스럽게 계약서에 사인을 얻어낼 수 있을 것이다. 가정에서라면, 귀를 닫고 아무것도 듣지 않으려는 고집스러운 질풍노도의 사춘기 자녀나 늘 같은 말만 반복하며 짜증 섞인 푸념을 늘어놓는 배우자의 얼굴에서 '행복의 징후'를 발견하게 될 것이다.

혼자만 간직하고 싶겠지만, 그러지 마라!

이 파괴력 있는 커뮤니케이션의 왕도를 혼자만 알고 싶을 것이다. 상대가 내 의도를 읽고 미리 대처하지 못하도록 이 책의 존재를 감추고 싶을 것이다. 그러나 그렇게 하지 마라. 당신이 이 책을 마스터하고 여기서 설명한 각종 기술들을 연마했다면 이제 그 다음 단계로 나아가라. 바로 당신의 삶과 현장에 대한 주도권을 갖고, 용기 있고 과단성 있게 '영혼에 호소하는' 지혜를 갖추는 것이다.

그리고 이제 막 사회생활을 시작했거나 사소한 대화 능력 하나 때문에 성공과 명성의 문턱에 발을 내딛지 못하고 있는 누군가에게 이 책을 선물하라. 백 마디 말보다 이런 실용적인 해법 자체가 그들의 삶에 해갈을 가져다 줄 것이기 때문이다. 그리고 당신 인생의 블랭크(채워지지 않은 밑줄)를 채워줄 그들과 윈-윈 관계를 맺으라!

당황하고 공포에 눌려 패닉 상태에 빠진 누군가에게 이 책을 선사하라. 당황해 내뱉은 한마디가 경력을 좌우할 수도 있기 때문이다. 그리고 함께 성공의 사다리를 오르길 바란다.

_저자 마크 고울스톤Mark Goulston